자기 목소리를 되찾은 딸들이 언젠가 어머니의 집을 떠날 수 있기를 바란다. 다시 돌아왔을 때는 어머니도, 딸도 전과 같지 않으리라. 위태로운 여정을 함께해준 모녀 구술생애사 워크숍 멤버들, 또 자신의 생을 힘껏 살아내고 딸들에게 이야기를 들려준 어머니들에게 진심으로 감사드린다. 이상하게도 남의 엄마 이야기는 다 사랑스럽게만 들린다.

2025년 5월

김은화

본 결과, 엄마로부터 듣고 싶은 말을 평생 들을 수 없으리라는 결론에 도달했다. 엄마에게 인정받기를, 이제는 포기했다. 나는 여전히 나 자신에게 관대해지기 어렵다. 스스로를 인정해주는 것은 내 평생의 과제로 남으리라. 그래도 괜찮다. 가족 밖에는 나를 키워주고 돌봐주는 친구, 동료, 선후배, 스승이 있으니까.

우리가 바꿀 수 있는 것은, 어머니의 생을 바라보는 나의 관점, 내 인생을 대하는 태도뿐일지도 모른다. 그럼에도 자신에 대해 말하기를 시작한 어머니가 자신을 끝내 사랑하게 되기를, 언젠가 자신의 생을 두 팔로 껴안게 되기를 바라본다. 딸들 또한 어머니에 대한 이해를 넘어, 자기 자신을 어머니에게 선명하게 표현하는 날이 오기를. 그리하여 어머니가 아닌 자신의 돌봄자가 되어 뚜벅뚜벅 앞으로 걸어가기를 바라본다. 그것이 우리가 다른 서사를 쓸 수 있는 유일한 방법이다. 에이드리언 리치는 「어머니와 딸」[1]에서 자신을 길러주었던 흑인 어머니가 한 말을 빌려 이렇게 적고 있다.

"그래. 나는 네가 왜 집을 떠나 네가 옳다고 여기는 일을 해야 하는지 다 이해한다. 나도 언젠가 내 삶을 살겠다고 누군가의 마음을 아프게 한 적이 있거든."

---

[1] 에이드리언 리치, 이주혜 옮김, 『우리 죽은 자들이 깨어날 때』(바다출판사, 2020)

이야기를 들을 수 있을 거라고 말이다. 어머니가 변하지 않는다 해도 너무 속상해하지 말고, 할 수 있는 것은 내 깜냥을 키우는 것이라는 조언과 함께.

엄마를 향한 질문은 결국 자기 자신에게 돌아온다. 2019년에 엄마의 인터뷰를 바탕으로 『나는 엄마가 먹여 살렸는데』 초판을 출간한 이후, 2024년에 개정증보판을 준비하며 엄마를 한 번 더 인터뷰할 일이 있었다. 나는 이 작업을 하는 내내 엄마와 싸웠다. 오빠나 나나 집안의 빚을 열심히 갚은 것은 똑같은데, 어쩐 일인지 엄마는 아들이 준 돈만 기억하고 있었다. 그 무렵, 이 책의 취재차 찾아온 기자를 앞혀두고 엄마는 딸이 돈 안 되는 일은 그만하고 공무원이나 했으면 좋겠다고 말했다. 이 일을 계기로 엄마와 크게 싸우면서, 나는 이 책을 출간한 진짜 이유를 알게 되었다. 나는 엄마로부터 인정받고 싶었다. 그런데 엄마가 나를 인정해주지 않으니, 내가 먼저 엄마를 인정해주기로 한 것이다. 엄마는 한 가정을 책임지는 가장이자 생계부양자였으며, 나를 먹여살린 유일한 사람이라고 책까지 써내며 말이다. 엄마는 평가의 기준이 높고 늘 자신에게 엄격한 잣대를 들이밀었다. 그건 딸에게도 마찬가지였다. 살면서 한 번도 칭찬을 제대로 받아본 적 없는 나는, 마찬가지로 내 자신에게 가혹하게 굴어서 좋은 결과물을 얻곤 했다. 내 완벽주의의 뿌리는 엄마에게 있었던 것이다. 끝까지 싸워

방판으로 일하며 사람들을 만나는 것은 생활의 활력이 되었다. "하고 싶은 대로 하고 살아야지."라고 말하는 우정아는, 그러나 일밖에 모르는 무뚝뚝한 남편으로부터 원하는 만큼 관심을 얻지 못해 평생 목말라한다. 이 갈증을 채워주는 사람이 바로 첫째 딸 홍아란이다. 엄마의 일상을 가만가만 들어주는 사려 깊은 청자로서 홍아란은, 그러나 엄마와 마찬가지로 누구보다 기민한 청자를 필요로 하는 딸이기도 하다.

세 모녀의 이야기는 다른 듯 닮아 있다. 사랑하지만 사랑할 수만은 없고, 미워하지만 미워할 수만은 없는 엄마. 이 불가해한 존재의 이야기를 듣다 보면 자꾸만 걸려 넘어지는 돌부리가 있다. 거기가 바로 딸의 상처가 생겨난 지점이다. 지금이라도 엄마를 바꿔서 이 상처를 치유하고 싶지만, 그럴수록 덧나기만 할 뿐이다. 사람은 그렇게 쉽게 바뀌지 않는다. 몇 년에 걸쳐 상담을 받아도 스스로 변화하는 것이 힘들다는 것을 감안하면 당연한 결론일지 모른다.

내게 구술생애사의 세계를 안내해준 스승이자 『작별일기』의 저자인 최현숙 작가는 모녀 구술생애사 워크숍에서 이렇게 말했다. 어머니의 이야기를 듣고 온전히 받아들이기에는 아직 30대인 딸들의 나이가 젊다고, 속이 부글부글 끓을 수도 있겠지만 지금 구술사 작업을 해두면, 나중에 시간이 흘러 다시 작업할 때 어머니로부터 더 풍부한의 성 대신 어머니의 성을 따라 썼다. 박경화는 15년 전에 남편과 이혼했다. 경제적·물리적 폭력이 상당했는데 남편은 아직도 그 이유를 모른다는 게 아이러니하다. 박경화는 남의 말을 잘 들어주는 수용적인 성격에, 자기 입장을 명확히 하지 않아 종종 오해를 사기도 한다. 이 틈바구니에서 딸은 엄마를 지키기 위해 고군분투한다. 한편 박경화는 돈 버는 재주를 타고 났다. 부대찌개 가게, 과수원, 옷 가게, 가구점 등등 종목을 가리지 않고 가게 문만 열었다 하면 손님들로 미어터진다. 안타깝게도 돈을 지키는 재주는 없어, 박하람은 엄마의 통장에 숭숭 뚫린 구멍을 막아내느라 바쁘다. 이른 나이에 엄마를 지키느라 정작 자기 마음은 들여다볼 새가 없었던 박하람이 자기 목소리를 찾아가는 과정에 주목해보자. 사이다 없는 고구마 로맨스에도 한 줄기 바람은 불어온다.

홍아란은 말하는 사람을 신명나게 하는 재주를 가졌다. 상대방의 말을 주의 깊게 듣고 적시적소에 흥을 돋워주는 모양새가 마치 판소리의 고수 같다. 엄마 우정아는 딸의 맞장구에 물 흐르듯 말을 이어간다. 표지 사진의 주인공이기도 한 그녀는, 전주 유일의 백화점에서 일하다 호텔로 스카우트되어 일할 정도로, 빼어난 외모를 지녔다. 주목받는 걸 즐기던 그녀에게 결혼은, 암전된 무대에 아이 둘과 함께 남겨진 듯한 외로운 경험이었던 것 같다. 그러다 피부 관리사로, 화장품다는 게 못내 속상하다.

 "어린 숙희 씨의 하루는 들로 소를 데리고 다니고, 밭을 매는 일로 꽉 차 있었다. 집에서 따로 글공부를 봐주는 사람은 없었다. 그렇게 열한 살이 되자 학교 수업을 따라 갈 수 없어, 학업을 그만뒀다. 한글을 다 깨우치지 못한 채 스무 살이 된 숙희 씨는 처음으로 배우고 싶다는 생각을 했다. 그러나 할머니 할아버지는 아들을 대학에 보내느라 여력이 없었다. 둘째 딸의 배움은 하염없이 뒤로 밀려났다. 그 시절, 그것은 너무나 당연해서 질서 같았다."

 최숙희는 예순이 넘은 뒤에야 한글 학원을 다니기 시작했다. 하루에 A4용지 네 장을 앞뒤로 빽빽하게 쓸 만큼 열정이 넘쳤지만, 곧 코로나가 터졌다. 그때부터 지금까지 아들 집에서 주 5일을 먹고 자며 세 손주를 돌본다. 이런 엄마를 뒤통수가 따갑도록 노려보는 것은 딸이다. 이 딸은 엄마가 자기 자신을 돌보기를 간절히 원한다. 어쩌면 최숙희 본인보다도 더 간절해 보인다. 김소영은 왜 이런 마음을 갖게 되었을까. 힌트는 제목에 있다. "니는 딸이니까 니한테만 말하지." 최숙희가 실제로 딸에게 한 말이다.
 엄마를 위해 대신 싸워주는 딸도 있다. 박하람은 예명이다. 아버지도권에 자리 잡았다. 가사와 육아에 있어 혈육의 도움을 기대할 수 없는 환경이었다. 남편은 부재중이었다. 돈을 버느라 지방에 가 있거나, 영업하다가 밤 늦게 들어오거나, '네트워킹'을 핑계로 새벽까지 취미 생활을 하다 들어오는 경우도 있었다. 90년대까지만 해도 어린이집에 아이를 맡기는 게 드문 시절이라, 학령기 이전의 아이를 아침부터 저녁까지 돌보는 것은 오롯이 어머니의 몫이었다.

이 여성들은 언제나 생계부양자였다. 결혼 전에는 서비스직, 공장 노동자, 경리로 임금 노동을 했다. 결혼 후 전업주부로 무임금 노동을 하다가, 아이들이 영유아 시기를 벗어나자 틈틈이 돈을 벌었다. 아이를 돌보며 할 수 있는 일은 그리 많지 않았다. 1순위는 자영업이다. 최숙희는 가겟집에 딸린 슈퍼를 했으며, 박경화는 집 근처에서 옷 가게와 가구점 등을 운영했고, 우정아는 집 안의 방 한 칸에 피부 관리샵을 냈다. 자영업은 가게에서 손님을 맞이하며 아이를 돌볼 수 있는 유일한 선택지였다. 전업주부의 사례가 없는 것이 아쉽지만, 현재 전일제로 손주 돌봄을 하고 있는 최숙희의 일과를 눈여겨보자. 그녀의 시간표를 보면 '전업 주부 = 집에서 노는 사람'이라고 아무도 말할 수 없을 것이다.

이런 상황에서 어떤 딸은 어머니의 대변인이 되었다. 김소영이 엄마 최숙희에 관해 쓴 글을 살펴보자. 구구절절 옳은 이 글을 딸이 썼란, 한마디로 평범한 사람의 생애를 말로 듣고 기록하는 것이다. 딸이 엄마를 인터뷰하는 모녀 구술생애사 작업에는, 사관의 역할을 맡은 딸의 관점이 많은 영향을 미친다. 이해하고 싶음과 이해하고 싶지 않음. 그 사이에서 묻고 듣고 쓰는 일은 혼란의 연속이다. 워크숍 동료들이 이 과정을 함께 했다. 다섯 명의 워크숍 참여자가 각자 어머니를 인터뷰하고, 녹취를 풀어 원고를 게시판에 올리면, 모두 그 글을 읽고 와서 감상을 나누고, 다음 인터뷰의 방향을 함께 찾아나갔다. 모임에서는 딸의 마음을 듣는 일이 매우 중요했다. 본인의 어머니는 이해할 수 없어 도리질 치던 이들도 웬일인지 남의 엄마 이야기에는 너그러워져서, 다양한 해석을 들려주고 감정을 환기해주었다. 우리는 서로의 이야기를 보살폈다. 혼자 들을 엄두가 나지 않는 이야기를, 함께 듣고 울고 웃고 화내주는 동료가 없었더라면 이 작업을 끝까지 해내기 어려웠을 것이다. 결과적으로 한 팀은 엄마가 구술을 거부해 작업에 착수하지 못했고, 또 한 팀은 장기 프로젝트로 이어가기로 했다. 원고를 다 싣지 못해 아쉽지만, 이 책은 다섯 명의 마라토너가 함께 뛰며 만들어낸 결과물이다.

먼저 세 어머니의 삶을 들여다보자. 딸들은 모두 90년대 생이고, 어머니들은 54~65년에 걸쳐 태어난 베이비부머 세대다. 최숙희, 우정아, 박경화는 모두 아이를 둘씩 낳아 키웠다. 친정, 시집과는 거리가 먼 수

자수성가한 금명이 같은 딸도 없다. 무엇보다 자신의 욕구, 좌절, 슬픔 같은 것을 제대로 말해본 경험이 없다. 기침처럼 으레 터져 나오는 불만, 신세 한탄 말고 말이다. 극중에서 애순이는 시를 쓰는데, 이처럼 자기 삶을 적극적으로 해석하고 의미화하려는 시도가 베이비부머 세대 여성에게는 드물다. 누구에게도 인정받아본 경험이 없는 그녀들은 자기 목소리를 듣는 것도 낯설다. 오래된 수도꼭지를 틀면 녹물이 나오듯, 몇 십 년 된 묵은 이야기를 꺼낼 때는 비명 같은 목소리가 들려온다.

어떤 딸은 알고 있다. 어머니는 지른 적도 없는 비명소리가, 실은 오래 전부터 새어나오고 있었다는 것을. 들려오기 때문에 외면할 수 없는 고통이 있다. 이는 깊은 곳에서 딸의 고통과도 맞닿아 있다. 가부장적인 가족 안에서 어머니가 감당해야 하는 몫은, 결국 딸에게로 흘러넘치게 되어 있다. 고통의 낙수효과랄까. 그러나 딸은 여성이라는 공통의 기반을 공유할지언정 엄마를 이해할 수 없는 부분도 분명 존재한다. "엄마는 도대체 왜 그럴까." 비난 같기도 하고, 간절한 기도 같기도 한 오래된 물음. 이 질문에 대한 답을 얻기 위해 딸들은 구술생애사라는 험난한 여정을 시작한다.

지난해 여름, 나는 '모녀 구술생애사 워크숍'을 열었다. 구술생애사

프롤로그

엄마의 이야기를 듣는
딸의 속마음은

"엄마의 삶을 알고 싶다."

내가 딸로서 엄마의 삶을 기록한 책 『나는 엄마가 먹여 살렸는데』를 출간한 이후 만난 독자들의 목소리다. 이들은 대체로 누군가의 딸이었다. 딸들은 어머니를 인터뷰하는 작업을 두려워하면서도, 언젠가 기회가 되면 꼭 해보고 싶다고 말했다.

안다는 것은 고통이다. 가부장제 하에서 딸로서, 아내로서, 어머니로서 한 여성이 살아온 날을 듣다 보면 반드시 상처를 들여다보게 되어 있다. 그 곁에서 이야기를 듣다 보면, 알기 때문에 같이 짊어져야 하는 고통이 있다. 이 위험한 작업을 딸들은 왜 하려고 하는 걸까.

드라마 「폭싹 속았수다」의 주인공 애순이처럼 "엄마는 엄마대로 행복했어. 그림 같은 순간이 얼마나 많았다고. 그러니까 딸이 엄마 인생도 좀 인정해주라." 하고 말할 수 있는 사람은 많지 않을 것이다. 우리네 애순이의 삶에는 다정한 관식이 같은 남편도 없고, 서울대 가서

2장
"하고 싶은 건 하고 살아야지" 어느 세일즈우먼의 모험

인터뷰에 앞서 ― 엄마를 만나고 오는 날이면 오만가지 생각이 들었다 125

예쁜 옷을 좋아하던 우정아의 어린 시절 129

전주 뉴코아 호텔에서 수원 삼성 공장까지 137

"나는 아무것도 모르고 넘어간 거야." 143

어느 세일즈우먼의 모험 154

"쓸 건 쓰고, 할 건 하고 살아야지." 161

엄마의 엄마 이야기 169

엄마와 딸, 마주 앉다 176

내겐 너무 인색한 남편 184

인터뷰 후기 ― 내 마음속 피아노 194

3장
돈보다 소중한 건 등 뒤에 있었다

인터뷰에 앞서 ― 엄마는 도대체 왜 그럴까 201

다섯 살에 꿈보다 먼저 가진 것은 206

사랑은 곧 돈이라는 무서운 공식 220

혼인 관계 = 채무 관계 224

두 딸을 살리기 위해 선택한 일, 일, 일 236

시소 같은 사랑 241

가정폭력은 개인사(史) 아닌 개인사(死) 246

주먹보다 더 아팠던 한마디 256

이혼, 두고 온 딸들에 대하여 265

그럼에도 마지막까지 남편이었던 이유 275

큰딸의 증언 ― "그건 엄마 생각이고" 279

의리 있는 사기꾼 286

이토록 친밀한 빚쟁이 292

나를 인정해준 유일한 사람들 298

환불도 반품도 안 되는 실수를 통해 깨달은 것 305

인터뷰 후기 ― 엄마에게 미처 하지 못한 말 311

목차

프롤로그 —
엄마의 이야기를
듣는 딸의 속마음은 4

1장

"니는 딸이니까 니한테만 말하지"

인터뷰에 앞서 — 엄마의 무감각에
균열이 일어나기를 17

그 시절, 그것은 너무나 당연해서 질서 같더라 23

"한글 배워서 느그한테 편지 써주고 자픈디." 30

남편은 부재중 37

딸이라는 목격자 51

아빠와의 대화 — 사우디 65

"집에만 있으니까 답답하고 미칠 것 같더만." 70

빈 시간을 견디는 방법 77

"맨늘 밥만 갖고 살아." 90

반복되는 돌봄 노동의 고리 99

인터뷰 후기 — 듣는 딸 마음은 누가 알아주나 119

에필로그 — **남자 없는 돌봄의 세계에서** 318

연표 — 324

추천사 — 최현숙 328

추천사 — 이진송 333

자신의 생을 힘껏 살아내고
딸들에게 이야기를 들려준
어머니들에게 진심으로 감사드린다.

이상하게도 남의 엄마 이야기는
다 사랑스럽게만 들린다.

1장

"니는 딸이니까 니한테만 말하지"

최숙희 구술
김소영 기록

최숙희의 가계도

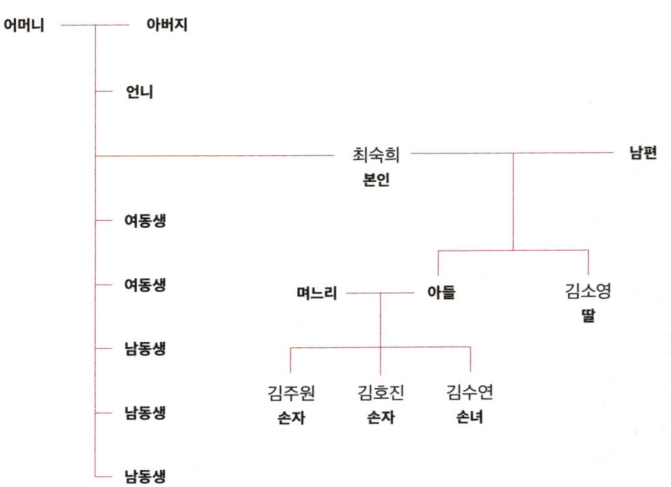

• 구술자의 신원 보호를 위해 본인과 가족, 친지, 친구들 이름은 모두 가명을 사용했다.

인터뷰에 앞서

엄마의 무감각에
균열이 일어나기를

올해 72세인 엄마는 6년째 주 7일 노동을 하고 있다. 평일에는 아들 집에서 먹고 자면서 손주 셋을 돌보고, 오빠 내외가 바빠서 소홀했던 살림도 도맡아 한다. 주말에는 예식장 뷔페 주방에서 전을 부치고 설거지를 한다. 그러고도 남는 시간에는 원래 엄마가 살던 집에 들러 내가 벗어놓은 빨래, 먹지 않아 썩은 반찬, 물을 주지 않아 시들어버린 식물을 가꾼다. 언젠가부터 엄마는 눈을 반쯤 감고 걸었고, 엉덩이만 붙이면 꾸벅꾸벅 졸았다. 나는 그런 엄마를 흔들어 깨우고, 한 맺힌 트로트가 흘러나오는 티브이 전원을 끈다. 엄마와 내가 마주치는 순간은 고작 그 정도였다.

엄마는 바빴다. 오전에는 애들 학교를 보내야 하고, 오후에는 학원을 보내야 했다. 그사이 밥상만 다섯 번을 차렸다. 인터뷰는 엄마가 해야 할 일을 전부 끝마친 밤 9시가 되어서야 겨우 할 수 있었다. 녹초가 된 엄마는 아침부터 지금까지 한 번 앉아보지도 못하고 집에 왔다고 했다. 그런 와중에도 잊지 않고 챙기는 것이 있다면, 인터뷰 전 창문을 닫는 일이었다. "남이 들을까 무섭다." 유난히 더운 여름이었는데도 불구하고 꼭 문을 닫으라고 했다. 엄마는 문 하나 건너편에 살고 있을 타인을 의식했다. 평소 에어컨 바람에 몸서리치면서도 이번만큼은 예외였다. 문을 꼭꼭 걸어 잠가야 안전해진다고 믿는 것 같았다.

"창피하니께."

엄마가 그토록 숨기고 싶었던 것은, 당신이 한글을 모른다는 사실이었다. 오빠를 임신해서 서울로 상경했을 때 엄마 나이는 스물일곱이었다. 그때부터 지금까지 45년이라는 세월 동안, 엄마는 자신이 한글을 모른다는 사실을 남에게 들킬까 전전긍긍했다. 위기는 시시각각 찾아왔다. 친구들이랑 노래방을 가면 수줍은 척 앉아 있어야 했고, 손녀가 동화책이라도 읽어달라고 하는 날에는 갑자기 해야 할 일이 생각난 사람처럼 자리에서 일어나야 했다. 엄마는 매일 긴장했고 위축됐다. 세상으로부터 소외된 것 같은 외로움과 억울함에서 벗어나고 싶었다. 그 간절한 열망은 엄마가 한번도 내어본 적 없는 용기를 내게 했다. 2018년, 그 당시 65세였던 엄마는 내게 한글 학원을 알아봐 달라고 했다. 자식들을 다 키워놓고, 더 이상 하루하루 먹고사는 문제에 매몰되지 않아도 되던 때였다.

처음 학원을 다녀온 날, 엄마는 '가, 나, 다, 라'를 쓰면서 울었다. 자기를 안 가르친 할머니가 원망스럽고, 옆에서 글공부를 도와주지 않는 남편도, 딸도 미웠다. 엄마는 무섭도록 집중했다. 아침이고 밤이고 최소한으로 움직이며 공부만 했다. 하루에 A4용지 네 장을 앞뒤로 거뜬히 쓸 만큼 눈에 보이는 모든 글자를 옮겨 적었다. 학원에는 엄마처럼 못 배운 사람들이 많이 있었다. 엄마는 그 사람들이 참 좋다고 했다. 그들은 길게 설명하지 않아도 많은 것을 이해했고, 그건 엄마에게 큰 위로가 되었다. 그렇게 반년. 오직 엄마만을 위해 살던 시간이 그 어느 때보다 빠르게 흘러갔다. 이제 좀 알겠다 싶던 그때, 엄마는 손주 돌봄을 위해 배움을 잠정 중단하게 되었다.

엄마는 다시 머릿속에서 빠져나가는 한글을 보면서 애가 탔다. 다시 공부를 시작해야 하는데, 그 '다시'가 도무지 언제일지 알 수 없었다. 젊었을 때는 먹고사는 문제 때문에 배우는 것을 미뤘고, 지금은 아들이 힘들지 않았으면 하는 마음에 자신의 욕구를 미뤄뒀다. 오빠는 아무것도 몰랐다. 엄마가 한글을 모른다는 사실을, 그 사실 때문에 수도 없이 괴로운 밤이 있었다는 사실을. 그건 엄마의 선택이기도 했다. 딸한테만 말하고 싶다는 엄마의 마음 앞에서, 나는 매번 두려웠다. 엄마에게서 어떤 말들이 쏟아져 나올까, 어떤 말들이 서로에게 끝끝내 닿지 못하게 될까.

우리 사이에 갈등이 생기면 엄마는 언제나 회피하는 쪽을 선택했다. 나는 갈등의 정중앙으로 걸어 들어가고 싶었지만, 엄마는 "내일 사과 싸줄까?" 같은 말로 나를 좌절시켰다. 그럴수록 엄마와 나 사이의 정보 불균형은 심해졌다. 엄마의 고통은 내게 점점 더 선명해지고 구체적인 실체로 남았지만, 엄마는 여전히 나에 대해 아무것도 몰랐다. 엄마를 처음으로 이해해준 사람은 딸이었지만, 그 딸은 하필 화가 나 있었다. 그럼에도 듣는 일을 멈출 수는 없었다. 아무리 회피하려고 해도, 어린 엄마를 한 번 만난 이상 다시 엄마 앞으로 돌아오게 되어 있었다.

엄마는 열한 살 때부터 학교를 가지 않았다. 수업 시간에 하는 말이 하나도 이해가 안 돼서, 학교를 안 가는 편이 더 좋았다. 그 대신 남동생 셋과 여동생 하나를 고등학교까지 보내는 데 진심을 다해 몰두했다. 엄마는 가족을 위해 희생하는 것을 선택했다. 그 선택이 무엇이었는지 충분히 들여다본 적 없이, 불편하고 응어리진 마음은 덮어두기 바빴다. 엄마는 무감해져갔다. 일일이 하나하나 모든 걸 감각해서는 버틸 수 없는 날들이기도 했다. 엄마는 그 선택들이, 자신을 함부로 대하는 가부장제가, 엄마에게 어떤 흔적을 남기는지 몰랐다. 나는 그 사실에 여러 번 분노했다. 엄마가 무심코 하는 말 속에 서린 한 맺힌 고통을 들을 때마다 섬뜩했다. 몸과 마음이 아주 멀어진 사람이 거기 있다는 사실에 마음이 시렸다. 한번도 돌봄을 받아본 적 없는 엄마를 마주하는 일은 어려웠다.

내가 바라는 것은 하나였다. 엄마의 무감각에 균열이 일어나기를. 엄마 혼자 밥하고 빨래하고 청소하는 일, 한글을 몰라서 멍청하다고 믿는 일, 자신보다 타인이 우선순위가 되는 일, 관성처럼 그냥 넘겼던 일들, 너무 참아서 참는 줄도 모르고 지나쳤던 일들이 무엇인지 하나하나 따져보고, 당연한 건 아무것도 없다는 것을 말해주고 싶었다. 그리고 결국에는 그 어느 것도 엄마 잘못이 아님을 알게 하고 싶었다. 그게 엄마를 와장창 무너지게 만드는 일일지라도, 무너지지 않고 버티는 지금이 괜찮은 것은 아니니까. 그건 정말 쉽지 않은 일이었다. 엄마의 변화를 손쉽게 기대하는 바람에 마음이 다치기도 했다. 단 몇 시간 대화를 나눴을 뿐인데, 마음만 앞선 탓이었다. 엄마와 내가 겉핥기식 이야기만 주고받더라도, 빙 둘러 돌아가더라도 이것만은 확실했다. 엄마는 말하고 싶어 한다는 사실. 내 거창한 바람은 이루지 못하더라도, 내가 듣고 엄마가 말했다는 것만으로도 충분한 날이 있었다. 내가 해야 할 일의 전부는 그저 엄마 얘기를 듣다가 웃다가 화내는 것. 그것뿐이었다.

내 오랜 습관은 어려운 말을 쉽게 풀어 설명하는 일이다. 그래야 엄

마가 편하게 듣고 말할 수 있다. 지금까지 쓴 문장들이 엄마를 소외
시키는 것 같아 미안하다. 어느 페이지고 막막할 엄마를 위해 아래에
글을 남겨둔다.

엄마가 딸에게 비밀 이야기를 들려줬다.
딸은 엄마가 한 말을 받아썼다.
엄마는 슬퍼서 울었다.
딸은 속상해서 화가 났다.
"엄마가 잘못한 건 하나도 없어."
딸이 말하자 엄마가 답했다.
"내가 뭘 잘못했대?"
우리는 깔깔 웃었다.

그 시절,
그것은 너무나 당연해서 질서 같았다

토마스 기차가 그려진 상을 가운데 펼쳐 두고 엄마와 마주 앉았다. 행여 이 대화를 놓칠세라 기계를 두 대나 켜놓고 녹음을 시작했다. 거기다 수첩까지 펼쳐 놓으니 생각했던 것보다 꽤나 본격적이었다. 엄마는 조금 놀란 눈치였다. 우리에게 주어진 시간은 단 두 시간. 그 시간을 마련하기 위해 조카 셋을 동네 도서관에 보내고, 아빠도 바깥으로 내보내야 했다. 그건 엄마의 뜻이기도 했다. 인터뷰하는 것을 가족들에게 들키고 싶지 않았던 엄마는 은밀하게 진행하길 바랐다. 누가 언제 돌아올지 모르는 상황이라 우리는 촉박했고 긴장됐다. 인터뷰를 시작하기 전 충분한 워밍업도 없이, 고장 난 사람들처럼 본론으로 들어갔다. 1954년, 전라남도 어느 시골에서 4녀 3남의 둘째 딸로 태어난 최숙희 씨의 이야기가 그렇게 무작정 시작됐다.

어릴 때? 맨날 소 밥 먹이러 다녔지. 이모하고 나하고 학교 갔다 오면 할아버지가 소 데리고 산에 가서 풀 먹이라고 그래. 소가 세 마리 있었는데 그걸 안 하면 할아버지한테 혼나는 거야.

애들하고 놀고 싶은데 놀지도 못했어. 오후 3시에 가서 6시까지 있었지. 소가 어디로 가버리니까 끈을 잡고 서 있는 거야. 그 이렇게 기다란 끈 있잖아. 소가 계속 옮겨가면서 풀을 뜯어 먹어야 되니께. 한 군데서 계속 먹는 게 아니야. 그런 거 아니면 풀 베고, 매일 일만 했어. 그러니까 얼마나 재미없겠냐. 제일로 싫었어.

학교는 국민학교 4학년인가까지 다녔지. 그때 당시는 맨날 일만 하니까 공부를 못 하잖아. 못 따라가니까 학교 가기가 싫은 거야. 그렇게 일만 시키니까 집에 와서 숙제도 못 하지. 수업을 들어도 귀에 하나도 안 들어오고. 공부하는데 뭐가 뭔지도 모르겠고 하기가 싫은 거지. 그러니까 한글도 다 못 깨우쳤지. 집에 와도 누가 봐주는 사람도 없고. 그러니까 더 안 다닌 거지.
그러다가 열다섯 살인가 돈 번다고 서울에 있는 옷 공장에 갔어. 우리 집이 없이 사니까 한 사람씩 입을 덜면 좀 낫잖아. 남대문인가 어디인가. 거기서 이런저런 심부름을 했는데, 그것도 잘 안 되고 힘들었어. 먹고 자는 건 공장에서 했는디. 그때는 시계도 없으니까 몇 시에 일어났는지도 몰라. 즈그가 시키면 일어나서 일하고 밥 먹으라면 밥 먹고. 그렇게 하다가 한 달이나 됐는데 도저히 살 수가 없네. 다락방 그 구석으로 들어가서 일하고 끝나면 밥 먹고 들어가서 자고 그러니 뭐가 재미있겠냐, 그 어린 나이에. 근데 느그 할머니는 하나도 안 보고 싶은데 증조할머니가 그렇게 보고 싶어서 못 살겠더라고. 할머니가 우리를 길러줬잖아. 엄마는 같이 살았어도 우리한테 뭘 해줬는지 기억도 안 나. 일만 시켰다 뿐이지. 그렇게 할머니가 너무 보고 싶은 거야. 도저히 못 살겠어. 그래가지고 도로 할머니한테 간다고 하고 집에 갔어. 갔더니 할머니도 좋아라 하고 나도 좋고.

스무 살쯤 먹으니까 나도 다시 공부가 하고 싶더라고. 그때 당시 막내 이모는 중학교를 다녔는디 이모가 교복 입고 학교 다니는 거 보는 게 너무 좋은 거야. 나는 못 배웠지만 이모는 고등학교까지 가야 한다고 내가 그렇게 했어. 그래갖고 이모가 자취하면서 고등학교 다닌 거야. 큰삼촌은 고등학생 때 친구들하고 놀러만 다니고 공부를 안 했는가 봐. 대학교를 가야 되는데. 아버지가 우리는 안 가르쳐도 아들은 가르치려고 그렇게 애를 쓰는디. 그래서 나도 "아이고, 나 결혼 늦게 해도 괜찮아. 나는 결혼 늦게 할 거야. 느그들 대학 다 보내고 갈 거야." 내가 그러면서 그때 당시에 얼마나 했는데 진짜.

엄마는 빈 곳을 바라보며 말을 이어가다, '진짜'라는 두 글자를 입 밖으로 내뱉고는 눈물을 흘렸다. 그것은 복합적인 눈물이었다. 아들 셋을 가르치려고 그렇게 애를 썼던 할머니 할아버지는, 둘째 딸이 무엇을 포기하는지 관심을 두지 않았다. 그 시절, 그것은 너무나 당연해서 마치 질서 같았다. 72세의 엄마는 이제 그게 당연하지 않다는 것을 안다. 세상을 세세히 느끼고 이해할 언어를 엄마는 간절히 찾고 싶어 했다.

1954년생 최숙희 씨가 밟아온 길은 그해 전국에서 태어난 딸들의 표준 경로였다. 경향신문 젠더기획팀의 연재 「우리가 명함이 없지, 일을 안 했나」*에서는 1954년에 태어난 여성 32만 명의 삶을 데이터로 추적했다. 이들이 8세가 되던 1961년, 26만 명이 국민학교에 입학했다. 6만 명은 학교 문턱에 제때 닿지 못했다. 1967년, 16만여 명이 중학교에 입학했다. 54년생 여성의 50퍼센트다. 1973년, 고등학교를 졸업한 여학생은 4만여 명으로, 54년생 여성의 12.5퍼센트에 불과하다. 배움의 현장에서 탈락한 딸들의 경로에 대해 이 기사는 서술한다.

"학교를 못 간 딸들은 일터로 갔다. 54년생 딸들이 16세가 되던 1970년, 15~19세 여성 147만여 명 중 65만여 명, 44퍼센트가 경제활동인구였다. 54년생 10대 노동자들은 공장에서 일했다. 가발·합판·섬유·신발·전기제품 같은 노동

집약적 경공업에 종사했던 10대 여성 노동자들은 저임금, 장시간 노동으로 산업을 떠받쳤다.”

여기서 말하는 '저임금, 장시간 노동'의 실상은 이러하다. 1960년대 평화시장 봉제 공장에서 일하는 노동자의 하루 평균 노동 시간은 15~16시간에 달했다. 이들은 천장 높이가 1.5미터밖에 되지 않는 어두컴컴한 공간에서 종일 일하고, 일당 50원을 받았다. 커피 한 잔이 50원이던 시절이었다. 피복노조의 역사를 추적한 한국일보 기사에서는 “동대문 봉제 공장에서 일하던 여성 노동자 중 70퍼센트 이상이 국민학교도 졸업하지 못한 이들이었으며, 고등학교에 다녀본 이들은 단 1퍼센트에 불과했다.”***고 적고 있다. 최숙희 씨가 밟아온 길은 남대문·동대문의 봉제 공장에서 일하던 10대 여성 노동자들의 경로와도 겹친다.

1960년대, 딸이 국민학교도 졸업하지 못하고 공장 노동자가 되는 것은, 김소영 씨의 서술처럼 너무나 당연해서 질서 같았다. ─**편집자 주**

* 조형국·이수민, 「1954년 32만 명의 딸들이 태어났다」, 《경향신문》(2022년 3월 14일)

** 이 기사는 책 『우리가 명함이 없지, 일을 안 했냐』(휴머니스트)에도 수록되었다.

*** 박지윤, 「전태일의 꿈 이어받은 십대 여공들… '피복노조'의 50년」, 《한국일보》(2020년 10월 15일)

엄마는 할머니랑 할아버지 생각하면 마음이 어때?

할아버지, 할머니는 농사만 짓고 살았잖아. 풀만 보고 사니까
얼마나 안됐냐. 안돼 보이지. 나는 할아버지가 지금도 불쌍해
죽겄어. 90세에 돌아가셨어, 90세. 할머니는 이제 96세.(2025년,
97세의 나이로 돌아가셨다.) 할아버지하고 두 살 차이야. 아버지는
서울 사는 자식들이 오라 해도 일 때문에 어디 오지도 못했지.
엄마는 오라고 하면 그냥 일 다 땡겨버리고 와. 할머니는 놀러도
많이 다니고 했는디 할아버지는 그러지를 못 하니까 불쌍했어.
그놈의 일밖에 안 하는 거. 돈도 한 푼 못 써보고 일만 하다가
돌아가신 거야. 내가 할아버지는 보기만 하면 돈 줬어. 그래도
할아버지는 그 돈 결코 못 썼어.

엄마한테 일을 엄청 많이 시켰는데도 할아버지가
안쓰러워?

할아버지는 없는 살림에 우리를 많이 낳고 길렀잖아. 할머니는
덜 불쌍해. 할머니는 할아버지가 벌어놓은 돈을 다 썼어. 뭐든지
아깝지 않게 막 쓰고 살았어. 당신 가고 싶은 데 다 가지, 남한테

팁도 줄줄 알고. 진짜 든 잘 썼어. 목욕탕 다닐 때는 때밀이한테
때 딱 밀고, 밥 사 잡수고, 택시 타고 오신대. 그래서 내가 그랬어.
우리도 늙어서 엄마같이 해야 되는데. 부러웠어. 자식한테는
안 썼는디, 남이 당신을 조금 생각한다 싶으면 잘 쓴 것 같더라.
도우미 아줌마(요양보호사)가 할머니를 챙기잖아. 자식보다
낫잖아. 자식은 먼 데 살아서 안 해주고 그러니까, 그 도우미
아줌마를 먼저 생각하더라.

할머니는 엄가한테 양치하는 법도 제대로 안
알려줬다고 그랬잖아. 왜 그런 것들에 그렇게
무관심했어?

정이 없는 거야. 세상에 자식한테 칫솔도 사주면서 씻어라,
뭐라 해야 되잖아. 내가 열여덟 살 될 때까지 칫솔을 안 사줬어.
그전에는 소금으로 닦은 거야. 우리한테 관심이 없었어.
그래서 할머니 정이 덜해. 증조할머니가 좋았다니까. 그래서
증조할머니가 돌아가실 때 세상이 무너지는 줄 알았어.

어릴 적 양치하는 법을 제대로 배우지 못한 엄마는 치아가 많이 안 좋았다. 40대에 벌써 어금니 여섯 개가 거의 사라지고 없었다. 엄마는 돈이 없어서 치과에 가지 못하고 집에서 '야매'로 치료를 받았다. 치아는 주기적으로 문제를 일으켰고, 그때마다 엄마는 불쑥불쑥 할머니가 원망스러웠다. 몇 년 전에는 그걸 전부 발치하고 임플란트 여섯 개를 새로 해 넣었다.

"한글 배워서 느그한테 편지 써주고 자픈다."

엄마는 오빠한테 한글 모른다는 걸 왜 숨기는 거야?

오빠한테는 하기 싫어서 안 했지. 하기 싫어. 그랑께 한글 학원 다닌지도 몰라. 너는 딸이니까 너한테만 말하지.

그 사실을 나만 알고 있으니까 엄마가 도움을 받을 수가 없잖아.

나만 알고 있지 그라믄 창피하게 누구한테 알려?

오빠 집에 있는 시간이 훨씬 기니까, 새언니랑 오빠한테
도움받으면 엄마도 더 빠르게 배울 수 있잖아. 오전에는
학원도 다녀온다 하고.

난 알게 하기 싫어. 소문 다 나니까. 우리 수연이(셋째 손녀)가
소문 다 내버리니까.

아니, 수연이한테 알아듣게 잘 설명하면 되지.

아니야. 다 해부러. 지그 이모랑 이모할머니랑 외할머니 만나면
다 말해.

말할지 안 할지 모르는 거잖아.

다 한다고.

그래서 엄마가 도움을 못 받는 거라고, 지금.

아, 내가 알아서 스스로 하는 거지. 누가 언제 도움을 줬대?

엄마가 스스로 어떻게 해?

이제 학원 다시 다녀야 되겠어. 수연이가 4학년만 되면. 그러면
오전에 시간이 생기잖아. 옛날에 학원 같이 다닌 엄마들이
좋았는데. 그 사람들 다 졸업 타버렸겠네. 또 생뚱이들하고
사귀려면 안 좋은데. 가끔 한 번씩 전화하면 그 사람들이 "학원
왜 안 나와? 나와." 맨날 그러는데. 같이 못 배운 사람들이라
그런지 서로 감싸고 그러니까 좋더라. 네 사람이 진짜 좋았어.
연신내 사는 이가 있어. 학원 끝나면 그리 점심 먹으러 가자
그런다? 그러면 거기 가서 밥 먹고 오고 그랬지. 어떤 날은 내가
밥을 해서 조금 싸갖고 가기도 했어. 거기 학원 근처에 남산
있잖아. 남산에 올라가서 먹으면 진짜 좋아. 연신내 사는 이
애기가 우리 수연이하고 동갑이야. 그이는 손녀한테 받아쓰기
시험도 보고 한대. 나는 우리 수연이하고 그런 거 못 하잖아.
근데 나는 책은 읽겠는디 왜 쓰지를 못하지? 책은 읽는데 왜 못
쓰냐고. 나는 쓰는 것이 중요한데 탁탁 쓰고 싶은데.

탁탁 뭐 쓰고 싶어?

너하고 며느리한테 내가 편지 써서 주고 자픈디, 쓰지를
못 하겠당게. 말을 지어서 쓸 줄을 몰라 갖고. 그래서 제일
속상해.(눈시울이 붉어진다.) 그게 제일 속상해.(눈물을 닦으며)
그러니까 셋째 이모가 환장을 하고 혼자 검정고시 볼 때, 그때
나도 같이 했어야 했는데. 그때 당시에 그거 붙들면 먹고살기
힘들 줄 알고…. 2000년도에 이모가 검정고시 본다고 책 갖고
와서 우리 집에서 밤새가면서 공부하고 그랬잖아. 나는 그때
당시에 눈이 안 뜨였나 봐. 나도 멍청하니까 눈을 빨리 못
뜬 거야. 큰이모가 "아야, 너도 해라." 나한테 그랬거든. 귀에
들어오지도 않더라고. 느그들 가르치고 살아야 한다는 생각만
한 거지. 그때 시작했으면 지금 다 깨우쳤을 건데.
그래서 지금이라도 한다고 그렇게 애를 썼는디. 그때 학원 다닐
때, 너하고 아빠한테 받아쓰기 그것 좀 불러주라고 하면 아무도
안 도와주더만. 누가 그걸 집에서 좀 도와주면 쓰겠더만 안
해주고. 아빠한테 해주라고 하면 그냥 가서 읽으라고만 하지.
염병하네, 읽기만 하래. 모르는 것도 쓰면 되더만. 염병을 해,
아이구 인간이. 너도 안 해줬잖아. 내가 오죽했으면 너 돈 준다고

그랬잖아. 나 몇 시간만 가르쳐주면 너 돈 줄게, 그랬잖아.
그런데도 안 가르쳐줬잖아. "알았어." 그래놓고 안 해버리더만.
학원에서만 하는 건 부족해. 거기서 두 시간 하고 온 거는
공부가 아니더라고. 종일 해도 못 따라 가는 걸 두 시간밖에 못
하고 오니까. 막 조금 알라고 하면 딱 끝나버리니께. 이제 이해
좀 하겠다 싶으면 딱 끝나. 그래서 집에 와서 내가 얼마나 쓴지
아냐. 메모지 있으면 날마다 그걸 쓰고 또 쓰고 해갖고 이만큼
모아놨는데 다 버려서 그렇지.

처음 오빠 집에 간 지 얼마 안 됐을 때는 내가 그래도 계속
공부를 했거든? 일기장에 일기도 쓰고. 애들이 볼까 봐
책장에다 딱 감춰두고 그렇게 썼어. 언제는 에미가 수연이
받아쓰기를 불러주더라. 그럼 나도 같이 따라서 썼어. 아니,
옆에서 어떻게 한다냐? 나는 수연이 방에 있고 즈그는 마루에
있는데, 부르는 게 다 들리니까 혼자 따라 해봤다 이 말이지.
그렇게까지 했는데 어느 순간에 딱 안 해버렸네. 왜 안 했는지
모르겠어. 안 하고는 이렇게 또 멍청이가 되네.

> **엄마는 구술하는 내내 자신을 '멍청하다'고 표현했다. 거기에**

는 '한글을 모르기 때문'이라는 이유가 깔려 있었다. 그것은 엄마의 핵심 믿음이기도 해서 뚫고 들어갈 자리가 없었다. 엄마는 그런 자신이 어떤 심경으로 공부했는지, 그것을 도와주지 않는 남편과 딸은 어땠는지 쏟아내듯 말했다. 나는 거센 죄책감을 느꼈다. 수연이 방에 엎드려 몰래 받아쓰기를 하고 있었을 엄마 모습을 생각하니 마음이 아팠다. 그 시절, 나는 엄마가 얼마나 간절한 마음으로 공부했는지 안다. 새벽까지 잠도 안 자고 온 힘을 다했다는 것도 안다. 그럼에도 내가 엄마를 돕지 못한 것은 '한글을 모르는 엄마'를 마주하기가 버거웠기 때문이다.

엄마가 한글을 모른다는 사실이 창피하진 않았다. 그러나 엄마가 한글을 모른다는 사실을 남들한테는 비밀로 했기 때문에 나 혼자 감당해야 했던 일들이 있었다. 가정통신문을 읽어주고, 엄마가 사인할 자리를 알려주는 일, 군대 간 오빠에게 엄마인 척 편지 쓰는 일, 어려운 말은 최대한 쉽게 풀어서 설명하는 일, 그리고 아무도 "엄마가 한글을 몰라서 너는 어땠어?" 하고 물어봐주지 않았던 일.

나도 엄마랑 함께 영화도 보러 가고, 나란히 앉아 책을 읽고 싶었다. 학원, 병원, 은행, 학교까지 그 모든 것을 혼자 알아봐야 하는 것이 버거울 땐 엄마와 같이 상의할 수 있는 친구가 부러웠다. 내가 쓴 글을 엄마가 읽고서 이유 있는 응원을 해주길 바랐다. 무엇보다 내가 제일 사랑하는, '쓰는' 일을 엄마

35

가 지지해주길 바랐다.

그런데 이러한 욕구가 엄마 가슴을 꽉 메운 '한'과 같은 자리에 놓일 수 있을까? 엄마의 결핍이 딸을 외롭게 했다는 것에 엄마가 미안함을 느끼게 돼야 할까? 나는 매번 '아니오'를 선택해야 한다는 압박감을 느꼈다. 엄마가 한글을 모르는 게 싫다는 마음이 들 때면 죄책감을 느꼈고, 그게 힘들어지면 엄마를 외면하기를 반복했다. 그게 결국 엄마와 나, 둘 다 괴롭게 만든다는 것은 알지 못했다.

내가 엄마 이야기를 다르게 보기 시작한 것은 발화하면서부터다. 5년 전, 한 글쓰기 수업에서 엄마가 한글을 모른다는 것에 대해 글을 써간 적이 있다. 세상에 절대 밝혀지면 안 되는 이야기를 처음 꺼내보는 순간이었다. 낭독을 마치자 내 양옆에 있던 사람들이 나를 꼭 안아줬다. 다들 마음을 모아 박수를 쳤다. 그 박수 소리를 엄마와 함께 듣고 싶었다. 창피한 일이라고 온 힘을 다해 숨겨둔 엄마의 이야기가, 세상 밖으로 꺼내지니 사랑으로 환대받는 것을 내 두 눈으로 보았다. 그래서 나는 엄마가 인터뷰 내내 창피하다고 말해도 흔들리지 않을 수 있었다. 여전히 자기 이야기를 창피해하는 엄마에게 나는 이렇게 말했다.

"엄마, 학원 처음 갔을 때 엄마처럼 한글 모르는 사람들이 많은 걸 보고 어땠어?"

"너무 좋았어."

"엄마 이야기도 그렇게 좋아할 사람이 많이 있을 거야."
엄마가 오랜만에 끄덕였다.

한글 학교에는 왜 할머니가 많을까.
2008년 국립국어원에서 실시한 「국민의 기초 문해력 조사 결과」에 의하면, 남성(0.5퍼센트)에 비해 여성(2.7퍼센트)의 비문해율이 5배 넘게 높은 것으로 나타났다. 연령이 높아질수록 성별에 따른 차이는 더 뚜렷해진다. 50대 남성의 비문해율은 0.2퍼센트인데 반해, 여성의 비문해율은 1.2퍼센트로, 남성의 6배에 달한다. 60대 여성의 비문해율은 남성보다 8배(남성 0.9퍼센트, 여성 7.6퍼센트) 높게 나타났다. 비문해자가 한글을 배우지 못한 이유로는, '학교를 다니지 못했다'가 82퍼센트를 차지했다. 즉, 여성은 학교를 다니지 못해 한글을 깨우칠 기회가 남성에 비해 더 적었다는 의미다. ─**편집자 주**

남편은 부재중

스물일곱 되니까 어른들이 결혼을 하라고 하더라고. 사촌 고모가 아빠를 중매 해줬어. 아빠가 돈은 없어도 생활력

강하고 착하다면서. 그때 봤을 땐 다 괜찮더라고. 그래서 그냥
결혼했어. 그 전에 내가 선을 많이 봤어도 다른 사람들은 다
이상했거든. 마음에 안 들더라고. 근데 느그 아빠는 뭐가 또
좋았던가 마음에 들었나 봐. 약혼식을 하자고 하더니만 반지
하나하고 목걸이를 하나 주더라? 나는 또 그런 패물 받는 걸
엄청 좋아해서 그 두 개만 받는 건 싫었거든. 팔찌도 해주라고
그랬더니 돈 벌어서 해준다고 하더라고, 느그 아빠 말이. 근데
여태 안 해줬잖아?

결혼하고 보니까 시어머니가 얼마나 없든지 쌀을 이만씩(두 손을
포갠 작은 공 모양) 사 나르는 거야. 그래도 우리 집은 농사를
지어서 그런 건 없었거든. 그랗께 내가 밥을 많이 먹지를 못
하겠더라고. 식구가 많은데 쌀을 요만큼씩 사오니 뭐. 몇 번
먹으면 쌀이 없어. 돈 버는 사람은 없는디. 결혼하자마자 아빠는
돈 벌러 서울 가고 없었어. 서울에 방 얻은 다음에 데리러
온다는 거야. 거기 시어머니 집에 나를 혼자 놔두고. 그럼 그게
좋냐? 안 좋지. 2월에 결혼해서 한 3개월 있었나 봐. 나 혼자
그냥 오도카니 있기도 그래서 동네 사람들 따라서 산을 다녔어.
나무도 해서 이고 오고. 밥해서 먹고. 내가 밖에 잠깐 나가면
시어머니가 그 꼴을 못 보더라. 가만히 집에만 있으라고. 오메메

웃기더만.

그때 셋째 작은 아버지랑, 막내 삼촌이랑 그렇게 같이 살았어.
집에 물이 없으니까 물도 길러다가 먹고. 가난하니까 뭣이
있어야 말이지. 물 기르러 가는 길이 이렇게 좁고 나빠. 거기서
물을 여 날라야 돼. 저녁 내내 물을 날라야 돼. 그럼 그걸로
집에서 세수하고 머리 감고 했어. 어머니가 남자들은 안
시키니까 내가 혼자 물 떠다가 빨래까지 다 집에서 했어.
그러다 아빠가 5월인가 나를 데리러 왔어. 그 뒷날 서울에
왔더니 옛날에 여기 2동 동사무소 옆에다 방을 얻어놨더라고.
근데 거기도 수돗물이 없는 거야. 수도세 얼마 주고, 호스로
연결해서 물 받아놓고 빨래하고, 그렇게 하는 데로 또 방을
얻어놨더라고. 물 기르러는 안 가는데 부엌도 없고 연탄불 하나
들어가는 데만 있고 밥도 없어. 뭐 만들어 먹을지도 몰랐어.
그때는 뭣을 먹고 살았는지도 모르겠어.

아빠는 그때도 어디 일하러 가고 없고 나는 혼자 이러고 있기
뭐하니까 집에서 부업을 했지. 이웃집 할머니가 남방셔츠에
단추를 달면 하나에 얼마씩이래. 나도 좀 가르쳐줘요, 그랬어.
그럼 따라오래. 그래서 따라갔더니 한 장에 10원인가 얼마
줬어. 죽고 살자 한 달 해봤자 만 원인가 벌었어. 단추 다

달면 갖다주고, 오빠 임신했을 때라 배는 이렇게 불러서 한 보따리 이고 와. 그게 방에서 하면 먼지가 펄펄 나. 그란디는 뭐 할 데가 있어야지 방에서밖에. 한번은 갔더니 단추를 잘못 달았다고 뭐라 해. 어떻게나 눈물이 나던지. 그냥 "그래요, 잘 달아 올게요." 그러면 되는데, 그렇게 서럽고 눈물이 나더라고. 오빠 태어나고는 그 단추 다는 일도 못 했어. 먼지가 나니까. 그때 당시 월세가 한 달에 2만 원이야. 엄마가 500원어치 장을 보면 반찬을 몇 가지를 샀어. 그러니까 내가 단추 붙이는 걸로 만 원인가 벌었어도 그걸로 생활비가 됐지. 아빠는 맨날 동대문인가 어딘가 새벽같이 일어나서 걸어 다녔다고 하더라. 나는 그런 줄도 몰랐는데. 시상에 그 차비가 아까워서 걸어 다녔대. 그때 당시에 점심도 많이 굶었어. 아빠가 도시락을 싸달라고 그랬는데 싸줄 것이 뭐 있어? 김치밖에 없는디. 도시락은 몇 번 쌌나 어쨌나. 많이 굶었을 거야, 점심도. 느그 아빠도 고생 많이 했다.

한번은 친정에서 작은엄마하고 외할머니가 우리 집에 왔어. 밥을 차려드려야 되는데 시골은 고기가 엄청 귀하니까 닭을 한 마리 샀어. 그란디는 뭔 닭이 삶아도 삶아도 삶아지지가 않고 막 살아나. 오메 나 처음 봤어. 그래서 작은엄마한테 "작은엄마, 왜 닭이 삶아지지도 않고 계속 살아나?" 그러니까 "묵은 닭인가 보다." 그래. 나는 묵은 닭인지 몰랐지. 그것을 압력솥에 하면 괜찮은데 그냥 냄비에 넣어가지고 난로 같은 데 얹어 놓으니까 안 익었나 봐. 그러니 몇 시간을 삶아도 삶아지지가 않아, 이노무 것이. 그래서 삶다 삶다 놔둬버렸어. 그것이 귀한 거라고 세상에 그런 걸 다 삶아서 드렸다니까. 다른 반찬은 하나도 안 하고.

아빠는 언제 왔어?

아빠는 아무 때나. 일즈일에 한 번 왔나, 한 달에 한 번 왔나 그랬어. 아빠가 어디 가 있는지도 몰랐어. 전화가 없으니께. 어디 간다고 하면 그런 줄만 알지. 서울 생활을 안 해봐서 인자 처음 왔는디 어딘지 말하면 내가 알기나 알겠냐. 집에 혼자 있으면 내가 어디 간 줄 아냐. 큰이모네 집. 어디 갈 데가 없으니까 일주일에 한 번이나 한 달에 한 번이나 갔어. 이모네 집 갔다가 우리 집 오려면 종암 경철서에서 내려야 되는디, 그 앞에 큰 공 모양 풍선이 이래 갖고 높이 서 있어. 내가 그걸 보고 내렸다니께. 정류장 글씨를 안 보고. 진짜 멍청했더라고 지금

41

생각해보니까.

그때 당시에는 뭣이 어쩐지도 모르고 살았는데, 그래도 내가 그
생각은 했어. 악착같이 모아서 전세로 가야 되겠다고. 그래서
1년 뒤에 전세 150만 원짜리를 얻어서 나가려는데 돈이 부족해.
그래서 아빠가 느그 친할머니한테 돈 좀 빌려주라 그랬나 봐.
돈을 빌려가지고 이런 집(방이 두세 개 딸린 주택)으로 이사를
갔어. 방 한 칸에 세를 주는 그런 걸 얻었어. 그때는 그게 전세야.
돈이 없으니까 그런 데로 갔지. 그해 느그 아빠는 사우디로
갔어. 사우디를 가면서 그 방을 얻어준 거지. 그 방 한 칸에
막내 이모랑 느그 오빠랑 셋이 살았어. 씻는 것도 진짜 못 씻어.
지하에서 물이 나오니까 거기서 밥 해가지고 올라와서 애기 밥
주고. 느그 오빠는 뭐에다 먹였는 줄 아냐? 맨날 간장. 간장에
참기름 말아서 그렇게 먹였어. 그러니께 지금도 막내 이모가
그렇게 뭐라 하는 거야. 애기한테 맨날 간장에 밥만 줬다고.
계란도 아니고. 멍청했던가 봐. 그랑께 애기도 그렇게 못 먹였지.
언제는 여름에 방문을 열어놓으니까 오빠가 마루로 기어 나왔나
봐. 내가 잠깐 나갔는데 따라 나온 거지. 오빠가 기어 나오니까
그 집 애들이 소리를 꽥 지르는 거야. 애기가 나오는 걸 싫어하는
사람들이라. 얼마나 속이 상하냐. 그래서 얼른 안고 방으로

들어왔어. 거기서 산 게 제일 힘들었던 것 같아. 그랗께 전세방 중에 좀 더 나은 거를 얻어야 되겠더라고. 아빠가 사우디에서 보내준 돈으로 1년 만에 좀 더 나은 데로 가려고 하는데, 외할아버지가 이모하고 삼촌하고 데리고 있으라고 천만 원을 보태줬어. 좋더라고. 방 얻어서 큰삼촌이랑 막내 이모랑, 그때는 아빠도 사우디에서 와서 다섯 식구가 같이 살았지.

거기서 몇 년 살다가 8동 놀이터 옆에 가게를 얻어서 슈퍼를 시작했어. 너도 그 가게에서 낳았잖아. 동네 사람들이 너를 너무 좋아했어. 미숙이 엄마고 누구고 다들 엄청 예뻐했어.

그때는 아빠가 일이 많이 없어서 집에 있는 날이 많았거든. 가게니까 장사꾼들이 오잖아. 내가 그 사람들하고 얘기하고 서 있으면 아빠가 그 꼴을 못 보더라고. 남자들하고 얘기하는 걸 그렇게 싫어해. 자기한테는 말 좋게 안 하고 그 사람들한테 다정하게 한다고. 그때 당시에 느그 아빠가 술을 먹고 다니니까 무서웠어. 무서웠어, 엄청.

단칸방에 세 들어 살던 숙희 씨 부부는 어떻게 몇 년 만에 슈퍼를 낼 만한 돈을 모을 수 있었을까? 남편이 사우디에 갔다는 사실에 주목해보자. 1970~80년대 중동 건설 붐에 대해, 국사편찬위가 운영하는 '우리 역사넷'에서는 다음과 같이 설명한다.

"해외건설협회는 해외에 취업한 건설 노동자 수를 통계로 작성했는데, 1978년 8만 4천여 명부터 시작하여 1982년에는 17만 1천여 명까지 증가하였다. 중동에 진출했던 한국인 노동자는 기능공이라도 1년 단위로 계약하는 비정규직 노동자였다. '이역만리', '열사의 땅'에서 큰 고생을 한다고 알려졌지만 가난으로부터 탈출을 꿈꾸는 젊은 남성들이 중동 파견에 지원했다. 1975년 기준으로 국내 건설 취업자와 해외 건설 취업자의 급여는 무려 3.65배나 차이가 났기 때문이다. 약 1년간 중동에서 고생을 하고 돌아오면 점포 마련, 채무 청산, 결혼자금 마련 등을 할 수 있었다.(중략) 1973년부터 증가한 중동 건설 노동자는 1982년 정점을 찍고 점차 감소하였다."[*]

숙희 씨 남편은 1981년에 사우디에 간 뒤 1년 만에 돌아왔다. 중동 특수가 사라지기 직전, 남편이 사우디의 건설 현장에 가기로 한 선택은 이후 숙희 씨 부부의 경제적 기반을 다져주었다. ㅡ**편집자 주**

* 우리 역사넷의 '중동 건설 붐' 웹페이지 참조.

가져온 밥 떼 내버리기가 없아서,
앉아서 밥으로 호스를 빼서 풀쳐하는 장면.

아빠는 돈을 벌기 위해 자주 집을 비웠다. 엄마는 늘 혼자였다. 혼자 오빠를 낳고, 피부병에 걸린 아이 때문에 발을 동동 구르고, 어떻게든 살아남기 위해 주변을 살펴 일거리를 얻어 냈다. 낯선 곳에서 혼자 지내기가 무서웠을 텐데 엄마는 늘 방법을 찾아냈다. 아빠가 벌어온 돈은 착실하게 저축했고, 한 달 생활비는 엄마가 직접 벌어서 썼다. 나는 엄마의 용감함에 놀랐다. 전셋집 얻을 결심을 하고, 가게를 얻어 장사를 해야 겠다고 결정한 사람은 엄마였다. 한글은 모르지만 숫자에는 밝았고, 자금을 어떻게 운용해야 하는지 알았다. 나는 그 지점이 엄마의 자부심이 될 수 있을 거라고 생각했다.

그래도 가게에 살 때가 재밌었어. 내가 늘 가게에 나와 있으니까 젊은 사람들이 많이 왔어. 그때 만난 사람들이랑 지금까지 모임을 하는 거야. 나는 그 사람들이 제일 좋은 것 같아.

엄마는 친구들 사이에서 어떤 사람이야?

듣는 사람이지 뭐. 그러니까 책도 많이 봐야 말 주변도 있고 웃기기도 하지. 몰라서 얘기도 못 해.

사람들은 엄마를 왜 좋아하는 것 같아?

내가 정이 많다 하더라? 그때 당시는 내가 뭐든지 퍼서 먹이지.
뭐든지 해갖고. 지금은 내가 힘드니까 안 모이지. 다들 우리 집에
오고 싶어 해. 그때는 눈 뜨면 다 우리 가겟집으로 모였어. 한창
30대였는데 좋았지.

엄마가 처음으로 안 외로웠을 것 같아. 그치?

외롭진 않았지.

그동안 계속 외로웠잖아.

뭐 외로웠대? 옛날에는 일만 하니까 그런 걸 모르지. 친구가
없어서 쓸쓸해, 어째 그런 것도 모르고. 오빠가 있으니까 애
키우기 바쁘니까 외로운 것이 어디 있어. 나는 애도 못 키워.
애기를 업으면 엉성해갖고 있잖아. 오빠를 업고 버스를 탔는디
애가 줄줄 내려가고. 오메, 나는 하나 기르기도 벅찼어.

47

오빠가 외롭다고 나를 낳은 거야?

그럼 오빠가 외롭다고 난리지. 내가 외로운 게 아니라. 그래
갖고는 하나 더 낳자고 하니까 느그 아빠가 안 낳는대. 내가
우겨갖고 임신을 했는데, 지우라고 난리야 어이구. 배가 이렇게
부르니까 창피스럽다고 난리고. 아이고.

왜?

나이 먹었다고. 마흔이 돼가잖아. 서른아홉에 너를 낳는데,
그러니 창피스럽다고. 근데 내가 결코 너 낳았어. 너 낳아
놓으니까 좋긴 했는데 내가 너 맨날 떼어놓고 댕겨갖고 그것이
미안해서 그렇지.

임신 내내 구박받았어?

아니, 구박을 받은 게 아니고 창피하게 이제 와서 애를 어떻게
낳냐고 그랬지. 그랑께 너 낳기는 엄청 힘들었어. 나이 먹어갖고
낳으니까 힘들더라고. 자연분만을 했잖아. 그래 갖고 한 달

동안 아빠가 밥해줬어. 닐 낳아 놓으니까 좋아갖고 밥을 계속 해주더라. 몸조리 잘하라고. 오빠 때는 몸조리를 못 했잖아. 너 때는 몸조리를 잘했나 보─. 어디 아프고 그런 일은 없응께.

몸조리를 가겟집에서 했어?

응, 거기서. 그 좁은 데서. 춥고 나가기도 싫으니까 그냥 밥해서 주면 먹고 있었지.

아빠는 그래서 어땠어? 나 낳은 거 보고?

좋아갖고 땅에 놓지도 않았어. 엄청 예뻐했어. 지금도 내가 전화 안 하면 아주 소영이 혼자 있는데 전화도 안 한다고 난리야. 내가 오히려 무관심하지.

가게에는 방 한 칸이 딸려 있었다. 거기서 장사도 하고 네 식구가 먹고 잤다. 화장실을 가기 위해서는 밖으로 빙 둘러 나가야 했다. 더운 여름 날, 넷이 다닥다닥 붙어 자는 게 괴로운 날이면 오빠랑 아빠가 집 앞에 있는 놀이터로 나가 잠을 청했다. 다음 날 아침이면 모기에 잔뜩 뜯긴 오빠랑 아빠가 피곤한 얼굴로 들어왔다.

그 시절 나는 아빠가 세상에서 제일 좋았다. 내가 "아빠!" 하고 뛰어가면 번쩍 안아 올려줬고, "놀이공원 가자!" 하면 고민할 것도 없이 "그래!" 하고 출발했다. 내 기억 속 유일하게 다정한 아빠의 모습이다. 그 기억 때문에 오랫동안 혼란스러웠다. 나는 분명 사랑받았던 것 같은데, 지금의 아빠는 왜 이러지? 날이 갈수록 침체되고 무서워지는 아빠를 받아들일 수 없었다. 이번에 엄마의 구술을 들으면서 알게 된 것은, 엄마에게는 그 시절의 아빠가 무서웠다는 것이다. 나를 번쩍 들어 올리던 그 커다랗고 까무잡잡하고 다정했던 아빠는 나에게만 찰나처럼 존재했다.

지금은 아빠가 금주한 지 30년이 넘었지만, 내가 태어나기 전에는 술을 한번 마시면 짝으로 마셨다. 가겟집에서 살면서부터 아빠는 일이 부쩍 줄어들고, 대낮부터 거나하게 취해 있는 날이 많았다. 술에 취하면 잠도 안 자고 엄마를 그렇게 못 살게 했다. 아까 그 남자한테는 왜 그렇게 다정하게 말하냐, 나한테는 왜 이렇게 말하냐. 했던 말을 돌림노래처럼 주고받으면서 밤을 샜다. 엄마는 그 시절을 떠올리면서, 아빠가 술을 계속해서 마셨더라면 같이 못 살았을 거라고 했다. 그리고 이 말을 덧붙였다.

"느그 친할아버지가 그랬다 안 하냐. 술을 한번 마시면, 할머니랑 자식들 다 쫓아내고 아빠만 옆에 뒀디야. 그라믄 할아버지가 아빠한테 우물에 가서 물을 떠오게 했대. 물을 떠오면 휙 버려버리고 또 떠오라 하고. 그걸 밤새도록. 시상에 그런 아버지 밑에서 컸으니. 느그 고모가 '언니, 우리 오빠 고생 많이 했어요.' 그래 샀드라."

아빠가 폭력의 희생자였다는 사실을 듣게 된 날은 마음이 복잡했다. 먹고 있던 밥그릇을 들고 내쫓기듯 도망가는 어린 아빠의 뒷모습이 생생했다. 알게 되었다고 해서 모든 걸 이해할 수는 없었다. 아빠는 나를 절대 때리진 않았지만 정서적으로 괴롭게 했다. 아빠 기분에 따라서 집안 분위기가 달라졌고, 화가 나 있을 때는 나라는 존재가 내는 소리, 냄새, 무게가 싫어졌다. 내가 공기처럼 가벼워지고 옅어져 사라지면 좋겠다고 생각했다. 엄마와의 싸움, 말끝마다 새어 나오는 욕, 재촉과 비난 속에서 내가 할 수 있는 건 우물가에 물을 뜨러가던 어린 아빠처럼 두려움에 떠는 일뿐이었다. 그 고통을 구체적으로 아는 사람이 무엇을 대물림하고 있는지 아빠는 알까.

딸이라는 목격자

2000년도에 지금 사는 집으로 이사 왔을 때는 어땠어?

처음 가져보는 내 집이었잖아.

그래도 우리 집이라고 지어놓으니까 너무 좋았지. 그래도 잘된
거야, 여기 와서. 뭐이든지.

나 어렸을 때는 아빠가 엄청나게 좋았는데 갑자기 이
집에 오면서 사람이 이상해졌다고 느꼈어.

왜?

엄마를 때렸잖아.

뭐 때렸대? 때리지는 않았고 그런 식으로 겁을 줘. 때리지는
않지.

때렸어. 내가 봤는데 무슨 소리야?

몰라, 아무튼.

나는 무서워가지고 벌벌 떨었어. 그때는 항상 집에
나밖에 없었어. 으빠도 없고.

어디 갔대, 오빠는?

몰라. 대학생이라 늦게 왔는지. 아빠는 화나면 청소기도
집어들고 칼도 빼들고 그랬잖아.

언제? 칼은 들지 않았지.

칼로 위협해서 엄마가 "소영아, 소영아" 이렇게
불렀잖아. 근데 어떻게 다 모를 수가 있어?

그거는 그때 그 장애 왔을 때. 몸에 장애가 와서 그런 거야.

장애? 무슨 장애?

정신 말이야.

우울증?

응. 그거 왔을 때 그런 거지. 그러지 않았을 땐 그런 거 안 했어.

우울증 오고 그랬다고? 아빠 우울증은, 나 20대 때
왔는데?

그래.

아빠가 엄마한테 무섭게 하기 시작한 건 내가
초등학생도 되기 전이었다고.

무슨 소리야?

엄마는 아빠에 대한 기억이 막 되게 좋은가 봐.

뭣이 좋대?

아니, 그런 거를 싹 지워버렸으니까, 기억 속에서.

안 좋은 거를 왜 자세히 기억하고 사냐. 내가 오죽했으면
이만한 칼을 저기다 감춰버렸겠냐. 그때는 뭐든 찾고 그러니까
무섭더라고.

왜?

몰라. 막 그런 거 찾고 그러니까 무서운 생각이 들더라고.

어디다 숨겨놨어? 지금도 숨겨져 있어?

저기 찬장 안에 넣어놨어.

그때 오빠한테 아빠가 무섭다 이런 말은 왜 안 했어?
오빠가 보호해줄 수도 있었잖아.

그때 당시 애들한테 그런 소리하기는 싫은 거야. 너는 니가
봤으니께 그러지. 나쁜 거 보면 좋지 않잖아. 봐라. 느그
친할아버지가 옛날에 자식들한테 그렇게 했다 안 하냐. 아빠도
즈그 아버지 딱 닮아가지고 저렇게 하잖아. 그런 거 보면 모르냐.

55

그래서 나는 그런 소리 하기 싫어. 요즘은 시대가 달라져가지고 그래 안 하지만 느그 오빠도 성질이 좋지 않아. 저 각시한테만 "알았어, 알았어" 하지. 애들한테 소리 지르고 하는 거 봐봐, 염병. 내가 소리 지른다고 맨날 뭐라고 해.

그때 무슨 마음으로 살았어?

무슨 마음으로 살아. 느그들도 있고 그러니까 그냥 사는 거지. 혼자 살면 어떻게 살겠어? 그러니까 그냥 좋든지 나쁘든지 산 거지. 그란디 일주일에 한 번 집에 오면서, 소리 지르고 욕하고 가면 그게 제일로 싫어. 아주 징그럽더라고. 이제는 싫어.

> 아빠는 지금까지도 우리랑 떨어져 산다. 평일에는 회사 기숙사에서 먹고 잔다. 토요일 낮 근무까지 끝내놓고 집으로 온다. 그리고 일요일 오후 3시쯤 되면 다시 짐을 챙겨 내려간다. 그런 삶의 형태가 아빠에게도 많이 고단했을 것이다. 아빠는 친구도 없고, 동료와도 사이가 좋지 않다. 가족들 사이에서도 소외된 채 홀로 있는 날이 많다. 현재 아빠 인생에서 유일한 재미는 넷플릭스로 중국 드라마를 보는 것뿐이다. 아빠는 집에서도 혼자라는 사실에 울분이 쌓여 있다. 따뜻하게 반겨주

는 식구들이 없다는 것에 회의감을 느끼는 것 같다. 그래서 더욱더 엄마와 나를 못살게 구는 방식으로 상황을 악화시켰다. 나는 주말이면 도망치듯 집 밖으로 나가버렸고, 그런 아빠를 오롯이 대면해야 하는 사람은 엄마뿐이었다. 엄마도 참다 못해 일로 도망갔다. 악순환이었다.

엄마는 늙어서 어떻게 살고 싶은데?

나는 지하철 타고 다니다 보면 부부가 얘기도 조근조근 하고 살갑게 다니는 거 그런 게 부럽더라. 느그 아빠는 뭔 말만 하면 소리 빽 지르고 아주 성질부리잖아.

아빠는 왜 엄마한테 그렇게 소리를 빽빽 지르는 것 같아?

몰라, 왜 그러는지.

아예 한번도 생각해본 적 없어?

멍청하니까 그런가 어쩐가.

　　　누가?

둘이 다 멍청하니까 소리만 지르고 살지. 뭐 한 사람이라도
똑똑하고 야무지면 그렇게 소리 지르고 산대? 멍청하니까
그렇게 둘 다 소리를 빽빽 지르고 살지.

　　　엄마는 아빠가 맨날 하는 말이 뭔지 기억해?

무식하다는 소리 맨날 하잖아. 그 소리가 제일 듣기 싫은
거야. 뭐라고 하면 무식해서 그런다고 맨날. 그럼 내가 아이고
똑똑하고 야문 사람이 저러냐고, 내가 그러고 싸우잖아.
징그러워 아주. 난 그 소리 하면 제일 성질이 나버려.

　　　아빠가 맨날 나한테 엄마 욕한다 그랬잖아. 그럼 그럴
　　　때 엄마 마음은 어때?

또 너한테 왜 그런 소리를 하냐 이거지. 왜 애기를 볶을까.

58

성질나. 딸을 왜 저렇게 볶을까?

아들은 안 볶잖아. 왜 그러는 거야?

같이 안 사니께 그러지.

같이 살 때도 안 그랬던 것 같은데.

맨날 머스마는 나가고 그러잖아. 언제 한번 아빠랑 싸울 때 오빠가 즈그 아빠를 뒤에서 꽉 잡았는데 그랬다고 오빠를 또 죽여버리려고 하더만. 젊어서 힘이 좋으니까 아빠를 딱 잡아 버리잖아. 그러지 말라고. 그러니까 느그 아빠가 술 계속 먹었으면 같이 못 살아. 술을 안 먹어도 저런 성격인데.

왜 엄마랑 아빠는 서로 이해를 못 할까?

아빠가 뭔 말을 하면 왜 그렇게 화가 나니?

아빠도 엄마가 뭔 말만 하면 화가 나는 것 같던데.

응. 그니까. 뭐가 안 맞나 봐.

근데 내가 봤을 때는 엄마가 화낼 만해. 아빠는 별것도
아닌 일에 자꾸 화를 내잖아.

아니, 느그 오빠는 엄마가 아빠를 화나게 한대. 엄마가 말을
맨날 그렇게 해가지고 아빠하고 싸운다고 그러더라.

아빠는 항상 원하는 게 있잖아. 엄마가 일 안 나가고
집에 있는 거. 밥을 따뜻하게 차려주는 거. 말을
좋게 하는 거. 근데 엄마가 젊었을 때도 자기한테 말
예쁘게 안 한다고 뭐라 그랬다며. 다른 사람들한테는
사근사근하면서, 자기한테는 말 좋게 안 한다고.
아빠는 거기에 뭐가 있나 봐.

맨날 말 좋게 안 한다고 그래. 나는 항시 하는 대로 하잖아.
"왜(무심하게)" 그라고 말하잖아. 그러면 말을 이상하게
한다고 뭐라 해. 자기는 말을 얼마나 좋게 한다고. 엊그제도
전화가 왔어. 수연이 때문에 짜증나갖고 있는데 전화가 왔어.

그래서 내가 "왜?" 그랬더니 "왜 말을 그렇게 해?" 나보고 또 그러더라고. 그래서 "알았어." 그러고 끊어버렸어. 자기는 뭐 말 좋게 하는 것도 아니면서 맨날 나보고 말 좋게 안 한다고 그래.

오빠가 그런 걸 왜 모르는 줄 알아? 아빠랑 지내본 적이 없어서 그래. 맨날 떨어져 지내니까.

저번에 느그 새언니 있는 데서 "아야, 너네 아버님 때문에 못 살겠다." 그랬더니 "왜요?" 그래. 뭣을 해주네 안 해주네 까탈을 부린다고 하니까 "맛있는 것 좀 해드려요." 그러더라고. 근데 내가 맛있는 걸 해주진 않아. 그건 있어. 그래서 저런 꼬라지가 나는가 봐. 어저께 아침에는 냉동실에 낙지가 있더라. 그래서 낙지 보글보글 볶아놓고 갔어. 그랑께 이참에는 성질을 안 부리더라. 이번 주말에도 이틀 다 일 나가는데 낙지 있으면 또 볶아놓고 가야지.

아빠의 어떤 점이 제일 힘들어?

맨날 와서 투덜거리는 거. 밥도 그러잖아, 반찬도 뭐 이상한

거 해놨다고. 다른 사람들은 누가 해주면 아무 말도 안 하고
잘만 먹드만 별나게 그래. 그러니까 싫어. 그냥 먹으면 되지
뭐 밥 한 끼 먹는 거 갖고 그렇게 난리냐고 맨날. 밥을 얼마나
별다르게 먹고산다고. 엄마가 예식장 나가봤지만 진짜 며칠
먹던 거, 버리게 생긴 거 그런 거 줘요. 그러면 이 집에 있는 거는
감사합니다, 하고 먹어야지.

아빠는 엄마가 일하는 것도 싫어하잖아.

아빠는 젊었을 때부터 내가 어디 가려고 하면 못 가게 했어.

맞아. 엄청 싸웠잖아. 이삿짐 한 번 도와주러 갔다가.

어. 너 어떻게 이삿짐 그걸 알아?

그날 내가 얼마나 무서웠는데. 아빠가 엄마한테 "너
오늘 죽었어." 이러면서 전화했잖아. 그쯤 엄마가
밤마다 목욕탕 일을 했거든. 엄마가 목욕탕에 나를
꼭 데리고 갔잖아. 거기서 씻는 동안 오늘 집에 가면

아빠가 엄청 화나 있을 텐데 어떡하지, 이러면서 집에

갔어. 그날 밤이 새도록 엄마랑 아빠랑 싸웠어. 뭐

죽이네 살리네 이러면서.

그 당시 엄마는 친구의 제안으로 이삿짐 싸는 일을 하러 갔
다. 근데 하필 거기에 아빠 친구가 있었다. 며칠 뒤 아빠는 아
빠 친구로부터 엄마가 일하러 왔었다는 사실을 알게 됐다. 아
빠는 그 이야기를 듣고 무척 화가 났고, 집은 한바탕 난리가
났다.

너는 어떻게 기억을 잘한다잉.

근데 일 좀 하면 어떻다고 그래? 남의 궂은일을 했다

이거야?

응. 그런 궂은일 하는 걸 제일로 싫어해. 지금도 일하러 가면

맨날 뭐라고 하잖아. 호강이나 엄청 시켜주는 사람같이.

아빠는 엄마가 주체적으로 움직이는 것을 싫어했다. 집에서

63

알뜰하고 착실하게 살림만 하길 바랐다. 하지만 엄마는 아빠가 요구하는 것이 납득되지 않았다. 가계가 어려운데 한 사람이라도 더 벌어야 한다고 생각했다. 그 과정에서 가족들에게 조금 소홀하게 되더라도 아빠 혼자 감당하게 두지 않았다. 아빠는 엄마의 일을 인정하지 않았다. 그까짓 거 해서 얼마나 번다고, 늘상 그렇게 말했다.

엄마는 안 해본 일이 없었다. 젊을 때는 전단지를 천 장씩 들고 다니며 20동이 넘는 아파트에 집집마다 전단지를 붙였다. 배우지 못해 고생스러운 일만 한다고 생각했던 엄마는, 아빠까지 자신을 무시하는 것이 속상했다. 그럼에도 엄마는 확실히 알고 있었는데, 자신이 그렇게 애를 쓰니까 돈이 모인다는 점이었다. 엄마는 아빠가 벌어오는 돈은 전부 저축했다. 한 푼도 쓰지 않았다. 오빠와 내게 주는 용돈, 반찬거리, 세금, 교육비는 엄마가 버는 돈에서 썼다. 그러니 엄마가 하는 일은 '그까짓 거'로 간단하게 수식될 일이 아니었다.

아빠와의 대화

사우디

아빠는 다양한 공사판에서 일을 했는데, 구체적으로 무슨 일을
하는지는 잘 알지 못했다. 아빠 기분이 좋아 보이는 어느 날,
아빠의 노동에 대해 묻기 위해 대화를 시도했다. 아빠는 라면을
먹는 중이었다.

나 아빠 옛날에 사우디 갔다 왔다고 했잖아. 얼마나 있다 왔어?

아빠 어?

나 사우디.

아빠 왜?

나 얼마나 있다 왔냐그.

아빠 왜야?

나 그냥 궁금해서. 엄마가 아빠 사우디 다녀왔다고 말해줘서.

아빠 느그는 몰라 어려서. 애기 때라.

나 가서 얼마나 있었는데?

65

아빠 어?

아빠는 평소 시끄러운 곳에서 일해서 청력이 안 좋다. 그래서 나는
다시 물었다.

나 가서 얼마나 있었냐고.

아빠 뭐가?

나 거기 가서 얼마나 있었냐고.

아빠 아, 1년 있었다 그랬잖아.

나 1년?

아빠 그래.

나 거기선 어떻게 지냈어? 거기도 숙소가 있었어?

아빠 뭐?

나 숙소가 있었어?

아빠 그럼 숙소가 없어?

나 거기서 무슨 일했어?

아빠 (대답 없이 라면만 먹음)

나 무슨 건물을 지으러 간 거야?

아빠 어?

나 무슨 건물을 지었어?

아빠 병원.

나 병원?

아빠 그래.

나 거기 가서 일하면 돈 많이 줬어?

아빠 응?

나 돈을 많이 줘?

아빠 거기 갔다 와가지고 전세도 얻고 집도 짓고 했잖아.

나 얼마나 줬어, 한 달에?

아빠 몰라, 한 달에 얼마 줬는가. 한국보다는 더 많이 받았지.

나 거기서 어느 나라 말로 일했어?

아빠 어?

나 어느 나라 말로 일했냐고.

아빠 한국 사람이야 다.

나 다 한국 사람이야?

아빠 그럼. 거기 가면 내가 인기가 좋아가지고 3000명 모아놓고 노래 부르고 그랬어. 가수로.

나 무대에 올라가서?

아빠 사진도 있는데 사진이 다 어디로 가고 없는가 모르겠어.

67

거짓말인 줄 알았는데, 정말 사진이 있었다.

    나 무슨 노래 불렀는데?

    아빠 우리나라 가요 부르지 뭣을 불러?

    나 트로트?

    아빠 그럼.

    나 사람들이 좋아했어?

    아빠 좋아하지, 그럼 안 좋아해?

    나 지금처럼 새벽에 일하고 저녁에 끝나고 그랬어?

    아빠 라면이 너무 퍼져버렸어. 라면 좀 맛있는 거 사다놓지.

엄마랑 대화할 때보다 몸의 긴장감이 느껴졌다. 아빠로부터 "어, 왜, 뭐" 이런 식의 단답형 대답만 돌아올 때는 마음이 움찔거렸다. 나는 아빠의 작은 몸짓과 말투에도 즉각적으로 반응했다. 아무리 시간이 지나도 몸은 기억한다. 아빠의 비협조도 한몫했지만, 내 마음이 힘들어서 더 이상 대화를 나누기 어려웠다.

최숙희 씨의 남편은 부인에게 독점적인 보살핌을 요구한다. 젊어서는 다른 남성과 대화하는 것, 일하는 것에 대한 직접 통제로 나타났다면 지금은 반찬 투정, 무뚝뚝한 말투, 일 나가는 것에 대한 불만 등으로 나타난다. 예나 지금이나 일맥상통하는 부분은, 바깥에서 하는 경제적 활동을 그만두고 집 안에 머물며 자신을 위해 맛있는 반찬을 해주고 다정한 말투로 자신의 기분을 풀어주며 육체적, 감정적으로 돌봐달라는 요구다. 이에 대해 『아주 친밀한 폭력』에서 정희진은 다음과 같이 서술한다.

"남성성의 형성은 여성의 복종과 배려에 의해서만 가능하다. 여성은 아이에게 젖을 주듯 남성에게 자아를 키워주고 그들의 상처와 분노를 어루만져주어야 한다. 이렇게 여성이 남성을 만드는 과정이 감정 노동, 보살핌 노동이다. 여성은 비난의 말, 자존심 상하게 하는 말, 무관심 등으로 남성성을 거세할 수도 있고 반대로 남성을 강하게 만들 수도 있다. 그러므로 남녀 관계에서 발생하는 사건의 모든 책임은 여성에게 있다."

마지막 문장에서 '남자는 여자하기 나름'이라는 오래된 말이 떠오른다. 마치 여성에게 모든 권력이 있는 것처럼 들리지만, 실제로는 권력자인 남성의 비위를 맞추기에 따라 여성 자신이 받을 대우가 정해진다는, 그리하여 남성의 가해 역시 피해자인 여성의 책임으로 돌아오는 마법 같은 말. —**편집자 주**

"집에만 있으니까 답답하고 미칠 것 같더만."

오빠가 열여섯 살 될 때까지 가게에서 살다가, 니가 하도 화장실 있는 집으로 이사 가자고 해서 가게 정리하고 빌라로 왔잖아. 내가 밖에서만 사는 버릇을 해서 그런지 그 집에 들어가니까 숨이 차서 못 살겠더만. 그래가지고 나 그 집에서 병났어. 맨날 밖에서 가게 보고 사람들 상대하다가 갑자기 집 안에 딱 막혀 있으니까는 사람이 죽겠더만. 혓바닥도 뒤집어져버리고 하혈도 하고 엄청 안 좋았어. 그 집에서 되는 게 없더라고. 아빠도 많이 놀지. 그래서는 안 되겠어서 이 집(현재 살고 있는 단독주택)을 얼른 지었지. 나 엄청 고생했다. 내가 얼마나 답답했으면 남의 애기를 다 봤겠냐. 그때 애기 본 거 알지? 애기를 다 데려와서 봤잖아. 그냥 내 마음이 편하지가 않았어. 노니까 편하다 생각을 해야 되는데 편하지가 않고 가슴이 답답하고 막 미칠 것 같아. 어디 가서 뭔 장사를 할까? 막 그러고만 댕겨지더라고. 내가 오죽하면 너 놔두고 식당으로 일하러 가고 그랬겠냐? 너 혼자 놔두고 다녔잖아.

그때 엄마가 무슨 일 했지? 숯불갈비집이랑.

저기 실밥 따는 거. 옷에 있는 실밥도 땄지. 머리띠에 풀
발라갖고 만드는 거 그것도 했다. 갈비집은 일주일 내내 나가도
일찍 가는 건 아니니까, 그런 자잘한 걸 전부 오전에 했지.

엄마가 너무 불안해서 일하러 나갔던 거야?

식당 가서 일하고 밤에 와서 잠만 자니까 좀 낫더만. 그런데 너는
걱정되잖아. 그때는 오빠도 집에 늦게 왔지? 기억도 잘 안 나.
요즘 왜 기억이 잘 안 나냐.

그때 일이 기억이 안 난다고?

엄마가 기억이 안 난다고 하자 나는 순식간에 예민해졌다. 나
에게는 너무나도 선명한 기억인데, 엄마는 그저 먹고살기 바
빴던 한 시절쯤으로 생각하고 있는 것일까.
그때 나는 일곱 살이었다. 매일 아침 식구들을 붙잡고 오늘
안 나가면 안 되느고 묻는 것이 일상이었다. 아빠랑 통화하는

날이면 항상 언제 오냐고 물었고, 그럼 아빠는 눈 오는 날, 매미 우는 날 그런 식으로 대답했다. 그러면 창가에 앉아 눈이 언제 오나 기다리곤 했다. 그게 아무리 한여름이라도 말이다. 혼자 있는 게 무서웠다. 어려서부터 나는 예민했고, 집 안에서 나는 작은 소리에도 흠칫흠칫 놀랐다. 그럴 땐 혼잣말을 했다. 내가 엄마 역할도 하고 애기 역할도 하는 것이다. 한껏 어른스러운 목소리로 엄마 흉내를 내고 있으면, 조용하던 집에도 활기가 도는 것 같았다.

그마저도 시시해지면 동네 놀이터로 가서 숫자를 셌다. 10까지 세면 엄마가 온다. 1, 2, 3, 4…. 여러 날 중에 딱 한 번 그 숫자에 맞춰 엄마를 만난 적이 있다. 온종일 보고 싶었던 얼굴을 그렇게 드라마틱하게 만났다는 사실이 기뻐 폴짝폴짝 뛰었다. 피곤한 엄마가 나를 있는 힘껏 반겨주지 않아도, 나를 두고 내일 또 일을 나가더라도, 나는 하루도 빼놓지 않고 엄마를 기다렸다. 그러니 엄마는 그렇게 외로웠던 나를 잊어서는 안 되는 것이다.

아니, 기억은 나지만 잘 안 나려고 그래. 너 혼자 놔두고 댕겼잖아. 규진이 엄마가 밑에 있으니까 불안하면 규진이네 집에 가, 내가 그러고 갔잖아. 그런데 규진이 엄마가 소리를 빽빽 지르니까 니가 무섭다고 안 갔잖아. 가도 되는데 안 가고. 그래도 내가 규진이네 엄마가 밑에 있으니까 너를 놔두고 댕기지.
아무도 없는 집 같았으면 너 놔두고 댕겼겠냐?

그게 아무도 없는 집이지, 누가 있는 집이야? 그
아줌마가 나한테 보호자가 아니었는데?

아니. 그래도 모르는 사람이 아니잖아.

모르는 사람이나 마찬가지였어. 내가 언제는 아줌마 좀
도와주세요, 이러고 내려갔는데 안 도와주고 그냥 집에
올라가라 그랬어.

올라가라 하디? 뭣을 도와주라고 했는데?

바퀴벌레가 나와가지고 무서워서 내려갔거든. 막
울면서 "아줌마, 집에 바퀴벌레가 나왔어요. 바퀴벌레
좀 잡아주세요. 제가 바퀴벌레 뒤집어놓고 나왔어요."
이랬는데 "무슨 바퀴벌레 가지고 그래? 올라가!"
이렇게 말하고 문을 탁 닫아버렸어.

그런 말을 그때 당시에는 안 했잖아.

내가 엄마 안 가면 안 되냐는 말을 얼마나 많이 했는데,
뭐 안 했다 그래.

그 말은 했지. 그래서 언제는 일하는 곳에 너 데리고 나갔잖아.
하도 그래가지고.

엄마가 숯불갈비집을 다닐 때였다. 엄마는 집에 혼자 있는 내
가 밟혀서 나를 데리고 출근하기 시작했다. 엄마랑 같이 일
했던 이모, 삼촌들은 나를 예뻐했다. 이모가 구멍이 숭숭 뚫
린 바구니에 젓가락을 한가득 담아 테이블 한가운데 퉁 내려
놓으면, 나는 마른 수건을 들고 물기를 닦았다. 본격적인 저녁
장사가 시작되면 나는 주방 근처 잡동사니를 넣어두는 창고
에 들어가 엄마를 기다렸다. 엄마는 숯과 불판을 갈고, 다 먹
은 접시를 치우느라 정신없이 바빴다. 그 와중에도 틈틈이 내
게 들러 고기가 든 접시를 내밀기도 했다. "먹고 있어." 그럼
나는 그걸 받아서 맛있게 먹었다.
"죄송합니다, 죄송합니다."
나는 창고에서 몸을 반쯤 내밀고 엄마가 손님에게 사과하는

장면을 봤다. 왜 고기가 다 타도록 내버려두냐는 것이다. 엄마는 사과하는 인형처럼 반복적으로 고개를 숙였다. 나는 보면 안 되는 것을 본 기분이었다. 연기가 자욱한 곳 한가운데 멈춰 서 있던 엄마. 그건 내가 처음 보는 모습이었다. 그 일이 있고 얼마 후 나는 다시 집에 혼자 남겨졌다. 본능적으로 알았던 것 같다. 내가 가지 않는 게 엄마에게 더 좋다는 것을.

어느 날은 내가 많이 아팠다. 가게에 전화해서 엄마를 바꿔달라고 하고, 엄마 목소리를 듣자마자 울었다. 그 전화를 끊고 나는 잠이 들었고, 일어나보니 엄마가 옆에서 울고 있었다. 아직 환한 낮이었다. 일을 빼고 달려온 것이다. 엄마는 그렇게 일했다. 자는 딸 옆에서 입을 막고 울 정도로 미안해지는 일을 감수하면서. 그렇게 정신없이 바쁜 가게에 나를 데리고 간다는 것이 엄마에게 얼마나 마음 쓰이는 일이었을까. 엄마가 가게에 딸을 데리고 와도 되겠냐고 양해를 구하던 날에 사장은 뭐라고 했을까. 엄마가 내게 고기를 몰래 넣어주던 것을 들켰을까. 엄마는 내가 없는 곳에서 무슨 말을 들었을까. 고깃집 한 켠에서 엄마 일이 끝나기를 기다리던 일곱 살 아이. 그 아이와 함께 그 시절을 통과한 엄마는 어느덧 72세가 되어 내 앞에 앉아 있었다.

그때는 엄다가 일을 해야 살 것 같아서 그런 거였어?

마음이 너무 힘들고 그래서?

아니, 먹고살기도 힘들었지. 그때는 아빠가 많이 놀았어. 아빠가 자기 엄마 아프다고 시골로 가버렸잖아. 우리 내팽개치고. 그러니 돈이 당장 어디서 나와? 그러니까 내가 그러고 댕긴 거지. 아빠가 1년 동안 시골에 가 있었어. 니가 유치원 다녀야 할 나이인데 안 다녀서 더 그랬어. 유치원 가기 싫다고 맨날 울고 그랬잖아. 어딜 안 가고 집에만 있으니까 더 힘든 거야. 다녔으면 안 그랬을 건데.

그때 나는 먹는 것을 무척이나 싫어했다. 입에 아무것도 넣고 싶지 않았다. 제일 큰 문제는 유치원이었다. 나는 점심시간마다 밥을 안 먹고 끝까지 혼자 남아 선생님들에게 미움을 받았다. 그때는 선생님들이 유난히 무서웠다. 어느 날 억지로 삼킨 카레를 원래 모양 그대로 게워냈다는 말을 들은 엄마는 더 이상 나를 유치원에 보내지 않았다. 엄마가 그렇게 해줘서 좋았다. 더 이상 억지로 밥을 먹지 않아도 되고, 친구들 사이에서 소외감을 느끼지 않아도 됐다. 그때의 나는 그저 겁 많고 예민해서 더 많이 살펴줘야 하는 어린아이였을 뿐인데, 그러한 기질이 엄마를 더 어렵게 만들었다. 아빠의 부재로 생계까지 걱정하던 시기였으니 내가 유치원을 가지 않는 것이 엄마에게는 큰 부담이었을 것이다.

빈 시간을 견디는 방법

그런데 지금도 이렇게 일을 안 하고 가만히 있으면 몸이 이상해.
하루 종일 돌아다녀.

엄마가 결혼하고부터 지금까지 혼자 있던 기억이
많잖아, 그래서 일 안하고 집에 가만히 있으면 힘든 게
아닐까?

왜?

처음 결혼해서 아빠가 엄마를 할머니 집에 놔두고
서울 갔잖아. 서울에 와서도 사우디 간다고 1년
떨어져 지냈고. 엄마가 집에 있으면 숨이 안 쉬어지고
안 나가면 미쳐버릴 것 같고 그런 게 일을 안 하고
놀아서가 아니라, 엄마가 혼자가 되면 그때 그
기억들이 생각나면서 불안한 건 아닐까? 나 같으면
혼자서 오빠랑 나를 키우는 게 되게 막막하고 외롭고
힘들었을 것 같아. 엄마는 집에 가만히 있을 때 어떤

생각이 들어?

난 뭐 생각이 안 들어.

근데?

그냥 집에 가만히 혼자 있으면 이상하잖아.

뭐가 이상해?

밖에 나가고 싶지. 집에 혼자 있으면 심심하지. 심심한 생각이
들지. 밖에 나가면 사람들이 있으니까 만나서 얘기하고. 나는
성격이 집에서 혼자 가만히 이러고 있지를 못해. 그래서 내가
늙어서 가만히 있으면 숨 막혀 죽겠네, 그런 생각이 들어.

나도 집에 가만히 있는 걸 못 하겠더라고. 나는 어떤
생각이 드니까 그런 것 같아.

무슨 생각이 들어?

그냥 불안하거나, 뭘 해야 될지 모르겠다는 느낌?

너 불안해?

불안해. 아무것도 안 하고 가만히 있으면.

뭐가 불안해?

몰라.

말도 안 되는 소리.

모른다고 대답한 건 거짓말이었다. 작년 12월에 네이버 캘린더에서 알림이 왔다. 2024년 한 해 동안의 일정이 작년 2023년에 비해 152개 줄어서, 총 344개라는 데이터였다. 구체적인 숫자를 보고 처음으로 놀랐다. 도대체 얼마나 빽빽하게 산 것일까.

사실 나도 엄마처럼 빈 시간을 견디지 못한다. 344개라는 일정은 직면하고 싶지 않은 것을 부단히 회피한 결과였다. 바쁘게 지낼수록 현재의 고통이 옅어진다고 믿었다. 집에서는 딱 잠만 잤다. 하루에 가야 할 곳도 많았고, 만나야 할 사람도 많았다. 대부분의 시간을 이동하면서 보냈다. 나는 늘 피곤했고, 자고 싶었다. 이 생활 패턴이 수명을 깎아 먹는다는 것을 알면서도, 바쁘지 않으면 불안했기 때문에 멈출 수가 없었다. 불안은 이유 없이 찾아오곤 했다. 제일 먼저 비정상적인 신체 반응을 동반하며 나타났다. 호흡이 어려워지거나, 뒷목이 저릿했다. 온몸에 소름이 돋기도 했다. 그 감각이 낯설어서 다시 불안해지는 식이었다.

엄마는 일주일 동안 모든 시간을 꽉 채워 일한다. 한편으로는 그 선택이 이해되기도 했다. 아무것도 안 하면 심심하다고 표현한 그 시간이 엄마에게는 막막한 시간이었을 것이다. 한 번도 자신을 위해 시간을 써보고, 누려본 적 없는 사람에게 뭉텅이 같은 시간이 주어지면 어떨까. 나에게 어떤 욕구가 있는지, 그 욕구대로 움직여본다는 것은 무엇인지 탐색해본 적 없는 이에게 무작정 자유 시간을 즐기라는 요구는 어떻게 느껴졌을까. 욕구라고 해서 거창한 것은 아니다. 엄마는 자고 싶어도 잠을 허락하지 못한다. 그런 사람들에게는 작은 단계 하나하나를 같이 밟아나갈 조력자가 필요하다. 몸에서 보내는 감각이나 신호에 매순간 귀를 기울여야 한다. 그렇게 안팎으로 충분한 돌봄을 받았을 때 비로소 빈 시간을 다르게 마주할 수 있다. 그 과정을 생략한 채, 엄마와 나는 열렬히 소진되고 있었다. 엄마는 본능적으로 대화 속 생략된 말의 무게

감을 느끼고 있었다. 딸에게 문제가 생긴 걸까 두려워진 엄마는 최대한 담담하게 말했다. 이 문제를 대면한 사람은 아무도 없고, 우리는 한 발짝 서로에게 멀어져 있었다.

나는 오늘도 아침에 일어나서 지금까지 앉아보지도 못하고 서 있다가 집에 왔다.

뭐 했는데?

수연이 학원 데리고 다니면 하루가 다 가버려. 오전에 잠깐 시간이 나면 백화점 가서 두유랑 저 간식 타가지고 오고. 수연이가 요새 수영장을 가는데 모자를 어디다 던져버렸나 봐. 모자가 없다고 전화가 오고 난리야. 요즘 내가 정신이 그렇게 없어. 엊그제 한의원에서 치매 검사 해봤어. 그랬더니 치매 단계래. 와, 그 소리 들으니까 무섭더라. 그러니까 거기서 약을 지어서 먹으라는 거야.

오빠네 내외는 백화점 VIP다. 어느 날 엄마는 백화점 라운지에 가면 두유, 탄산수, 떡, 케이크 같은 간식을 하루에 한 번씩 타 올 수 있다는 걸 알게 됐다. 공짜로 받을 수 있는 걸 날리는 것이 아까웠던 엄마는 그때부터 매일 백화점으로 출근해 간식을 받아왔다. 이것은 엄마가 무료한 시간을 때우는 방법 중 하나였다.

사기꾼들 아니야?

몰라, 기계로 막 해. 이모하고 나하고 둘이 빨간 줄이야. 빨간 게 제일 나쁘다는데.

일부러 겁줘서 약 짓게 하려고 그러는 거야.

말도 안 되는 소리하네. 병원에 한번 가봐야 되겠어. 요즘 맨날 뭐 찾느라고 정신이 없어. 방금 놔둔 것도 없어서 못 찾아.

아니, 너무 바쁘고 정신없이 살다 보니까 그런 거지. 엄마가 이렇게 차분하게 앉아 있는 것도 아니고, 잠을 원하는 만큼 자는 것도 아니니까. 맨날 쫓기듯이 사니 정신이 없지. 젊은 사람도 엄마처럼 지내면 정신이 없어서 어디다 뒀는지 모르겠다.

아무리 바쁘게 산다고 그거 어디다 놔뒀는지도 모른대?
치매라는 소리 들으니까 우와 겁 나더라고. 여태까지 고생하고
살았는데 이제 아무것도 모르게 되면 어떻게 하나. 그래서 저
약을 먹고 미리 방지하라는 거야. 그러니까는 사고 싶더라고.

아휴, 사기꾼들이야.

야, 경희대가 사기꾼이야?

아니, 어떻게 이모랑 엄마랑 둘 다 치매래?

둘이 다 안 좋아.

말도 안 돼. 그냥 그 사람들이 엄마한테 약 팔아
먹으려고 그런 거야.

말도 안 되는 소리 하고 있네. 누가 저것 좀 팔아먹으려고

그런다냐? 그래갖고 내가 저거 있지. (박스를 꺼내며) 이 비누가
또 그렇게 좋대. 닳아지지도 않는대. 머리서부터 얼굴까지 다
닦으래.

이게 뭐야. 이거 또 누구한테 사온 거야? 약장수한테
샀어?

저기에서 샀어. 가게에서. 이게 그렇게 좋대. 이거 닳아지지도
않는대.

닳아지지도 않는 비누가 뭐가 좋냐고.

아니, 닳아지지도 안 하고 이렇게 누런 것도 깨끗하게 지워진대.
그리고 세탁기에 비누칠 해갖고 한 번씩 돌리면 냄새도 안 난대.

어딜 그렇게 이상한 데를 쫓아다닐까 맨날.

그래갖고 이거 세 개에 7만 원이야.

돈을 왜 그런 데다 쓰냐고.

그럼 뭐에다 써?

엄마 옷 입고 먹는 데 쓰라고.

먹는 건 잘 묵어.

이 비누 세 개가 7만 원이라니.

아니, 이거 세 개가 아니고, 세 각.

7만 원짜리 옷을 하나 사서 입어. 엄마 맨날 옷이
없다고 하잖아.

아니, 옷을 사 입으려고 하면 너무 비싸갖고 못 사겠어.

엄마, 지금 거기다 돈을 300만 원 이상 썼잖아.

아니, 그거는 몸에 좋고. 좋은 거니까 사지.

그 사람들 다 사기꾼이라니까.

장사꾼이지 뭔 사기꾼이래. 그 사람들도 먹고살려고 장사
하는 거지. 그 사람이 파는 게 시중에서 파는 것보다 훨씬 싸,
뭐이든지. 시중에서 누가 뭐 하나 산다고 이런 거 공짜로 줘?
안 줘. 그러니까 그리 가지. 그 사람들도 장사해서 먹고살려고
했다는데 안 사?

뭐 아무나 장사하면 다 사줄 거야?

아니, 내가 필요하니까 사지.

뭐가 필요하냐고, 저 비누가.

무좀에 좋고, 뭐이든지 좋대. 그러니까 사지. 그 사람들이 강의를
하니까.

그래서 일주일에 5일이면 5일 다 갔어?

응. 한창 다닐 때.

그거 몇 달이나 그렇게 한 거야?

나는 한 달이나 다녔나 보다. 애들 학교 갈 때 다니다가, 방학
때니까 안 갔지. 애들이 방학하면 나는 꼼짝도 못하니까 안
갔지. 학교 다닐 때 쪼끔 다녔나 보다. 느그 오빠도 엄마 못
다니게 난리야. 엔간히 다니라고.

내가 오빠한테 "엄마가 거기에다 돈 도대체 얼마나
쓰는 거야?" 막 이랬더니 "냅둬." 이러면서 "엄마가
그런 데다 돈 쓰지 어디다 돈 쓰겠냐." 이래. 나는 그
말을 듣는데 너무 화가 나더라.

왜?

나는 엄마가 지금까지 엄마한테 한번도 돈을 써본 적이

없으니까, 그런 데서 돈을 쓰는 거라고 생각해. 오빠는 그런 엄마를 도울 생각을 안 하고 내버려두라고 하니까 화가 나지.

거기 가서 내가 뭐 사 먹는 줄 아냐? 몸에 좋은 거. 약 사 먹는 거야, 나는.

근데 그 약이 진짜 몸에 좋은 약이 아니잖아.

아니, 뭔 약을 사냐면 녹용하고 염소 사 먹는 거야. 아빠도 그거 먹으니까 힘들어 힘들어, 안 하는 거야.

그런 녹용 하나 사는 데 막 300만 원씩 들었다며.

무슨 삼 백이야? 한 사람 앞에 55만 원밖에 안 줬는데. 무슨 삼 백이야? 말도 안 되는 소리 하네. 오빠 한 제, 아빠 한 제, 나 한 제. 그 사람들은 서비스를 많이 줘. 녹용 사면 염소를 50개 줘. 그런 식으로 했지. 내가 무슨 한꺼번에 500만 원, 300만 원 썼다냐? 조금씩 조금씩 샀으니께 그라지.

조금씩 조금씩 사서 합치면 삼 백이잖아. 그게 똑같은
거지 뭐야.

삼 백 썼다고 난리야. 돈 삼 백이 아깝냐?

그 삼 백을 엄마한테 쓰라고, 이상한 데 쓰지 말고.

몸에 좋은 거라고. 엄마한테 쓸 것이 옷밖에 없지, 뭐 있냐.

왜 없어. 엄마도 시간을 내서 여행 다니고 하면 좋지.

여행을 혼자 다니냐?

엄마는 서운하다는 듯 나를 째려봤다. 중요한 것은 돈을 얼
마 썼는지 따지고 해명하는 일이 아니었다. 그동안 엄마는 자
신이 무엇을 좋아하고 싫어하는지 찾지 못했다. 무슨 맛이 싫
은지, 좋아하는 색이 뭔지, 공간에 대한 취향, 나에게 어울리
는 옷과 적절한 사이즈에 대해 아무런 데이터를 갖고 있지 않
다. 충분히 경험하지 못해서 그렇다. 여러 차례에 걸쳐 시행

착오를 겪어야 알 수 있는 일들인데, 취향을 알겠다고 투자할 시간도 돈도 없었다. 엄마가 자신에 대해서 입체적으로 이해하고 있다면 좀 더 다양한 곳에 다채로운 방법으로 돈을 쓸 수 있었을 것이다. 그저 묵혀둔 감정을 해소하는 방식으로 돈을 쓰기보다는 자신을 돌보는 개념의 소비가 선행되어야 한다고 생각했다. 유독 스스로에게만 인색한 엄마에게 다른 방식의 삶을 제안하고 싶었다. 엄마가 세상에 더 많은 선택지가 있다는 걸 알게 된다면 지금과는 얼마나 다른 형태의 소비를 하게 될지 궁금하다.

"맨날 밥만 갖고 살아."

오빠네 집에서 엄마의 하루 일과가 어떤지 좀 얘기해줘.

아침 7시에 일어나서 밥하지. 애들 밥 주고 수연이 학교 데려다주고 나면 9시야. 그러면 이제 밥 한술 먹고, 집 좀 막 대충 언능 치워. 백화점에 간식 받으러 나갔다 와야지 그 생각을 해. 한 10시 30분쯤에나 나가. 어차피 가는 거 명동으로 가. 명동 갔다가 어디 구경도 안 하고 바로 또 수연이 때문에 와. 구경하면

늦어. 수연이 학원 가방을 바꿔줘야 되니까. 돌아다녀 봤자 뭐, 내가 살 것도 없고. 사려고 보면 너무 비싸고. 비싸서 못 사니까 그냥 와. 그러면 이제 오후 1시 쯤? 1시도 안 됐을 때도 있고 그래. 그쯤 어매가 밥 먹으러 올 때가 있어. 그러면 언능 또 뭐 하나 해놔. 그러면 2시 넘어버려. 이제 좀 있으면 주원이 오지 호진이 오지 그럼 또 밥허. 그놈의 밥만 갖고 살아. 그러니까 집에 있기 싫은 거야. 맨날 밥밖에 안 해. 좀 이따가 수연이 태권도 끝날 시간되면 데리러 가. 그럼 7시 돼버려. 태권도 끝나고 내가 뭐 하나 안 사주면 수연이가 입을 뚝 내밀고 걸음도 안 걷고 안 와. 뭘 사줘야 내가 편하게 오니까 문구점으로 들어가. 그러면 거기서도 한참 기다려. "할머니, 얼마 치 사?" 물어봐. "3000원어치만 사." 그러면 그놈 맞추려면 이제 없응께 안 고르고 섰는 거야. 그럼 "5000원어치 사." 하면 이제 그놈 하나 사갖고 오지. 집에 오면 7시가 넘어버려. 느그 오빠랑 언니랑 수연이 밥 주고, 수연이 목욕하고 그러면 9시 돼버려. 하루 종일 그래. 그러면 이제 10시 넘어서 책을 좀 보려고 앉아 있으면 졸려 갖고 죽겠어. 수연이는 "할머니 또 자? 할머니 책만 보면 자는 거야?" 그래. 책 보다 조금 누워 있으면 잠들어. 그래서 책도 못 봐, 졸려서.

최숙희 씨의 하루 일과

7:00   기상, 아침밥 준비.

9:00   수연이 학교 보내고, 간단한 아침 식사 후 집안 정리.

10:00   백화점 다과 받으러 외출.

13:00   수연이 학원 데려다주고, 며느리 밥 차려줌.

14:00   주원, 호진 학교 다녀옴. 애들 밥 차려줌.

16:00   아들 밥 차려줌. 수연이 태권도 데려다 줌.

18:00   학원에서 수연이 데리고 집에 옴.

19:00   수연, 아들, 며느리 밥 차려줌.

21:00   수연이 씻김.

22:00   주원, 호진 학원 다녀옴. 책 읽기 시도.

23:00   책을 보며 꾸벅꾸벅 졸다가 잠듦.

엄마는 왜 언니하고 오빠한테 이제 애들 그만

봐주겠다는 소리를 안 해?

이제 얼마 안 봐줄 것 같으니까.

왜?

주원이 고등학교 가면 즈그 엄마가 케어를 해야 된대. 학원을

강남으로 보내야 되니까. 그런다고 하는데 거기서 내가 지금
그만해야 쓰겠다 그러겠냐?

그러면 안 돼?

안 돼.

왜?

뭐 한디 그래?

엄마가 너무 힘들잖아.

내가 저기 예식장 일을 하러 가봤잖아. 거기다 비하면 애기들
보는 게 훨씬 나. 아무것도 아니야. 엊그저께도 팔이 아파
죽겠는데, 거기 언니가 전화가 왔어. 오메메 제발 좀, 자기 좀
와서 도와주래. 아무것도 하지 말고. 부침개 그것만 좀 해주라고
하도 해서 갔더니 날씨가 더우니까 오메 힘들어서 꼭 죽을 것
같아. 그래서 내가 거기 친구한테 "아야, 오메메 나 우리 애들

보는 건 아무것도 아니다." 했더만 자기도 못 하겠대. 너무 힘들대. 나이 먹으니까. 근데 거기서는 나를 제일로 쳐줘. 내가 손이 빠른 것 같진 않은데 빨리 하나 봐. 빠르다 그래. 이것저것 내가 다 할 줄 아니까. 나 안 나가면 별로 안 좋아해.

근데 거기는 먹는 거를 개떡으로 줘. 점심밥을 한 번도 안 줬어. 그 힘든 일을 하는데. 그래갖고 내가 언니한테 그랬어. 힘든 일을 하는데 밥을 어떻게 안 먹이냐고. 아니 조금 앉아서 5분이라도 쉬어야 되잖아. 우리가 아침에 가면 하루 종일 집에 올 때까지 서 있어야 돼. 그래서 밥 좀 주라고 막 시켰어. 그랬더니 어저께 처음으로 밥을 주더라고. 이때까지 밥을 한 번도 안 줬어.

그거에 비하면 애들 보는 거는 일도 아니야. 이러고 앉아서도 있고 오전에는 괜찮잖아. 수연이 학교만 갔다 오면 내가 학원만 보내주는 것뿐이지. 주원이 호진이도 와서 오후 4시에 밥 먹고 학원 가면 끝이여.

엄마가 일터에서 어떤 대우를 받는지 그동안 잘 알지 못했다. 오전 9시부터 오후 5시까지 일을 하는데, 그 사이에 밥을 안 준다는 사실에 깜짝 놀랐다. 앉아 있을 시간도 없어서 집에 오면 발바닥에 불이 나는 것 같다고 했다. 그럼에도 일을 가

야 엄마는 살 것 같다고 했다. 집에 있으면 아빠랑 싸움만 하고 할 것도 없으니, 나가버리는 게 속 편하다는 것이다. 엄마는 예식장에서 8시간 일하고 일당 9만 원을 받았다. 시급은 11,250원. 그 8시간에는 휴게 시간이 포함되어 있지 않다. 이런 열악한 근무 환경을 고려할 때 손주 돌봄이 더 낫다는 엄마의 주장은 일리가 있었다. 엄마보다 서른 살은 어린 부장이 아무것도 모른다는 이유로 일하는 아주머니들을 무시할 때, 엄마는 화가 나 죽겠다고 했다. 특히 엄마는 한글을 모른다는 어려움이 있어, 엄마의 관심사에 따라 일을 구하기보다는 조건만 맞으면 일을 했고, 그런 일들은 대부분 육체적으로 고되었다. 나이가 들수록 일의 강도는 더 험해질 것이고, 가만히 있는 것이 두려운 엄마에게는 손주 돌봄의 의미가 더 커질 수밖에 없었을 것이다.

한 언론사의 조사에 의하면, 조부모의 절반 이상이 손주를 무보수로 돌보고 있는 것으로 나타났다.* 50만 원 미만이 약 15퍼센트, 50~100만 원이 15퍼센트, 100~150만 원이 10퍼센트, 150만 원 이상은 5퍼센트에 불과했다. 이들은 평균 주 3일 이상, 하루 7시간가량 손주를 돌보고 있었다. 대부분의 조부모는 손주 돌봄으로 인한 어려움으로 신체적 한계와 육체적 피로를 호소했다. 이들은 손주를 돌보는 대신 여가와 취미(67퍼센트), 친구와의 교류(49퍼센트)를

포기하는 경우가 많았다. 최숙희 씨의 반대로 정확한 금액은 언급할 수 없으나, 그녀의 아들은 손주 돌봄의 대가로 평균치 이상을 어머니에게 지급하고 있음을 밝혀둔다.
— 편집자 주

* 「2022 브라보 마이 라이프 황혼육아 실태 조사」, 《이투데이》(2022년 9월 14일)

그럼 엄마는 거기 오빠네 집에 있는 게 좋아?

좋은 것보다는, 애들 때문에 그냥 하는 거지. 뭐 엄청 좋다냐 좋기는? 내가 느그 언니한테는 잔소리가 안 나와. 느그들한테는 막 왜 안 했냐 이렇게 하잖아. 그런데 어매한테는 잔소리가 안 되더라.

하고 싶은데 말이 안 나온다고?

아니. 잔소리해봤자 서로 마음만 상하잖아. 그러니까 안 하는 게 편하고 좋잖아. 한소리 해봤자 그 입이 뚝 나오면 그게 좋냐? 그랑께 안 하고. 좋게 사는 게 좋다, 하니까 잔소리할 것도 없지. "아야 밥 먹자." 그러면은 밥 먹고. 먹기 싫으면 안 먹고. 그냥 나가서 먹읍시다, 그라면 나가서 먹고 그러지. 그놈 갖고 애걸복걸 그렇게 하면 힘들어서 살 수도 없는 거여. 서로 이해하고 살아야지. 느그 오빠한테도 안 해. 회사에서 스트레스, 집에 와서도 스트레스인데 나까지 스트레스 줄 수가 없잖아. 뭐 좀 해라 안 해라 소리도 안 한다.

그러면 나한테는 왜 스트레스를 주는 거야?

너한테 뭔 스트레스를 줬어? 이거 봐 봐. 내가 팔이 이렇게 아팠을 때, 니가 설거지 산더미같이 쌓아뒀잖아. 그때도 소영아 설거지도 안 하냐, 그래 안 했잖아. 냅두잖아. 엄마가 와서 너 못 챙겨주니까. '아이고 내가 못 챙겨주는데 뭘 혼자 해먹느라고 먹었는데, 설거지 안 했다고 뭐라 해?' 그라고 내가 아무 소리 안 하잖아. 나는 무엇을 하라고 하냐면 옥상 텃밭에 물 주는 거. 그런 걸 널 시키려고 그러지. 오이랑 깻잎이랑 상추랑 다 말라 죽으니까. 그거랑 고추 말릴 때 너한테 고추 좀 걷어라 어쩌라 하는 건데.

사실 내가 말한 스트레스는 그런 게 아니었다. 나는 엄마에게서 다른 배려를 받고 싶었다. 엄마 팔이 이렇게 아픈데 설거지도 안 해놨냐고 하는 잔소리는 오히려 들어도 괜찮았다. 내가 힘들었던 건 도구로 이용되고 있다는 감각이었다. 필요에 의해서만 찾는 존재. 아이들 돌봄을 함께 할 수 있는, 믿을 만한 구석으로 여기는 점이 스트레스였다. 하지만 엄마는 자꾸 내게 어쩔 수 없다고만 얘기했다.

엄마는 나한테 용건이 있을 때만 전화하잖아.

뭔 용건이 있을 때만 해?

빨래 걷어라, 물 줘라, 고추 걷어라 그런 용건이 있을 때만 전화하잖아.

니가 전화하면 편하게 전화나 받냐? 내가 전화하면 뭐 시킬까 봐 "왜?" 그러잖아.

그리고 "아야 토요일에 안 나가면 안 돼?(조카들 봐 달라는 뜻)" 맨날 이런 말만 하고.

그거는 수연이 때문에 그러지. 수연이만 아니면 그래 안 하지.

반복되는
돌봄 노동의 고리

내가 스무 살 때, 첫 조카는 세 살이었다. 고등학교를 졸업하고 이제 막 대학생이 된 나는 시간을 자유롭게 쓸 수 있는 유일한 사람이었다. 엄마는 그 지점을 십분 활용했다. 주말에 애기 좀 봐달라고 연락이 오는 오빠에게 엄마는 늘 "그러마." 하고 답했다. 오빠네 내외는 금요일 저녁이면 산더미 같은 짐과 함께 주원이를 우리 집에 데려다놓았다. 엄마는 내게 주원이를 맡기고 일을 나갔다. 이유는 언제나 한결같았다. "니가 애기를 봐주면 엄마가 나가서 돈 벌어 오잖아." 나는 어설프게 주원이를 업어 재우고, 기저귀를 갈고, 분유를 타 먹였다. 이런 연약한 존재와 함께 있다는 사실이 두렵고 화가 났다. 내가 아무리 싫다고 해도 그 말은 모두 다 튕겨나갔다. 2년 뒤에는 둘째가, 4년 뒤에는 막내가 태어났다. 그 모든 시간 동안 나는 적극적으로 조카 돌봄에 함께 하길 강요받았다.

조카 돌보기가 싫다고 눈물로 호소해도 소용없었다. 아빠는 "이제 애들 크면 오지도 않아."라고 말했다. 나는 언제 오는 건지 도통 알 수 없는 미래에 내 현재가 저당 잡힌 것 같아 분노했다. 나가 놀자는 친구의 제안을 거절하는 날, 아무리 기다려도 조카가 낮잠을 자지 않는 날, 20대라는 이유로 시간이 남아도는 사람으로 취급당하는 날, 슬프고 억울해서 견딜 수가 없었다. 엄마의 논리는 언제나 돈과 가족으로 이어졌다. 그때 나는 내가 무엇 때문에 이렇게 화가 나는지 구체적으로 알지 못했고 죄책감이라는 감정까지 뒤엉켜 매 순간 분열했다. 내 마음을 알아주는 사람은 아무도 없었다. 심지어 나조차도.

거짓말을 시작했다. 학교 내 연구실에 가입해서, 주말마다 학교를 가야 한다고 했다. 직장에 다닐 땐 주말 근무를 해야 한다고 했다. 일단 그렇게 둘러대고 집에서 몸만 빠져나온 후로는 어디를 가야 할지 몰라 거리를 전전했다. 내게 주말은 쉴 수 없는 날이었다. 지금도 여전하다. 카페가 집보다 아늑하고, 할 일이 생기면 심심하지 않아 좋았다. 그때부터 내 캘린더에는 일정이 빼곡하게 들어차기 시작했다. 반복적인 거절은 엄마를 서서히 포기하게 만들었다. 내가 돌봄에 적극적으로 함께하지 않는 시간이 쌓이자 엄마는 급기야 내가 조카를 돌보지 않았다는 결론에 도달했다. 시간이 지날수록 나는 가족 내에서 겉도는 사람이 되어갔다.

엄마는 내가 스무 살 이럴 때 애들을 나한테 맡기고

일하러 나갔잖아. 왜 그런 거야?

돈을 벌어야 되니까. 네가 조금만 애들 봐주면 내가 나가서
벌어 오잖아. 그래서 너보고 맨날 "소영아, 애기 좀 봐줘라." 그
소리잖아. 그 말을 뭐 누구한테 하겠냐? 누가 봐준데 남이?

그래서 내가 얼마나 싫었는지는 알아?

그래, 싫겠지. 아기 보는 거 누가 좋겠냐.

내가 그래서 애기 보기가 너무너무 싫다고 10년이
넘도록 말했는데, 왜 그거를 귓등으로 들었어?

뭘 귓등으로 들어? 내가 나가서 벌어야 되니까 그냥 놔두고
팽개치고 가버린 거지. 무슨 귓등으로 듣냐?

귓등으로 들은 거지, 그게. 내가 어렸을 때부터
지금까지 항상 하는 말이 "엄마, 안 나가면 안 돼?"
그거였잖아. 지금은 "엄마, 한 번만 애들(조카) 안 오면

안 돼?", "엄마 진짜 이번 주는 애들 안 오면 안 돼?"
어? 항상 그러잖아. 근데 엄마가 한 번이라도 들어준 적
있어?

그건 안 들어줬지.

그러니까 왜 안 들어주냐고.

애들이 어리잖아. 지금도 봐봐. 수연이가 나한테 안 온다 그래.
요즘은 "할머니 집에 안 갈 거야." 그래. 그러면 즈그 엄마가
"누가 너 밥 준대?" 그래. 집에서 밥을 줄 사람이 없으니께, 밥
때문에 그래. 하기야 내가 항시 너를 놔두고 댕겼지. 어렸을
때부터 지금까지. 너한테 미안하지. 제대로 챙겨주지도 못하고.

지금은 안 할 수 있잖아. 애들도 이제 다 컸잖아. 기어
다니는 애들도 아니고.

안 해도 되지. 안 해도 되긴 하지. 뭐 그런데도 그러고 있지.

오빠가 안쓰러워?

오빠가 안쓰러운 게 아니고, 내가 없으면 오빠가 다 해야지.

그니까 안쓰러우니까 그런 거잖아.

뭘 안쓰럽대. 힘들다는 거지. 지금도 니네 오빠는 다리 아프다고
날마다 물리치료 다녀. 다리 때문에 물을 뭐 몇 번 뺐다 하더라.
다리가 아파서 끙끙끙 앓고 댕겨. 그런데 내가 없으면 그거이
살림이며 뭐며 다 하지 누가 하겠냐. 그러니까 내가 더 있어야지.

언니랑 오빠랑 그렇게 돈 잘 벌어도 엄마한테 해주는
거 하나도 없는데 그런 건 안 서운해?

야, 사방 데서 다 서운하다고 하면 그것들은 뭐 먹고살겠냐.
지들도 애들 가르치고 살아야 되는데. 나는 뭐 그런 거 갖고
서운하지 않아.

엄마는 엄마가 원하는 걸 요구한 적이 없잖아. 한번도.

요구할 것이 뭐 있어? 나는 요구할 것도 없어.

그럼 왜 나한테 자꾸 이거 해주라, 저거 해주라 그래?

너한테 뭐 해주라고 그랬어?

애들 봐달라고 했잖아.

애들 봐달라는 소리밖에 안 했지. 또 뭐 했대?

그게 내 인생의 가장 큰 괴로움이야.

그때는 애들이 어렸으니까 봐달라고 하지.

엄마는 왜 맨날 그거는 당연한 거라 그래? 나는
지금까지 엄마한테 이해를 받아본 적이 없는데,
나는 내가 왜 이러는지 백날 천날 얘기해도 아무도
이해해주는 사람이 없는데, 엄마가 어렸을 때 얘기하는
순간 엄마가 이해되니까 너무 화가 나더라고.

그런 것에 화가 부글부글 끓어브렀어?

엄마하고 아빠하고 오빠는 나를 조금도 이해해주지
않잖아.

왜 이해를 안 해주냐? 우리 생각에는 지금도 너를 혼자 놔두고
사니까 미안하고 그래.

미안하고 그런 거를 다 떠나서, 내가 싫다고 하는 걸 안
하게 해주냐고.

아빠가 뭐라고 하는 줄 알아? 맨날 너 혼자 남겨놓고 그러고
있다고.

알아도 뭐 해? 바뀌는 게 없는데. 어쨌든 네가 그냥
참고 살아라 이거잖아. 엄마도 지금 월화수목금토일
맨날 애들이랑 붙어서 일만 하는 삶이 진짜로 괜찮은지
스스로한테 한번 물어봐. 진짜로 괜찮은 일인지. 그냥
덮어두고 살지 말고.

105

사람이 좋은 거 나쁜 거 다 가리고 나면 살 거 하나도 없어.

엄마는 애들 본다고 그때 한글 학원 못 다닌 것이
어때?

후회스러워. 엄청 후회해. 계속 다녔으면 지금쯤 줄줄줄 했을
건디. 짜증나, 그것 때문에. 그런데도 피곤해갖고 어떻게 책을 좀
볼라고 해도 잠들어버려.

새벽부터 일어나서 그렇게 막 하루에 2만 보씩 걸어
다니면서 일을 하는데 당연히 피곤하지.

날마다 2만 보가 어떻게 걸어지는지 몰라. 밤에도 잠을 자는
것이 아니잖아. 주원이 호진이가 학원 갔다가 밤 10시 40분에
와. 그럼 애들 씻고 나면 11시야. 그러니까 피곤한 거야. 그게 뭐
일해서 피곤한 게 아니고 애들이 그때 오는데 잠을 깊게 잘 수가
없잖아. 막 시끌시끌한 데서 어떻게 자. 그러니까 그 집 식구들은
맨날 피곤하다고 그래.

오빠한테서 좀 떨어져 나와. 모든 시간이 전부 오빠네 집 중심으로 돌아가잖아. 엄마가 아침 7시부터 밤 11시까지 그 집에 매여서 살고 있는데 그게 괜찮아 보이지 않아. 나는 엄마가 엄마만 생각하고 살았으면 좋겠어.

아니, 어쩔 수 없이 하는 거지. 뭐 좋아서 한대? 요즘은 애들이 지그가 컸다고 쌀쌀맞게 구니까 이제 싫더라고. 우리 수연이가 "할머니, 할머니" 안 하니까. 저 필요할 때만 오고. 그래서 내가 뭐라 했어. 느그 엄마한테 말할 때는 아주 언사가 좋으면서 할머니한테 말할 때는 왜 그렇게 하냐고.

할머니를 제일 좋아해서 그래.

그래서 그런데?

제일 좋아하는 사람이 자기 마음을 제일 몰라주니까.

몰라 아무튼.

요즘에는 귀 아픈 건 어때?

지금도 그래. 멍해. 맑지가 않아. 이것 때문에 기분 나빠. 언제는
누가 와서 귓속말을 하더라고. 그래도 그게 뭔 말인지 못
알아먹었어. 알아먹지도 못해.

> 엄마는 2023년에 고막 천공 때문에 수술을 받았다. 귀는 어
> 릴 때부터 약했다. 어린 엄마가 귀가 아프다고 할 때마다 할
> 머니는 대구 머리 삶은 김을 귀에 쐬라고 할 뿐 병원에 데려
> 가지 않았다.

그때 엄마가 할머니 돌봐야 할 때 엄청 스트레스
받았잖아. 오빠 집이랑 우리 집이랑 왔다 갔다 하면서
어땠어?

너무 힘들었어. 힘들었어. 집에 오면 할머니를 씻겨야 되는데
냄새는 펄펄 나지. 뭐 사다 놓고 그거 잡수라고 해도 안
잡수고 있으면 막 성질이 나. 뭐 아무거나 잘 잡수면 좋은데.
그래도 그때가 좋았는데. 지금은 누워서 밥도 못 먹지 말도

못하지.(2024년, 인터뷰 당시 할머니는 요양원에 계셨다.) 얼마나
불쌍한지 몰라 지금. 그래도 느그 오빠네서 지낼 때는 날이면
날마다 맛있는 거 사다 주고 그래서 조금 괜찮았지. 그때 조금
더 데리고 있을 거인디. 그때 당시에 내가 귀 수술을 안 했으면
할머니하고 더 살았을 거야. 그 수술을 하고 힘드니까 내가 더
안 했지.

　　　근데 엄마가 코시고 지내는 게 엄마한테도 안 좋고
　　　나한테도 안 좋고 다 안 좋았는데 그래도 그게 좋을 것
　　　같았어?

다 안 좋아도 할머니가 그런 데(시설) 가는 것보다 낫잖아. 우리
집에 있는 게 제일 복이었어. 지금 봐봐. 전주에 있는 요양원
가서는 더 나빠져갖고. 일어서기는커녕 말도 못하고. 말문이
막혀 버렸는가 더 나빠졌잖아.

> 22년 겨울, 엄마는 할머니를 모시고 우리 집으로 왔다. 애들
> 돌봄, 할머니 돌봄을 이중으로 하다가 엄마도 몸이 많이 축
> 났다. 할머니가 오신 지 4개월 만에 귓병이 심해져 수술했다.

오전에 아이들 돌보는 일정을 끝마치면 점심에 우리 집으로 건너와서 할머니 점심을 차려주고 다시 오빠네 집으로 돌아가는 일상을 수개월 반복했다. 엄마가 두 집을 왔다 갔다 하는 게 너무 힘들 땐 할머니를 한두 달씩 오빠네 집에서 모시기도 했다. 저녁에는 내가 할머니를 돌봤다.

이것은 아주 전형적인 패턴이었다. 내 의견은 중요하지 않고 '어쩔 수 없는 상황'이 우선순위가 되는 날들. 내가 '왜'를 물으면 엄마는 어쩌겠냐, 그렇게 대답했다. 엄마가 희생하거나, 그 희생을 도울 딸만이 유일한 해결책이라는 것이다. 돌봄을 바라보는 엄마와 나의 입장도 달랐다. 나는 조카, 할머니가 집에 오는 순간부터 돌봄 노동이 시작된다고 생각했지만 엄마는 그렇지 않았다. 밥을 짓고 먹이는 일, 씻기는 일, 곁에서 종일 함께하는 일처럼 좀 더 강도 높은 활동이 동반됐을 때 비로소 수고를 인정했다. 그러니 내가 못 참고 집을 뛰쳐나왔다거나, 밥을 차려주지 않았다거나, 내 방에만 틀어박혀 있으면 아무것도 한 게 없다는 식으로 말했다.

하지만 나는 모든 것을 감각했다. 나만 오기를 기다렸던 할머니의 까만 눈. 며칠 머리를 감지 않아도 푸석푸석했던 백발의 머리카락. 핸드폰만 붙잡고 있는 조카들. 사소한 싸움. 커다란 싸움. 그 모든 사람 곁에서 피곤을 이기지 못하고 아무 데서나 잠들어버리는 엄마. 나는 하나도 빼놓지 않고 보았고 한순간도 놓치지 않고 함께 있었다. 내가 쏟아내지 못하고 참았던 말, 쓰였던 마음, 무슨 일이 생기면 빠르게 나가보던 발걸음까지 온 마음으로 어떤 존재들을 돌봤다. 그러니 내가 아무것도 한 것이 없다는 말은, 무엇보다 억울하고 슬펐다.

그 모든 걸 내가 같이 맡아서 돌봐야 했던 것에 대해선 어떻게 생각해?

그것도 미안하지. 너를 고생시키니까.

아니, 근데 왜 항상 나를 고생시키는 방향으로 선택하는 거야?

다 돌아가시니까. 이제는 끝났어.

그러면 이제 끝인 거야?

아니, 할머니는 할 사람이 없으니까 그랬고. 살아가는 게 이렇게 힘들구나. 내가 그걸 느꼈어. 할머니 때도 그렇게 내가 힘이 들더라고.

그 말을 하는 엄마 입술이 유독 두툼해 보였다. 엄마가 원래 이렇게 생겼나? 어쩐지 낯설었다. 무언가 움찔움찔거리는데 엄마는 그것을 애써 삼키고 있었다. 엄마가 귀 수술을 받은 날에도 이런 얼굴을 하고 있었다. 마취에서 덜 깨어난 엄마는 계속 자려고 했고, 나는 그런 엄마를 계속 깨워야 했다. 목이 마른 엄마는 물을 달라고 했고, 나는 안 된다고 했다. 열이 나서 새빨개진 얼굴을 가까이서 들여다봤다. 덜컥 겁이 났다. 나는 엄마를 깨웠다. 그러자 "귀찮아 죽겠고만은." 하며 까무룩 다시 잠이 들었다. 실시간으로 부어오르는 얼굴을 하고서. 경동맥이 빠르게 뛰었다. 원래 이게 맞나? 그 '원래'를 알고 싶어서 간호사에게로 뛰어갔다.

돌봄 노동은 엄마에게서 나에게로 끝없이 이어지고 전달됐다. 나에겐 더 이상 뛰어가 물어볼 곳이 없었다. 지금 내 앞의 엄마는 계속계속 차오르는데 곧 넘쳐흐를 것 같은데. 그 고통이 내게도 천천히 스며드는데. 어떻게 해야 하나? 이렇게 과중한 일들에 시달리는 엄마를 외면하는 일도, 그 폭풍 속에 들어가 함께 견디는 일도 모두 어려웠다. 무엇보다 이 자리에 철저하게 우리 둘만 있다는 것이 속상하고 외로웠다. 엄마 입술을 비집고 나오는 한숨소리가 들렸다. 거친 손등으로 눈가를 문지르자 눈이 감겼다 천천히 떼어졌다. 나는 도망가지도, 함께 있지도 않은 어정쩡한 딸이 되어 엄마에게 물을 건넸다. 그게 그 순간 엄마와 내가 연대하는 방식이었다.

엄마는 어떻게 돌봄받고 싶어?

난 안 돌봐줘도 돼. 아직 스스로 이렇게 댕길 수 있는데 누가
돌봐줘?

돌봄이라는 게 거동을 도와주고 이런 것만 있는
게 아니잖아. 옆에서 이야기 들어주고 함께 시간을
보내주는 것도 돌봄이야.

그건 친구라 그래야지. 서로 통하는 친구. 돌봄받는 것보단
친구랑 웃고 떠들고 얘기하고 놀고 그러는 게 좋지.

그게 돌봐주는 거나 다름없는 거야.

그거이? 나는 딱 마음에 드는 친구가 있으면 좋겠어. 옛날에
가겟집 할 때 미희 아줌마랑 선우 아줌마 알지? 그 둘이 나이도
비슷하고 한 동네에 살다 보니까 그렇게 좋더라고. 시장도 같이
가고, 밖에 서 있어도 같이 섰고, 그러다 보니 정이 든 거야. 그
두 사람을 그렇게 믿었어. 그 사람들 없으면 못 사는 줄 알고.

어디 가면 보고 싶고. 진짜 그랬어.

그 사람들이 엄마한테는 가족 같았어?

형제간보다 더 가까웠지. 내가 서울에 친구가 없잖아.
시골에서 왔으니까. 그러니까 그 사람들이 고향 친구같이
너무 좋더라고. 선우 엄마가 의정부로 이사 갔을 때는, 내가
거기까지 쫓아다녔어. 무슨 일 있으면 가서 도와주고. 그
사람들을 그렇게 좋아했다니까 세상에. 근데 배신을 당했어.
선우 엄마가 의정부에서 과일 장사를 했거든? 그때 당시 일할
사람이 필요하대. 그래서 나는 선우 엄마가 나를 쓸 줄 알았어.
믿었거든. 나 해주라고 그랬는데 나 말고 미희 엄마를 해주는
거야. 너무 속상하더라고.

왜 그게 배신이라고 생각했어?

나는 즈그를 그렇게 좋아했는데, 즈그는 나를 그렇게 생각
안 하니까. 아마 내가 못 배웠다고 그런 것 같아. 벌써 못
배운 건 표시가 나잖아. 계산도 해야 되고 뭐 글도 쓰고 해야

되니까 그런 것 같아. 너무너무 속상했어. 내가 너희들을 너무 믿고 살았구나, 그래지더라고. 지금도 일 년에 한 번 가끔씩 만나지만은 옛날처럼 그렇게 보고잡고 그렇지가 않아. 그런 일이 한 번 생기니까 마음이 싹 없어지더라고. 그란디 지금은 그런 친구가 없어.

　　　그래서 외로워?

응. 그런 거이 이제 그러더라고. 나이가 먹으니까 조금만 저기해도 서운하고 슬프고 그래. 와 내가 늙었더라고.

> 평생 돌봄받아본 적 없던 엄마에게는, 돌봄의 개념이 낯설고 어색했다. 엄마가 쉬었던 때는 귀 수술을 하고 병원에 입원해 있던 기간뿐이었다. 그때도 엄마는 내가 자신을 간호하도록 내버려두지 않았다. 부축하는 일도, 엄마를 위해 밥을 만드는 일도, 연차를 쓰고 엄마 곁에 있는 것도 다 싫다고 했다. 엄마에게는 무엇이든 자신이 '스스로' 할 수 있는 상태인게 중요했고, 돌봄이 필요하다는 건 자신이 취약해졌다는 증거라고 여기는 듯 했다. 엄마는 어려움을 털어놓고 적절한 도움을 받는 일을 유독 어려워했다. 하지만 돌봄은 누구에게나

115

필요한 것이라, 돌봄받지 못하는 엄마는 외로워졌다. 돌봄은 내가 누군가에게 소중한 존재라는 감각, 지지와 응원 속에서 존재하기 때문이다.

그게 엄마에게는 미희 엄마와 선우 엄마였다. 서울 생활이 외롭지 않게, 옆에 있어주던 존재. 지난밤과 앞으로의 날들에 대해서 마음껏 이야기할 수 있었던 친구. 엄마는 그 관계 속에서 처음으로 충만했고 행복했다. 두 사람과 떨어지면 너무 너무 보고 싶을 만큼 엄마는 진심으로 그들을 사랑했다. 그 관계에서만큼은 한글을 모르는 게 문제되지 않는다고 생각했다. 그러나 가장 믿었던 친구에게, 한글을 모른다는 이유로 소외되었다는 사실이 엄마에게는 크나큰 상처였다. 그 뒤로 엄마는 사람에게 그만큼 마음을 연 적이 없다고 했다. 그럼에도 그렇게 사랑받고 사랑했던 감정은 잊을 수가 없었다. 엄마는 돌봄이 필요하다는 말을 "친구가 필요하다."는 말로 그렇게 대신해서 이야기했다.

나한테 돌봄은 엄마가 집에 있는 거야.

너는 그래?

엄마가 집에 같이 있는 게 나한테는 어렸을 때부터 최고의 돌봄이었어. 그래서 엄마가 나랑 카페도 가고 영화도 보고 그랬으면 좋겠어.

그러니까 다른 사람들은 딸내미하고 어디 놀러도 가고, 이런 백화점 구경도 하고 한다는데 나는 생전 그런 것이 없어. 그럴라믄 일을 안 다녀야 하는데. 내가 오죽했으면 오빠한테 그랬겠냐. "이제 어매가 애들 보고 기르라고 해라." 그랬더니 "엄마, 집에 가고 싶어?" 그러더라. 그래서 "그럼 집에 안 가고 싶냐?" 내가 그랬어.(감정에 복받쳐 눈물 흘렸다.) 나도 우리 집에서 살고 싶지, 그 집에서 살고 싶냐.

엄마, 이제 집에 와.

나도 엄마를 따라 한참 눈물을 흘렸다. 구술 내내 다른 건 몰라도 오빠 집에서 사는 건 괜찮다고 했던 엄마가, 처음으로 울면서 당신 집에서 살고 싶다고 말했다. 돈 있고 시간 있으면 무조건 배우러 다니고 싶다는 엄마는, 하고 싶은 일이 많았다. 한글 학원도 다니고, 노래 교실도 나가고, 요가도 배우고 싶다고 했다. 엄마는 정말 그렇게 마음껏 살고 싶었다. 그 마음이 커질수록, 매일 일만 하면서 보내는 시간이 속상했을 것이다. 나는 처음으로 엄마가 자신의 마음을 들여다보는 순간에 함께 있었다. 내가 엄마에게 마지막으로 건넨 말이 집으로 돌아오라는 말이 될 줄 몰랐다. 엄마가 집으로, 엄마 자신에게로 돌아오라는 말을 하기가 이렇게 어려울 줄 몰랐다. 엄마는 흔들리는 마음을 애써 수습하며 "수연이 때문에 그렇지. 수연이 때문에."라고 중얼거렸다. 다시 오빠 집으로 되돌아가게 해줄 주문이라도 되는 것처럼. 엄마는 코끝이 빨개진 채로 나를 돌아보며 "진미채 만들어놓고 가리?" 하고 물었다. 그게 무슨 화법인지 안다. 나는 엄마를 마주 보고 고개를 끄떡였다.

인터뷰 후기

듣는 딸 마음은
누가 알아주나

하루는 엄마가 내 방에 찾아왔다. 바닥에 떨어진 머리카락을 한참 줍
더니 조심스레 말을 꺼냈다. "아까 녹음 중이지 않았어? 아빠 칼 빼들
고 그런 이야기는 왜 해? 남한테 우리 가족 안 좋은 이야기 보여주기
싫어." 알고 보니 엄마는 그 일을 기억하지 못하는 게 아니라, 인터뷰
를 의식해서 기억이 안 난다고 한 것이다. 그 순간 걱정이 됐다. 이 책
에 많은 이야기가 쓰일 텐데, 그것을 우리 모녀가 감당할 수 있을까.
엄마 한 개인의 고유한 입체성과 역사성을 내가 잘 받아 적고 있는 것
일까. 어떤 이유로든 가족을 욕보이고 싶지 않다는 엄마의 마음을 내
가 지킬 수 있을까. 나는 아무것도 확신할 수 없어 엄마를 앉혀두고
그동안 완성한 원고를 읽기 시작했다. 엄마는 집중해서 들었다. 어린
시절 이야기를 거쳐 한글을 몰라 속상했던 날들, 결혼 생활, 돌봄 노
동에 대한 이야기가 쭉 이어졌다. 엄마는 자기가 한 말에 웃음을 터트
리며 "아이고 못 살아. 별 얘기를 거기다 다 썼냐?" 했다. 구술 당시 울

119

면서 이야기했던 부분은 오히려 담담하게 들었다. 중간중간 "맞아, 그 랬지, 아이고 진짜 멍청했어." 하고 말하기도 했다. 엄마는 재밌어했다. 더 얘기해봐라, 하면서 등을 대고 누울 때는 안심이 됐다. 엄마가 이 완되는 이야기라면, 그거라면 내가 조금 더 용기를 낼 수 있겠다는 생 각이 들었다.

엄마는 아직 자신의 이야기가 세상에 어떤 의미가 있는지 납득하 지 못한다. 왜 군이 필요 없는 말을 잔뜩 적어놨는지 이해할 수도 없 다. 나는 단순히 엄마의 삶을 전시하는 것이 아니라, 재해석하는 데 힘을 쏟고 싶었다. 대화중에 드러난 마찰도 거르지 않고 솔직하게 적 으려고 했다. 엄마와 나 사이에 자리하고 있는 갈등의 본질을 드러내 고 싶었다. 엄마와 내가 어떤 패턴으로 돌봄 노동에 동원되고 있는지 보여주려면 우리 가족의 시스템을 말할 수밖에 없다. 그래야 비로소 한글을 모르는 또 다른 존재에게, 손주를 돌보다 잠드는 존재에게 가 닿을 수 있다고 생각했다. 그렇게 된다면 이 글이 아빠의 폭력, 엄마 의 희생 같은 자극적인 장면으로만 남지는 않을 거라고 믿었다.

인터뷰가 끝난 지 반년이 지났다. 엄마는 요즘도 주 7일 노동을 한 다. 밤에 손녀가 무섭다고 하면 손을 꼭 잡아주느라 깊이 잠들지 못한 다. 그러다 유독 몸이 힘든 날이면 심한 몸살을 앓곤 한다. 나는 여전 히 같은 지점에서 걸려 넘어지듯 화를 낸다. 하지만 그 '여전함'이 똑

같은 강도로 좌절스럽지는 않다. 오히려 응시하는 쪽을 선택하게 됐다. 엄마에게 눈길을 주는 일. 그게 비록 다정한 시선이 아니라 온갖 짜증과 분노와 답답함으로 뒤엉켜 있더라도, 그 집요한 시선에 엄마 뒤통수가 저릿할 때까지 지켜보고 싶다. 관성에 의한 파괴적인 선택을 내릴 때는 더욱더 살벌하게. 그래서 엄마가 외롭고 서글플 때마다 나의 시선을 감각할 수 있으면 좋겠다.

엄마에게 그동안 어땠느냐고 물었다. 엄마는 "뭣이 어때?" 되묻고는 한참 뒤에 말을 이어갔다.

"누구한테 마음 말할 사람이 없잖아. 느그 아빠는 안 통하고. 얘기해봤자 소용도 없어. 그래서 딸이 있어야 한다고 안 해? 니가 알아주지. 오빠는 저 아빠 편이야."

"듣는 딸 마음은 누가 알아주나?"

마지막까지 무섭게 단드는 엄마의 화법에 어이없이 웃음이 터져나왔다. 나는 그동안 엄마를 직면하느라 괴로울 때마다, 이 글을 읽고 산뜻하게 "소름!"이라고 외쳐줄 수많은 딸들을 떠올렸다. 그런 존재들과 앞으로 나눌 이야기가 많을 거라는 사실이 내내 위로가 되었다.

언젠가 엄마가 이 글을 스스로 읽을 수 있게 되는 날을 기다려본다.

2장

"하고 싶은 건 하고 살아야지"

어느 세일즈우먼의 모험

우정아 구술
홍아란 기록

우정아의 가계도

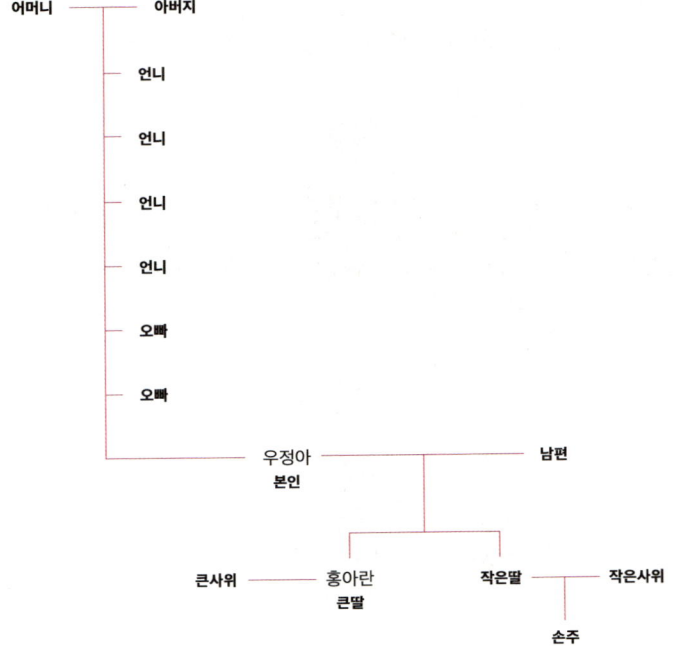

인터뷰에 앞서

엄마를 만나고 오는 날이면
오만가지 생각이 들었다

결혼 후, 남편과 친정에 찾아가면 아빠는 종종 우리를 앞에 두고 젊은 시절 이야기를 들려주곤 한다. 처음에는 나도 흥미롭게 듣다가 끝없는 이야기에 지쳐 어느 순간 듣기를 포기한다. 남편만 그 이야기에 끝까지 귀 기울인다. 집에 돌아오는 길, 남편은 아빠에게 들은 이야기를 간추려서 내게 들려준다. 남편의 입을 통해 전해 듣는 아빠의 이야기는 흥미로웠다. 그러다 문득 엄마 생각이 났다.

결혼 2년 차, 엄마를 만나고 오면 종일 오만가지 생각이 들었다. '괜히 말했나? 이렇게 말할 걸 그랬나? 왜 이렇게 말하지 못했지? 다음엔 이렇게 말해야지.' 하는 후회하는 마음 반, 다짐하는 마음 반이었다. 나와 엄마는 그리 편한 사이가 아니다. 엄마는 나를 다소 엄하게 키웠다. 그래서 나는 어릴 적부터 부모를 어려워했고, 항상 엄마의 말에 순종했다. 성인이 되어서는 엄마의 전담 상담사가 되다시피 했다. 뭐든 다 받아주고, 얘기도 들어주고, 챙겨주고 있었다. 일찍이 철든 나에게 엄마는 항상 언니 같다고 했다.

여섯 살 때였을까, 유치원에서 친구들이 나랑 놀아주지 않아 슬픈 날이 있었다. 집에 돌아오니 엄마는 외출 중이었고, 속상한 마음을 위로받고 싶어서 엄마에게 전화를 걸어 울면서 이야기했다. 그러나 엄마는 시큰둥한 반응이었다. 별일 아니라는 대답이 돌아왔다. 나는 그때 '엄마는 나에게 관심이 없구나. 내 이야기를 듣고 싶어 하지 않는구나.' 하고 생각했다. 그 후로도 학교에 다녀와서 미주알고주알 떠드는 큰딸의 말에 엄마는 귀 기울여주지 않았고, 나는 점점 엄마에게 내 이야기를 하지 않게 되었다. 다만 엄마는 내가 학교에서 열심히 공부하고 모범생으로 인정받는 것을 자랑스러워했다. 나 역시 엄마를 기쁘게 해줄 수 있는 유일한 방법은 엄마 말에 순종하고 착한 딸이 되는 것이라고 믿었다. 그렇게 큰 반항 없이 10대를 보냈다.

내가 대학 생활과 취업 준비, 사회생활을 하며 정신없던 20대에도 엄마, 아빠는 표현에 서툴다는 핑계로 딸에게 제대로 된 애정 표현을 하지 않았다. 수시로 대학에 합격해도, 취업에 성공해도 "잘했다, 우리 딸. 대단하다. 고생 많았어."라는 말을 들어본 적이 없다. 밖에서 힘든 일이 있어도 엄마 아빠에게는 절대 이야기하지 않고 오히려 숨기기에 바빴다. 사실 나는 부모로부터 절대적인 공감과 지지를 받고 싶었다. 이를테면 "얼마나 힘들었니, 너는 잘못이 없어. 그 사람들이 이상한 거야." 같은 말들. 어쩌다 한번 엄마한테 그런 이야기를 해도 "사회생활은 원래 힘든 거야."라며 냉정하고 이성적인 조언만 해주었다. 그러다 스트레스가 쌓여 급성 위경련, 피부 두드러기, 역류성 식도염 등으로 몸이 아프기 시작했다. 상담을 받으며 그 원인을 찾게 되었다. 상담사는 나보다 타인을 더 신경 쓰는 기질과 본인의 의견을 표현하지 않고 참는 습관이 스스로를 힘들게 만들었을 것이라고 했다.

나는 이런 성향이 어릴 적 가정환경과 부모의 양육 방식에서 비롯된 것이라고 생각했다. 주 양육자였던 엄마에게 "날 왜 이렇게 키웠냐. 엄마 때문에 내가 이렇게 자랐고 아픈 게 아니냐."며 감정을 쏟아냈다. 엄마와 나는 날이 선 채로, 서로에게 모진 말을 주고받으며 싸웠다. 나는 엄마한테 짜증도 부리고, 싸우기도 하고, 걸을 때 팔짱도 끼고 다니는 그런 관계를 원했다. 나는 실제의 엄마와 내가 원하는 이상적인 엄마의 모습을 끊임없이 비교하고 있었다. 결혼하고 따로 살면서 엄마와 교류하는 시간이 줄어들자 갈등은 일시적으로 사그라들었지만, 마음속에는 여전히 해결되지 않은 감정의 불씨가 여전히 남아 있었다.

남편과 나는 10년을 연애하고 결혼했다. 남편은 언제나 내 편이 되어주고 내 의견에 동의해주는 다정한 사람이었다. 결혼 후, 엄마로부터 채워지지 않던 감정적 욕구가 남편을 통해 충족되고 안정감과 여유가 생기자 엄마의 이야기가 듣고 싶어졌다. 더 늦기 전에 엄마와 이야기를 나눠보고 싶은 주제도 있었다. 용기 내어 인터뷰를 청하자, 엄마는 흔쾌히 자신의 삶을 들려주었다. 나도 엄마를 인터뷰하며 '우정아'라는 한 사람을 이해해보려 노력했다.

예쁜 옷을 좋아하던
우정아의 어린 시절

엄마가 살던 데는 어떤 동네였어?

엄마가 살던 시골은 전라북도 진안군 진안읍 주평리야. 거기에
용담댐이 있어. 전라북도 그쪽에서는 제일 큰 댐이야. 굉장히
멋있거든. 거기서 쭉 들어가면 마을이 몇 개 있어. 엄마가 살던
마을은 산 밑 제일 끝자락에 있었어. 한 20가구 정도 모여서
살았던 것 같아. 동네 슈퍼에 가려면 걸어서 10분은 나가야
하고, 초등학교도 40분 걸리고, 버스도 하루에 한두 번밖에 안
다녔어. 할머니 집은 마을 초입 길가에 있었지. 할머니네 마루
턱에 앉아서 보면 저 앞에 그림처럼 멋진 산이 펼쳐졌어. 어릴
때는 집에 전기도 안 들어오고 중학생 때나 돼서 들어왔던 것
같아. 할아버지는 할머니가 번 돈으로 맨날 노름하러 다니고,
할머니는 하루 종일 농사일만 했어. 위로 언니가 넷, 그 아래
삼촌이 둘 있었고, 엄마는 막내로 태어났지. 엄마가 스무 살 때
할머니가 환갑이었으니까 할머니가 마흔에 나를 낳은 거야.
그래서 엄마 기억에 할머니는 항상 나이 지긋한 모습이었어.

맨 뒷줄 오른쪽에서 세 번째가 우정아.

최초로 기억나는 순간이 있어?

내가 일고여덟 살쯤 된 것 같아. 시골에 눈이 엄청 많이 왔는데
바로 윗집에 사는 오빠가 사진을 찍어줬어. 눈 속에서 코트를
입고 찍었지. 그때는 사진, 카메라 이런 게 별로 없었거든. 어렸을
때 사진이 거의 없는데 그 사진이 유일하게 한 장 있었어. 그거를
소중히 갖고 있었는데, 없어졌어. 초등학교 때 사진도 다 없지.
초등학교 졸업 사진은 하나 있을 텐데….

엄마는 어디 있어? 아, 여기 있네. 왜 이렇게 다들
머리가 짧지?

시골에서는 집에서 다 단발로 머리를 잘랐거든. 이게 전교생
다야. 1학년부터 6학년까지 한 반이 쭉 올라간 거야. 셋째
언니가 어렸을 때부터 직장 생활을 해가지고 명절 때만 집에
왔어. 그러면 나랑 넷째 언니랑 나무 있는 큰 도로까지 걸어
나가가지고 셋째 언니를 기다리는 거야. 언니가 집에 올 때마다
옷을 꼭 사다줬거든. 나한테 예쁜 여름 원피스를 사다줬어.
그거를 입고 우리 동네 방죽 있잖아. 국민학교 때 거기로 소풍을

131

갔어. 언니들이 옷을 사주기도 하고, 언니들이 입던 옷에 단을
꼬매가지고 입고 다니고 그랬지. 긴 거는 짧게 단을 떠가지고
바느질해 입었지.

엄마가 직접 리폼해서? 어릴 때부터 손재주가
있었구나.

나는 손재주가 있었고, 어렸을 때부터 옷을 예쁘게 입고 다녔어.
할머니가 솜씨가 있었지. 한복도 안 입는 거 다 잘라가지고 색깔
배합해서 이것저것 만들었어. 보자기나 상보도 다 할머니가
만들었잖아. 언니들이 "너는 음식도 야무지게 잘하고 하는 게
다 엄마 닮았다."고 그랬어.

이때는 몇 살이야? 중학생이야?

고등학교 다닐 때야. 중학교 3학년 때부터 친구랑 시내에서
자취를 했거든. 친구 집에서 반찬 가져와서 우리 집에서 밥
해 먹고 춤추고 놀고 그랬어. 먹고 놀고 장에 가서 옷 사 입고
그러고 돌아다녔어. 친구들하고 다 같이 산업계 고등학교를

가고 싶었는데 할아버지가 일반계 고등학교를 나와야 시집을 잘 간다고 하면서 못 가게 했어. 그래서 일반계 고등학교를 갔는데 용돈을 하나도 안 주는 거야. 옷 사 입고 놀러 가야 하는 데 돈을 줘야지. 내 친구들은 집이 부자니까 돈을 그렇게 잘 쓰는 거야. 근데 나는 돈이 없잖아. 그러니까 맨날 할머니한테 "나 뭐 사야 되는데 돈 줘." 하면서 달달 볶는 거야. 근데 할머니도 돈이 없었어. 할아버지는 일도 안 하고 농사도 안 지으면서 돈은 자기가 다 챙겼어. 할머니가 고추 같은 거 몰래 훔쳐다가 팔고 어떻게 해서든 빼돌려가지고 나한테 돈을 줬지. 맨날 거짓말해서 조금씩 타다 쓰고. 나중에 할머니가 나 때문에 죽을 뻔했다고 그랬어. 하하하. 나중에 직장 다니면서 철들고 나서 할머니한테 잘해야 되겠다 싶어서 용돈도 많이 드리고 그랬지.

엄마가 입은 교복도 디자인이 세련되고 이쁘다.

우리가 고등학교 1회 입학생이어서 교복도 예쁘게 맞춘 거야. 원래는 남녀 공학이었는데 우리가 들어간 해에 여고가 돼서 교복도 넥타이로 바뀌고, 진안에서 교복 이쁘다고 난리가 났어. 교장 선생님이 여자였는데 복장 단속을 엄하게 했어. 옷을

친구들과 교복 입고 찍은 사진.
첫째 줄 왼쪽이 우정아.

고등학교 시절 자취방에서 찍은 사진.

이상하게 입으면 "너 이리 와." 그래갖고 교무실로 데리고 갔어. 나하고 친구들도 몇 번 들렀지. 바지 밑단을 까면 핑크색으로 돼 있는 거 입고 다니고 그랬거든. 위에 러닝셔츠(속옷)을 안 입고 다녀도 혼났지. 교장 선생님이 저 멀리 보이면 우리는 무서워가지고 도망갔어. 나랑 친구가 완전히 찍혔지.

또 기억나는 학창 시절 에피소드는 없어?

고등학생 때, 친한 친구들하고 군산에 있는 선유도에 놀러가기로 한 거야. 1박 2일로 갔지. 셋째 언니가 입던 비키니 수영복을 나를 줬어. 그게 되게 예뻤거든. 그걸 가져가서 입고 둑방에 널어놨는데 누가 훔쳐간 거야. 그래서 잃어버렸어.

> 엄마의 어릴 적 기억에는 항상 '옷'이 등장한다. 유년시절, 처음 떠오르는 기억도 예쁜 코트를 입고 사진을 찍은 순간이고, 명절에 대한 기억도 언니가 선물로 사다준 여름 원피스에 관한 것이다. 학창 시절에 교복을 줄여 입다가 교장 선생님에게 찍히기도 했단다. 심지어 친구들과 떡볶이 사 먹은 것보다 시장에 나가 옷 구경 다닌 것을 더 선명하게 기억하고 있었

다. 엄마의 '옷 사랑'이 생각보다 깊고 오래된 것임을 깨닫는
다. 엄마는 지금도 목돈이 생기면 꼭 본인이 사고 싶었던 옷
한 벌을 먼저 사고, 가족들 옷까지 사준다. 딸, 사위, 손주 생
일에도 좋은 옷을 한 벌씩 선물하는 걸 좋아한다. 엄마에게
는 옷을 사주는 것이 최고의 애정 표현인 셈이다.

전주 뉴코아 호텔에서
수원 삼성 공장까지

엄마는 성인이 되고 어떤 일을 했어?

전주 시내에 뉴코아 백화점이 하나 있었는데 지금처럼 백화점
위층에 카페가 있었어. 아는 사람이 소개해줘서 거기서 일을
했거든. 손님도 없어서 편했어. 오래 다니지는 않았어. 한두 달
있었나. 같은 계열사 호텔 회장이 할머니였는데, 그 회장이 거기
왔다 갔다 하면서 나한테 여기 있기는 너무 아깝다고 호텔로
스카웃해간 거야. 바로 옆에 있는 코아 호텔에 와서 일하라고.
난 호텔과도 안 나왔는데 거기서 서빙하고 주문받아 오는 일을

했지. 호텔이 돈은 많이 줬는데 2교대가 힘들었어. 일주일은
새벽에 나가고 일주일은 낮에 나갔다가 저녁 늦게 끝났어.

그럼 계속 호텔에서 일했던 거야?

아니. 조금 다니다가 다시 시골 내려가서 할머니 병간호했지.
할머니가 몸이 안 좋아지셨는데 이모들이 다 시집가고 병간호할
사람이 없으니까. 몇 년 지나서 할머니가 괜찮아진 뒤에,
호텔에서 다시 오라고 그래가지고 다시 가서 일했지.

1983년, 전주 코아백화점이 들어선다. 2년 뒤, 전주 코아
호텔이 문을 연다. 이 두 곳은 모두 한신공영 계열사로,
1980년대 전주를 대표하는 랜드마크였다. 우정아 씨가 여
기서 일할 수 있었던 것은, 1980년대 들어 서비스직으로
진출하는 여성이 늘어났기 때문이다. 정아 씨는 백화점과
호텔에서 두루 일했으나 그 시기는 오래가지 않았다. 정아
씨는 25세 즈음에 호텔을 그만두었는데, 그 당시의 '결혼
적령기'와 맞물린다. 통계청 자료에 의하면 1990년 여성
의 초혼 평균 연령은 24.78세였다. **─편집자 주**

중학교 때 한동안 꿈이 '호텔리어'였던 적이 있다. 단정한 유니폼을 입고 친절한 미소로 서비스를 제공하는 일을 하고 싶었다. 주변 선생님과 친구들도 나와 잘 어울리는 직업이라며 응원해주었다. 같은 반 친구가 관광고등학교 진학을 준비했고, 나도 엄마에게 호텔리어가 되고 싶으니 관광고등학교에 가고 싶다고 말했다. 엄마는 중간에 꿈이 바뀔 수도 있고 일반계 고등학교에 가야 더 폭 넓은 경험과 기회를 가질 수 있다며 내 뜻에 반대했다. 결국 나는 집 근처 일반계 고등학교에 진학했다. 내가 호텔리어가 되고 싶다고 했을 때 엄마는 무슨 생각을 했을까? 관광고등학교에 진학했다면 내 인생은 어떻게 달라졌을까? 호텔에 방문할 때마다 거기서 일하는 직원들을 보면 아쉬운 마음이 들곤 한다.

수원에는 어떻게 내려와서 살게 된 거야?

그 당시에 언니들이 다 수원에 살고 있었어. 제일 먼저 셋째 언니가 수원에 내려와서 일하다가 결혼해서 식당을 하고 있었고, 둘째 언니도 수원으로 와서 가게를 했어. 넷째 언니도 포항인가 살다가 수원으로 와서 결혼하고 인테리어 일을 했어. 그래서 나도 수원으로 왔지. 넷째 언니네 집 방 한 칸에서

호텔에서 일하던 시절, 동료들과 찍은 사진.
우정아는 둘째 줄 맨 오른쪽에 하얀색 바지를 입고 있다.

친구랑 하숙을 했어. 그때 둘째 언니네가 삼성전자 공장
입구에서 슈퍼를 크게 했거든. 삼성전자 사람들이 거기를 많이
왔어. 그 슈퍼를 통해서 지나가야 삼성전자를 가거든. 그러다가
삼성전자에서 일하는 높은 사람이 나한테 삼성전자 사무실에
넣어준다고, 일단은 현장에서 일을 하래. 삼성 하청업체의
컨베이어벨트 앞에서 일하는 거였어. 근데 그렇게 다니기가
싫은 거야. 했던 거 하고 또 하는 단순 노동이니까 너무 지겨운
거야. 거기서는 기계가 사람을 움직이는 거야. 기계로 부품을
실어와 쭉 내려놓으면 그걸 꺼내서 조립하고 올리고 또 꺼내서
조립하고 그랬지. 내가 이걸 하려고 (일반계) 고등학교까지
다녔나, 이걸 하려고 내가 여기까지 왔나 싶은 생각이 들더라고.
(공장에서 일하면) 완전 무시당하고 그랬거든. 그런데 그 사람이
사무실에 넣어준다고 하니까 할 수 없이 기다리고 있는데,
그 사람이 회사 물건을 갖고 나오다가 걸려서 짤렸어. 그래서
공장에서 바로 나왔어. 6개월 정도 다닌 것 같아. 그 사진이 여기
있네.

엄마는 활발히 움직이는 일을 하다가 정적인 일을
하려니까 답답하게 느껴지지.

운동회에서 일학년 시절의 우정은.

원동에 올림이 가득해 보인다. (오른쪽에서 네 번째)

안 맞아, 안 맞아. 나는 서비스직이 잘 맞는 것 같아.

"나는 아무것도 모르고 넘어간 거야."

고향 친구 중에 경숙이라고 있어. 개랑 둘이 수원 세류동
근처에서 자취를 했는데, 개가 집에서 결혼하라고 한다고
갑자기 시골로 내려간다는 거야. 나도 선은 몇 번 봤지.
선을 봤는데 마음에 안 들었어. 경숙이가 결혼하면 나 혼자
남잖아. 나도 빨리 결혼을 해야겠다는 생각이 들었지. 마음이
조급해지더라고.

그때 엄마 나이가 스물여섯이었지? 그 당시에는 결혼을
일찍 했으니까 늦은 편이었겠구나.

내 시골 친구들은 거의 다 결혼을 했을 때야. 갑자기 나는
결혼을 못 할 것 같더라고. 이모들도 나를 빨리 결혼시키려고
했어. 할머니도 나 어렸을 때부터 빨리 결혼시키려고 선 자리도
알아보고 그랬는데 잘 안 됐거든. 아빠 동네에 사는 할아버지가

143

한 분 있었는데 우리하고 먼 친척된대. 우리가 시골에 있었을 때 같이 살면서 심부름도 해주고 궂은 일도 하고 머슴처럼 일했던 사람이래. 그 사람이 수원으로 이사 온 거야. 둘째 형부가 중매해 달라고 하니까 그 할아버지가 아빠를 중매한 거야. 자기가 아는 총각이 있는데 나이가 다 찼고 직장도 엄청 좋은 데 다니고, 차도 있고, 집에 돈도 엄청 많다고 뻥을 튄 거야. 그래서 동수원 호텔에서 선을 봤어. 아빠도 선을 한 30번은 봤대. 넷째 이모부(넷째 형부)가 엄청 까다롭잖아. 이모(넷째 언니)가 엄청 힘들게 살았거든. 이모부가 상상도 못할 정도로 이상한 사람이었어. 지금은 교회 다니면서 사람이 많이 바뀌었지. 옛날에는 이모를 꼼짝도 못하게 하고 엄청 괴롭혔어. 내가 이모네서 같이 살았잖아. 집에 이모부가 오잖아? 그러면 집안 식구들이 다 눈치 보고 살았어. 까다롭고 까칠하고 무서웠어. 나는 정반대인 사람을 만나고 싶더라고. 시골 사람 같고 멋도 안 내고 털털해갖고 내가 뭐 해달라고 하면 다 들어줄 것 같은 사람. 니네 아빠 인상이 딱 시골스럽고 수더분했어. 직장도 좋다고 하지, 차도 있다고 하고. 그때만 해도 차 있는 사람이 별로 없었거든. 직장도 금호전기라는거야. 몇 번 만나다가 집에도 갔는데 시어머니가 부티나게 하얀 모시옷 입고 앉아 있었어.

(친)할머니 인상도 부잣집에 사는 것처럼 생겼잖아. 그래서 나는 진짜 잘 사는 줄 알았어. 시댁이 말통골이었는데(수원시 영통구 매탄동) 옛날 집이 방이 몇 칸 있었어. 그 방에 한 칸씩 세를 놓고, 할머니랑 살았던 거야. 그렇게 몇 번 만나다가 결혼을 했어. 5월에 선 봐서 10월에 한 거야. 옛날에는 순수했잖아. 나는 시골에서 살았기 때문에 때가 하나도 안 묻어가지고 순진했어.

금호전기는 1980년대 후반부터 1990년대 초반까지 국내 조명 시장의 60퍼센트 이상을 점유했던 조명 기업으로, '번개표' 브랜드로 널리 알려져 있다. 아빠는 금호전기에서 30년 이상 영업직으로 근무했다. 어릴 적 마포구 본사 사옥에 종종 놀러 갔던 기억이 난다. 어린 내가 봐도 모든 층에서 밝은 빛이 나는, 원통형 모양의 고층 건물이 인상 깊었고, 성인이 돼서도 '대기업' 하면 금호전기 건물이 가장 먼저 떠올랐다. 이전의 위상에는 미치지 못하지만 지금도 본사는 마포에 남아 있다.

결혼 생활은 어땠어?

니네 아빠가 결혼하자마자 "2년만 우리 엄마 모시고 여기서 살면, 이거 다 우리가 가질 수 있다."면서 나를 꼬신 거야. 나는 아무것도 모르고 그냥 넘어간 거야. 집 제일 안쪽으로 가면 골방 같은 게 하나 있어. 거기 방을 하나 내준 거야. 거기서 1년을 살았는데 도저히 못 살겠더라고. 너네 아빠가 수원에서 서울까지 출근하려면 새벽에 나가야 돼. 그러면 나는 한 5시 반인가 일어나서 아침밥을 차려서 줘. 그리고 방에 가서 잠깐 누워 있어. 졸리고 죽겠어. 일어나기 싫어. 그래도 또 일어나서 시어머니 밥 차려야 돼.

그러면 다른 며느리들은 거기 안 살았어? (아빠는 4남 3녀 중 막내다.)

다 따로 나가 살았지. 우리만 같이 살았지. 아빠가 할머니하고 계속 살았잖아. 자기가 방을 얻어서 나갈 돈이 없으니까 여기서 2년만 살다가, 전세방이라도 하나 얻을 수 있게 돈을 모아가지고 나가서 살자 한 거지.

아빠는 직장 생활을 오래 했는데 왜 모아둔 돈이

없었어? 할머니 다 줬나?

많이 줬나 봐. 나중에 알고 봤더니 결혼하고서도 할머니가
아빠한테 돈을 다 달라고 그랬던 거야. 쌀이고 뭐고 할머니가 다
사는 줄 알았는데.

그럼 할머니가 아빠한테 따로 생활비를 받은 거야?

응응. (친)할머니가 내 옷도 사주고 그랬어. 그래서 나는
할머니 돈으로 다 사주는 건 줄 알았더니 실은 그게 다 아빠
돈이었다는 거야. 따로 돈을 다 달라고 한 거야. 쟤 옷 샀으니까
얼마 줘라, 쌀 샀으니까 얼마 줘라, 반찬 뭐 샀으니까 돈 달라고
한 거지. 우리가 그 집에 딱 들어가니까 할머니가 생선 한 쪽을
안 사오는 거야. 시장어서 반찬거리 하나도 안 사 와. 할머니가
우리더러 직접 사다 해 먹으라고 하더라고. 옆집에 세 들어
사는 새댁이 하나 있었는데 그 애가 그러더라고. 할머니가
이상하다면서 옛날에는 집에 뭐든 사다 날랐는데, 우리가 딱
들어가니까 하나도 안 산다고. 나 없을 때는 맨날 친한 사람들
불러다 사 먹이고 그랬는데 지금은 안 그런다고 하는 거야.

그럼 방세 받은 돈도 있는데 아빠한테 또 돈을 받은
거야?

받은 거지. (친)할머니가 쓰고 싶은 거 다 쓰고 양품점 가서 맨날
옷 맞춰 입고 살림살이 사다 나르고 그랬어. 이만한 창고방
안에 살림이랑 이불이 꽉 차는데도 (물건) 사는 걸 좋아했어.
밍크코트가 다섯 개인가 일곱 개가 있었어. 그렇게 본인한테
펑펑 쓰고 아들 살살 꼬셔갖고 돈을 다 뜯어낸 거야. 시누이들도
시집 갔는데 맨날 엄마한테 와서 노상 살았어. 자기들끼리
방에 가서 쑥떡거리고 나는 먹을 거 해다 바쳐야 했어. 나는
외톨이처럼 따돌림 당하고. 내가 못 살겠다고 하니까, 너네
아빠는 "방 하나 얻을 돈도 없는데 어디 나가서 사냐."고 했어.
맨날 울고 싸우고 어느 날은 내가 밤에 뛰쳐나가서 고속도로로
뛰어든 적도 있었어. 그때 임신했는데 스트레스로 유산이 된
거야. 결국 시댁에서 산 지 1년 만에 서울 방화역 근처로 집
구해서 나갔잖아.

시집가서 남편한테 의지를 많이 했을 텐데 아빠가
엄마를 챙기지 못했구나.

요즘은 남자도 살림을 같이 해야 된다는 식으로 생각 자체가 바뀌었잖아. 방송에서도 강조하잖아. 근데 엄마 세대 때만 하더라도 남편은 돈만 벌어오면 되는 거야. 남편은 절대 살림을 안 하는 걸로 생각했던 거지. 시댁 부엌이 재래식으로 돼가지고 부엌에서 상을 들고 나와서 턱을 넘어 마루를 지나서 방으로 가야 되는 구조였어. 그 문턱이 되게 높았어. 내가 밥을 먹고 아빠한테 "이 상 좀 부엌으로 갖다주면 안 돼?" 하니까 (친)할머니가 남자는 그런 거 하는 거 아니라고 딱 자르는 거야. 그래서 내가 그때 좀 서운했지.

명절에 할머니 댁 가면 밥 먹을 때도 남자 어른들만 큰 상에 둘러앉고, 우리는 따로 먹었던 기억이 나.

그러니까 아빠를 할머니가 그렇게 키운 거지. 집안일을 절대 시키지도 않고 하면 안 된다는 식으로 교육한 거지. 너네 아빠도 아예 안 하는 게 습관이 돼버린 거야.

서울로 이사 가고 나서는 괜찮았어?

서울로 이사 갔는데도 걱정이 되는 거야. 한 번 유산되고 나서
아기가 안 생기니까. 근데 네가 딱 생기고 나니까 세상을 다 얻은
것 같더라. 기분이 그렇게 좋을 수가 없었어. 입덧해서 먹지도
못하고 누워 있는데, 누가 와서 보살펴줄 사람도 없었어. 그래도
아빠한테 딸기 같은 거 먹고 싶다고 사달라고 하면 그때는
사줬던 것 같아. 그건 생각이 나.

그럼 산후조리는 어떻게 했어?

다시 시댁에 들어갔지. (친)할머니가 해주긴 뭘 해줘. 할머니가
날 두고 집에 오지도 않았어. 밥을 해줘야 하잖아. 근데 남의
집 가서 오지도 않아. 내가 그때 시댁에 다시 들어가고 한 달도
안 돼서 넷째 이모(넷째 언니)한테 나 도저히 여기 못 있겠다고
그랬더니 자기 집에 와 있으래. 그래서 내가 이모네 좀 가 있었어.
그때는 산후조리원 같은 게 없었어. (외)할머니는 못 올라오지.
(외)할아버지 두고 혼자 올 수가 없으니까. 할머니는 너 태어나고
조금 큰 다음에나 봤을 거야. 너 낳고 산후조리도 제대로 못
받고. 서러움이 있었지.

(친)할머니는 딸이라고 차별하진 않았지?

딸 둘 낳았으니까 아들 하나 더 낳으라고 얘기했어. 자기
아들(아빠) 제사 지내줄 사람 없으니까. 그래서 내가 "어머니,
애 하나 키우기가 얼마나 힘든 줄 아세요? 돈은 또 얼마나
많이 들어가고요." 내가 딱 그래버렸어. 그랬더니 그다음부터
말 안 하더라. 너희들도 크고 그랬으니까 내가 바른말을 좀
했지. 자기는 십 원 한 장 안 줄 거면서 그런 말을 왜 해. 우리가
집 사서 이사 갔을 때 (친)할머니가 슈퍼타이 비누 하나도 안
사갖고 왔더라. 본인하고 딸한테는 잘 써. 아들한테만 인색해.
자식이 집 사서 이사 갔으면 슈퍼타이 하나라도 사와야 되는데
얄짤 없어. 그릇 같은 것도 다 자기가 쓰던 거 줬어.

> 아빠는 4남 3녀 중 막내아들로 태어났다. 아빠가 중학생일
> 무렵, 가세가 기울면서 어린 아빠는 그때부터 신문 배달, 우
> 유 배달을 하며 직접 학비를 벌었다. 형들은 사업을 하면서
> 할머니에게 경제적인 도움을 받았지만, 아빠는 큰 기업에 입
> 사해 안정적으로 집에 돈을 벌어다줬다.
> 결혼 전까지만 해도 아빠는 할머니에게 전적으로 경제권을

맡겼던 것 같다. 결혼한 이후에는 아빠에게도 돈을 모아야 할 이유가 생겼다. 분가를 하기 위해 전세금이 필요했던 것이다. 그러다 보니 할머니에게 생활비 명목으로 주던 돈이 줄었을 테고, 돈 쓰는 걸 좋아하던 할머니 입장에서는 엄마가 미웠을 것이다. 아들에게 뭐라 할 수도 없으니 며느리를 미워한 것이리라.

아빠가 분가했을 때 '슈퍼타이 하나 사오지 않은' 할머니에게도 나름의 사정은 있었을 것이다. 큰 자식들은 일찍 시집, 장가가서 가정을 꾸렸지만 마지막까지 함께 살았던 넷째 아들은 할머니 삶에 있어 가장 큰 의지가 되는, 남편 같은 존재가 아니었을까? 딸들한테는 돈을 써도, 잘 나가는 아들만큼은 자기한테 돈을 써주는 사람이길 바란 게 아닐까 생각해본다. 그래도 슈퍼타이 하나도 안 사온 건 너무 했다.

형님들도 있었잖아. 같은 며느리니까 의지되지 않았어?

형님들이 엄마를 샘냈어. 자기네는 결혼할 때 해온 것도 없고
몸만 와서 살았는데 엄마는 결혼할 때 해야 할 거 다 해갔거든.
자기네하고 비교해서 내가 세련되고 그러니까 질투했던 것 같아.
처음에 결혼해서 내가 눈치를 많이 봤어. 이제는 나이 먹고
조금 덜한데 맨날 엄마는 설거지하고 뒤치닥거리나 하고 음식은

아란(나)의 두 번째 생일 기념 사진.
엄마 뱃속에 동생이 있었다.

만져보지도 못하게 했어. 자기들 마음에 안 들고 성질 나면 막 툭툭 집어던지고 그랬어.

어딜 가나 질투하는 사람들이 있어. 형님들 사이에서도 힘들었겠네. 시누이들도 괴롭히는데.

내가 대차고 그러질 못해서, 마음도 여리고 착해가지고 혼자 상처를 많이 받았지. 말도 못 하고. 엄마는 어저께 친구한테도 그랬어. 나는 시댁에 가는 게 진짜 도살장 끌려가는 것처럼 싫었다고.

어느 세일즈우먼의 모험

나 어릴 때 엄마가 집에서 부업했던 게 기억나. 포스터같이 생긴 그림을 색칠하는 거였는데 색색의 포스터 물감도 집에 있었어.

집에서 심심하니까 해본 거지. 근데 정상적인 부업이 아니었어.

해도 해도 능률도 안 오르고 뭔가 매듭이 안 지어지는 그런 일이었어. 속아가지고 한 거야. 일주일인가 하고 말았는데, 너는 그걸 다 기억하네.

피부 관리도 했었잖아. 그거는 꽤 오래 했고 돈도 많이 벌었다고 했던 것 같아.

서울 방화동 살 때, 옆집 아줌마가 집에서 침대를 놓고 피부 관리를 했어. 그 사람이 피부 관리실에서 일을 했대. 그거를 눈여겨보고 '내가 해도 괜찮겠다.' 하고 생각했지. 그 집에 놀러 가서 손님들 오면 옆에서 그 엄마가 일하는 걸 내가 많이 본 거야. 마사지 핸들링 하는 방법이나 기술들을 곁눈질로 익혔지. 우리 집에서 시작한 건 대구에서였을 거야.(1999년 남편의 발령으로 대구 이주) 대구에 가니까 아는 사람도 없고 안방에 맨날 누워 있었어. 우울증이 와서 살기 싫었어. 지금도 생각이 나. 그때 피부 마사지를 해볼까 하는 생각이 들었지. 내가 용기를 내가지고 유통 관계를 물어봤어. 전화번호를 물어봐가지고 재료 주문도 했지. 대구에서 하다가 수원에 와서도 계속 했어.(2001년 수원 이주) 홍보 포스터 같은 거 만들어서 컴퓨터로 뽑아서 붙이고 다녔지.

맞아. 포스터가 연두색이었어. 밑에 문어 다리처럼
번호를 뜯어 갈 수 있게 만들었잖아.

사람들이 벽에 붙여둔 포스터에서 연락처를 떼가지고 문의
전화를 했지. 대구에서도 손님이 몇 명 있었는데 수원에 와서
진짜 본격적으로 했지. 아파트 단지가 넓잖아. 한일타운은
세대수가 많으니까, 단지 내에 돌아다니면서 홍보 포스터를
붙이고 다닌 거지. 내가 비용을 저렴하게 받았어. 그래가지고
연결되고 소개받고 손님이 꽤 있었지.

마사지 방에는 다양한 종류의 팩과 얼굴에 바르는 석고 마스
크가 놓여 있었다. 그 방에는 항상 새로운 사람이 방문했다.
젊은 언니부터 아주머니까지 연령대도 다양했다. 손님이 오
면 엄마는 방문을 닫고 수다를 떨며 활기차게 일했다. 나는
그 방 안이 항상 궁금했다. 어른들은 어떤 이야기를 하는지,
어떤 팩을 바르고 어떻게 마사지를 하는지 모든 게 궁금했다.
얼른 어른이 되어 나도 피부 관리를 받아보고 싶다는 생각을
하곤 했다. 엄마가 일하던 모습은 지금도 내게 신기하고 특별

한 기억으로 남아 있다.

장부를 수기로 썼잖아. 장부가 두툼했던 기억이 나.

그때 손님이 한 20명 됐나? 마사지 할 때마다 돈을 주는 게
아니라 회수권으로 끊어서 했지. 한 번에 미리 결제받는 거야.
마사지 한 번 받는데 3만 원 정도였어. 보통 100만 원, 30만
원 이렇게 끊어서 다니는데, 한 사람 끝나고 나면 다른 사람
들어오고, 계속 다니는 사람도 있고 그랬지. 한 달 수입이 100만
원에서 200만 원 가까이 되었을 거야. 현금을 좀 만지긴 했지.

그때 집에서 방 하나를 아예 마사지 관리실로
꾸며놨잖아. 아빠 반응은 어땠어?

반응 없지. 그냥 하나 보다 그러고, 뭐 관심도 없었지.

자유롭게 내버려둔 건가. 칭찬해준 것도 아니고 하지
말라고 한 것도 아니고. 그때도 아빠는 회사 다니느라

정신없이 바빴을 테니까.

아빠가 텔레비전 같은 살림살이 사는 걸 싫어하잖아. 그래서
내가 버는 돈으로 텔레비전도 사고 소파도 사고 이것저것 샀어.
108동에서 오는 손님한테 그 말을 했더니 절대 살림을 사지
말라는 거야. 자기도 그렇게 했는데 다 소용없다고 절대 사지
말래. 그 아줌마가 돈을 따로 모으라고 조언해준 거야. 그때부터
돈 모은 거야, 하하하. 그전에는 전혀 몰랐어. 힌트를 얻은 거지.

한일타운은 수원시 조원동에 위치한 대단지 아파트다. 총
5350세대로, 1999년 준공 당시 국내 최대 규모를 자랑했다.
단지 내에 체육 시설, 도서관 등 그 당시에는 보기 드문 커뮤
니티 시설이 조성되어 있었다. 수원 도심은 물론 서울까지 이
동하기에도 편리해서 그런지, 초중고 동창 중에는 아직도 한
일타운에 사는 친구들이 많다.
2001년 이사 당시 우리 집은 최신 인테리어로 꾸며진 '구경하
는 집'이었다. 바닥에 나무 자재가 깔려 있고 베란다가 확장된
집이었다. 특히 아빠는 바닥에 흠집 나는 것에 무척 민감하게
반응했다. 아빠에게 한일타운은 본인이 처음으로 가족들을
위해 마련한 보금자리로, 자부심의 상징이었던 듯하다.

내가 결혼하면서 집을 나갈 무렵, 엄마와 아빠는 이사를 두고 몇 년째 갈등하고 있었다. 엄마는 인테리어 공사를 하지 않아 아파트 내부가 노후한 데다 층수가 낮아 집에 빛이 잘들지 않아 항상 춥다며 이사를 가자고 주장했다. 아빠는 그런 의견을 받아들이지 못했다. 한참 뒤에야 부모님은 용인시 기흥구에 있는 아파트로 이사 갔다.

손님이 그런 조언을 해줬구나. 마사지하다가 어떻게 설화수 방문 판매 일을 하게 된 거야?

손님들 팔부터 등까지 마사지를 해주니까 내 어깨가 너무 아픈 거야. 침대를 두 개 놓고 번갈아가면서 했으니까. 그리고 밖에 돌아다니면서 일하고 싶은 거야. 집에서 손님들 기다리는 게 너무 지겹더라고. 손님이 몇 시에 오기로 약속해놓고 당일에 안 오는 경우가 종종 있었어. 집에서 사람 기다리는 게 싫어지고, 밖에 돌아다니면서 일하고 싶은 마음이 들더라고. 마사지 받으러 오는 어떤 손님이 설화수 화장품이 너무 좋다는 거야. 그래서 아는 사람을 통해서 설화수 화장품을 팔기 시작했지.

화장품 방문 판매를 10년 정도 했지? 그래도 엄마가

재미있게 했던 것 같아.

그치. 돌아다니는 게 재밌었지. 아모레퍼시픽에서 일하는 사람들이랑 모임 만들어서 어울려 다녔지. 교외에 맛있는 거 먹으러 다니고, 카페 가고 수다 떨고 놀았지. 어디 화장품 팔 데도 없고 팔지도 못하고. 맨날 소장이 어딜 그렇게 다니냐고 뭐라고 했어. 하하하. 근데 또 집에는 못 있겠고. 돌아다니면 재밌으니까 그러고 다닌 거지.

━━━━━━━━━━━━━━━━━━

1990년대 피부 관리사가 어떻게 일했는지는 관련 자료를 찾기가 어려웠다. 주로 여성이 여성을 상대로 하는 일, 기업 규모로 확장되지 않고, 집에서 소규모로 행해지던 일에 대해서는 공식적인 기록이 드물다. 이는 여성 노동의 역사가 어떻게 휘발되는지를 보여준다.

화장품 방문 판매에 대해서는 상대적으로 자료가 많이 남아 있다. 대기업인 아모레퍼시픽, 쥬단학에서 화장품 방판의 역사를 열어젖혔기 때문이다. 대중매체에도 자주 등장한다. 1980년대를 배경으로 한 드라마 「응답하라, 1988」(2016)에는 화장품을 방문 판매하는 여성이, 90년대를 배경으로 한 드라마 「정숙한 세일즈」(2024)에서는 성인용품을 방문 판매하는 주부들이 등장한다. 결혼과 육아로 경

력이 단절된 상태에서, 기술도 자본도 없이 돌봄과 가사노
동을 병행하며 여성이 할 수 있는 일은 그다지 많지 않다.
방문 판매 일은 상대적으로 시간을 '자유롭게' 운용할 수
있어 주부들이 쉽게 뛰어들 수 있었다. 그러나 이때의 자
유는, 경제적 불안정과 같은 말이다. 매출을 올리는 만큼
수입을 가져갈 수 있기에, 매출이 없으면 수입도 없다.
2000년대는 화장품 방문 판매가 서서히 내리막길에 접
어드는 시기였다. 우정아 씨는 피부 관리사로 일할 때보다
방판을 할 때 돈을 더 적게 벌었다. 그럼에도 이 일을 의미
화할 수 있었던 까닭은, 그 안에 관계가 있었기 때문이다.
방문 판매를 하러 같이 다녔던 동료들과 함께 하는 동안
우정아 씨는 집 안에서 벗어나 사회 속에 자신의 자리를
만들 수 있었다. ─**편집자 주**

"쓸 건 쓰고, 할 건 하고 살아야지"

그러면 방판하면서 운전을 시작한 거야?

둘째 혜란이가 유치원 다닐 때 사람들이 다 운전면허증 따고
그랬거든. 그때 운전이 너무 하고 싶은 거야. 아빠한테 말했더니

쓸데없이 운전면허증을 뭐 하러 따냐고 그랬어. 근데 이걸 따놔야 언젠가는 운전을 할 것 같은 거야. 아빠한테 마트를 한번씩 가자고 하잖아? 가는데 차가 밀려 있으면 그렇게 짜증을 내는 거야. 그럴 때마다 내가 속으로 '그래, 내가 운전을 해가지고 내가 하고 싶은 대로 하고 살아야지.' 하는 생각이 들었어. 대구에 이사 간 다음 내가 몰래 운전면허 학원에 접수를 했어. 혜란이가 유치원에서 끝나고 오면 학원에 데리고 가는 거야. 거기 가면 애들 노는 방이 있어. 거기다 맡겨놓고 운전 연습을 해서 한 번에 다 땄어.(뿌듯함이 가득한 목소리) 마지막에 도로 연수만 남았을 때 아빠한테 말했어. 운전면허 다 합격했다고 그랬더니 "그래?" 하고 끝이었어. 그때는 또 뭐라고 안 하더라고. 그렇게 면허증을 딴 거야. 근데 운전대를 절대 안 주더라고. 나는 집에 있는 게 답답하고 힘들어서 밖에 돌아다니고 싶었거든. 화장품 방문 판매를 하려면 물건을 차에 실어야 하는데 차가 없으면 화장품을 못 팔잖아. 그래서 차를 사야겠다고 했더니 아빠가 "화장품 장사는 시작도 안 했으면서 무슨 차부터 먼저 사냐"고 하는 거야. 그래서 내가 "차가 없으면 화장품 장사를 못 한다, 물건을 떼서 가지고 와서 손님들한테 보여줘야 사는데, 물건이 무거워서 직접 들고 다닐 수가 없다."고 했지. 그리고 중고차를 사야겠다고 마음먹은 거지.

맞아. 중고차 베로나 탔잖아.

마사지 손님이 중고차 센터를 소개해줘서 넷째 이모부(넷째 형부)를 데리고 같이 간 거야. 형부랑 같이 보고 샀지. 내가 중고차를 끌고 다니는데 네 아빠는 아예 관심이 없어. 차를 사도 "뭔 차 샀어? 뭐 어쩠어?" 이렇게 물어보지도 않고. 도로 연수를 받아야 되는데 누구한테 부탁할 사람도 없는 거야. 셋째 이모(셋째 언니)가 운전을 할 줄 알아서 하루는 나 운전하는 것 좀 봐달라고, 내 옆에 타달라고 부탁했어. 그렇게 한 번 연수받고 나서 나 혼자 아침 6시에 나가서 차를 무작정 끌고 다닌 거야. 그렇게 하고 있으면 너네 아빠가 출근하기 전에 저기 멀리서 봐. 그래도 아무것도 안 물어봐. 그냥 샀나 보다 하고 속으로만 그러고, 무슨 차를 어떻게 샀는지도 안 물어봐. 나도 샀다고 말도 안 했어.

그렇게 끌고 다녔는데 그 차가 한 5년 타니까 자꾸 고장이 나는 거야. 마지막에 고장 났는데 수리를 하려면 200만 원이 들어간대. 그 돈이 너무 아깝잖아. 그래서 내가 아빠한테

전화해서 차 수리비가 많이 들어가니까 폐차하고 새로 사야
될 것 같다고 했어. 그랬더니 난리가 난 거야. 그걸 그냥 끌지,
왜 새 차를 사냐고 뭐라고 하는 거야. 그래서 내가 "고장 나서
위험하다는데 끌고 다니면 어떡하냐."고 그랬더니 "그게 뭐가
위험하냐."고 또 그러더라고. 그래서 내가 대놓고는 말 못하고
속으로 '아니, 목숨이 중요하지. 차가 중요하냐.'고 생각하고
이참에 새 차를 사야 되겠다 했지.

어떤 차를 사야 되나 하고 여러 사람한테 물어봤어. 원래
타던 기종 한 단계 위에 있는 큰 차를 타고 싶더라고. 그래서
소나타를 샀어. 그것도 아빠가 십 원 한 장 안 보태줬어.
중고차도 그렇고 다 엄마가 일해서 번 돈으로 산 거야. 현금으로
천만 원 내고 나머지는 할부로 산 거야. 중고차에 있던 화장품을
새 차에 옮기기 전에 우리 집 거실에 올려다놨어. 그랬는데도
아빠는 한마디 말도 없어. '이게 뭐냐.'고도 안 물어봐.
폐차시키고 새 차 나와서 화장품을 다시 옮겨도 차를 샀냐
어쨌냐 그런 말도 안 해. 그렇게 남처럼 살았어. 하하하하.
너네 아빠 파란 차도 상태 안 좋은데 계속 타고 다녔잖아.
알뜰한 건지 어쩐 건지. 나는 성향이 쓸 건 쓰고 할 건 하는
스타일이거든. 움켜쥐고 있으면 뭐 해. 그렇다고 낭비하는 것도

아니고 내가 꼭 필요한 거는 사야 될 거 아니야. 남들도 다
그렇게 하는데, 우리가 능력이 안 되는 것도 아니고 왜 그렇게 못
하고 사느냐 이거야.

재즈 댄스는 방판하면서 배운 건가? 모녀 구술생애사
워크숍 같이 하는 동료들한테 엄마 이야기를
들려줬더니, 엄마가 자존감도 높고 에너지가 대단하대.
영화 주인공처럼 스포트라이트가 비춰주는 인물
같다고 하더라고.

응. 나는 주목받는 걸 좋아해. 친구들하고 어디 가도 내가 제일
이쁘다 소리를 들어야 되는 게 있어. 호텔 다닐 때도 주변에서
이쁘다고 그런 소리를 많이 들었지.

집에서도 막녀로 크면서 사랑을 많이 받았잖아.

오빠랑 언니들도 "아이고, 우리 이쁜 막내" 그랬거든. 마을
사람들도 외할머니한테 막내 이쁘다고 엄청 그랬어. 지금도
내가 공주병이 있어. 어제도 시골 친구를 엄청 오랜만에 만났어.

165

엄마가 새로 만든 체육복이 다리미 대에 다려져 있을 때 찍은 단체 사진.
가운데를 으뜸처럼 꾸몄네. 양쪽에 머리들 하나씩 빠고 운동에 헹구어 돌리고 있다.

친구가 "넌 어떻게 하나도 안 늙었냐. 넌 왜 지금도 이렇게 예쁘냐."고 하면서 "너는 옛날부터 착해가지고 맨날 웃기만 했다."면서 억시지도 못하고 순했다고. 친구는 되게 억셌거든. 그 친구가 나를 이뻐했어. 다른 애들은 괴롭혔는데 나한테는 안 그랬거든. 하하하. 그래서 내가 "그래, 고맙다야. 네가 그렇게 봐주니까." 그랬어.

친구한테 관심받아서 엄마 기분이 좋았나 보다.
엄마는 또 어떨 때 행복해?

아빠랑 싸우면 기분이 우울하고 힘들거든. 그럴 때 가서 쇼핑을 해. 그러면 스트레스가 다 풀려. 그렇게 기분이 좋아. 너네 어렸을 때도 아빠랑 싸우고 나면 영등포 가는 셔틀버스 타고 백화점에 가서 뭐라도 하나 사고 그랬어. 그렇게 하면 기분이 좀 풀리더라고. 어떤 사람은 여행을 다니거나, 아니면 술을 먹거나 해서 스트레스를 풀기도 하잖아. 나는 백화점 가서 나를 위해 작은 거 하나 사는 게 좋았어.

나를 위한 선물을 했구나. 내가 나를 챙기는 좋은

습관을 갖고 있었네.

딱 그거야. 생일 때도 그랬어. 김수미가 텔레비전에 나와서
내 생일을 내가 축하해줘야 된다고 그러는 거야. 누구한테
바라지도 말고, 신랑이 뭘 해주냐 안 해주냐 따지지도 말고 내가
나를 축하해주라고 했어. 그래서 그다음부터는 내 생일날 내가
나를 위한 선물을 사고 그랬어.

다른 건 몰라도 엄마는 옷 사는 거 하나는 좋아하잖아.
지금도 엄마한테 어울리는 옷을 잘 골라서 사 입고,
가족들한테 기념할 일이 있으면 옷 사주는 걸
좋아하는 것 같아.

내가 옷을 좋아하잖아. 미적인 감각이 있는 것 같아.
그게 내 삶에 쌓여 있나 봐. 사람들하고 쇼핑하러 가면 내가
옷을 골라주거든. 그래서 다들 옷 살 때 나를 데리고 가려고 해.
이모(넷째 언니)도 그렇고 엄마 친구들도 다 그래. 내가 옷 가게
가서 보고 이 사람한테 무슨 옷이 어울리는지 딱딱 짚어주거든.
백화점이나 아울렛 매장에 가면 매니저들 있잖아.

진작 옷 가게에서 일했으면 지금쯤 그런 데서 매니저를 하고 있었을 텐데 하는 아쉬움이 들더라고. 나도 의류 매장 쪽에서 일할 수 있는 연결 고리가 있으면 좋았을 거라는 생각이 들어.

엄마의 엄마 이야기

외할머니가 나 고등학교 3학년 때 돌아가셨잖아. 그때 이야기를 듣고 싶어.

(외)할머니가 다리는 안 따라주는데 빨리 걷는 습관이 있었어. 우리가 위험하니까 그렇게 하지 말라고 했는데 잘 안 고쳐지더라고. 할머니네 마당하고 집 사이에 요만한 턱이 있었어. 거기 올라가다가 넘어졌대. 고관절이 부러져서 수술을 하게 된 거야. 수원 와서 수술을 했는데, 할머니 연세가 있어서 그런지 잘 못 걸어 다니는 거야. 수술하면 괜찮을 거라고 했는데 막상 하고 나니까 문제가 생겨서 재수술을 해야 한다는 거야. 그래서 수술을 두 번이나 했어. 그 다음에 재활을 잘해야 된다고 하는데 다들 바쁘고 하니까 누가 맨날 가서 할머니 운동을

시켜줘. 해줄 사람이 누가 있어. 할머니 혼자 지팡이 짚고 조금씩 걸어 다니다가 결국 나중에는 못 걷게 됐어. 할아버지는 절대 수원에 안 온다고 했는데 할머니가 못 가니까 할 수 없이 올라온 거야. 그래서 수원 영통구에 방 하나 얻어가지고 할머니랑 할아버지랑 살았지.

할머니는 누워가지고 아무것도 못 하고, 집에 병원 침대 하나 두고 거기에 맨날 누워 있었거든. 침대에서 일으켜 세워서 밥을 먹여드려야 했어. 우리 형제자매가 일곱 명이니까 일주일에 한 번씩 돌아가면서 할머니 집에 가서 자고 그렇게 보살펴드렸지. 엄마도 하루 잘 때 너 데리고 갔잖아. 밤에 나는 졸리고 자고 싶은데 할머니가 "다리 아파, 다리 좀 주물러줘." 그러면 내가 "아란아, 네가 좀 주물러줘." 그랬어. 그럼 니가 가서 할머니 다리 마사지해주고 그랬어. 그러다가 자려고 하면 또 다시 다리가 아프다고 하면서 우리를 깨웠어. 얼마나 아팠겠어. 그때 다리 좀 더 주물러줄 걸. 왜 그걸 안 했는지 너무 후회돼.

수술을 했는데 통증이 계속 있던 거야?

그렇지. 누워만 있어서 혈액 순환이 안 되니까. 그러다가

할아버지가 폐가 안 좋아져서 중환자실에 계시다가 먼저
돌아가셨어. 옛날에 할아버지 수의를 할머니가 해놓은 게
있었거든. 그게 필요하니까 할머니한테 할아버지 돌아가셨다고
말을 해야 되는 거야. 할머니가 놀랄까 봐 어떻게 말해야
하나, 걱정을 많이 했는데 생각보다 할머니가 담담하게
받아들이더라고.

할머니가 대화도 되고, 다른 데는 아픈 데 없으시고
괜찮으셨던 거지?

응, 치매도 없고 아무것도 없었지. 그때는.

할아버지가 돌아가셨으니 할머니 혼자 계실 수가
없었겠네.

그래서 요양원으로 간 거야. 요양원에서 고생 많이 하다
돌아가셨지.

요양원에서 힘드셨지? 같이 보살펴야 했는데.

처음 간 요양원은 요양보호사가 환자들을 많이 구박했어.
일하는 사람들 인성이 괴팍하고, 환자를 괴롭히는 데로 잘못 간
거야. 환자들 가족 있을 때는 잘하는 척하고, 없으면 환자들한테
함부로 하고 그랬어. 그래서 동수원 사거리 그 뒤쪽에 있는
요양원으로 옮겨서, 거기 계시다가 돌아가셨지.

　　　　괴롭히는 걸 어떻게 알았어? 할머니가 얘기해줬어?

옆 사람이 얘기해줬던 것 같아. 요양사가 다른 환자들도 그렇게
괴롭힌대. 환자를 함부로 대하고 식사도 제대로 안 준다고 해서
할머니를 바로 다른 데로 옮겼지. 고생 많이 하고 돌아가셨어. 손
하나 움직이지도 못하고 침대에만 종일 누워 있으니까 얼마나
답답하겠어. 할머니는 우리 자식들이 찾아오기만을 눈 빠지게
기다린 거야. 언제 오나 생각하면서. 근데 할머니가 나를 특히
더 찾았어. 근데 엄마가 할머니를 보고 오면 그렇게 마음이
심란하고 우울한 거야. 그래서 가기가 싫어갖고 내가 많이 안
갔어. 그때 자주 갈 걸 지금 많이 후회돼.(엄마와 함께 울었다.)

　　　　자주 갔더라도 못해드린 부분에 아쉬움이 남았을 거야.

생각이 나지.

엄마도 젊었을 때는 몰랐는데 나이 먹으니까, 할머니 입장이
이해가 되더라고. 할머니가 사랑이 많으시잖아. 할머니가 너를
엄청 이뻐했어.

할머니 돌아가셨을 때 내가 고등학생이었잖아.
나도 대학 간다고 정신없고 그래서 할머니를 챙길
여유가 없었어. 지금이었으면 진짜 잘했을 텐데.

엄마도 그래. 지금 같으면 잘했을 것 같은데. 근데 엄마가
국민학교 다닐 때 할머니가 나한테 맨날 너를 괜히 낳았다는
소리를 엄청 많이 했어. 나를 키우는 게 힘드니까. 그때는 그
소리를 듣는 게 너무 싫었어. 직장 다닐 때도 그렇고 결혼해서도
그렇고 내가 외할머니 볼 때마다 돈을 많이 줬어. 그건 잘했던
것 같아. 그랬더니 내가 너를 안 뒀으면 어쩔 뻔했냐, 그러더라고.
하하하. 그때는 엄마(외할머니)가 예전에 그런 말 했던 게 너무
후회되는 거지. 나한테 미안했던 거지.
할머니는 내가 아들인 줄 알고 낳았대. 딸들만 쫙 낳았잖아.

이모들 아래로 삼촌 둘이 있는데도 아들이 또 낳고 싶었던 거야.
둘째 이모가 쌍둥이였는데 딸 다섯을 낳고 나서 아들을 둘 낳은
거야. 그다음에 내가 생겨서 주변에 물어보니까 아들이라고
그러더래. 근데 딸이 나왔으니까. 할머니는 정말 자식밖에
모르는 완전 헌신적인 엄마였어.

　　　　할아버지는 어땠어?

이모들도 그렇고 나도 그렇고 아버지(외할아버지)를 미워했어.
우리가 할머니만 좋아하니까 할아버지가 딸년들은 엄마만
좋아한다고 뭐라 하고 그랬어.

　　　　할아버지가 할머니를 힘들게 했으니까 그런 마음이
　　　　들었겠구나.

할아버지가 이모들 공부를 못 하게 했어. 할아버지가 노름을
해가지고 재산을 다 날려버린 거야. 그래가지고 이모들은
초등학교만 나왔어. 특히 넷째 이모는 학교에서 공부도 잘하고
반장도 해서 선생님이 꼭 중학교를 보내야 한다고 집까지

찾아와서 설득했는데도 할아버지가 중학교를 안 보냈어.
공부를 계속 하고 싶었는데 학교를 못 나가게 하니까
할아버지를 원망한 거야. 지금도 더 배우지 못한 걸 아쉬워해.
삼촌들은 고등학교, 대학교까지 나왔고 나는 인문계
고등학교까지 나왔으니까 부러워했어.

전라북도 진안. 외할머니와 외할아버지가 살던 곳은 명절 때
가는 데만 네다섯 시간이 넘게 걸리는 시골이었다. 해가 다
져서 깜깜한 시간에 할머니 집에 도착하면 할머니는 어두운
시골길에 항상 마중 나와 계셨다. 아빠 차의 헤드라이트에 비
친 할머니를 보면 무척 반가웠다. 그 누구보다 반갑게 맞아주
셨던 할머니. 손녀들 왔다고 미꾸라지를 직접 데치고 으깨서
끓여주시던 추어탕, 손재주가 좋았던 할머니가 만든 다양한
크기의 소쿠리들, 할머니 집 앞 도랑에서 잡은 고동들이 아직
도 기억난다. 할머니는 나를 특히 이뻐하셨다. 하도 어릴 적이
라 할머니와 보낸 시간이 잘 기억나진 않지만 받은 사랑만큼
은 잊혀지지 않는다. 지금까지 살아 계셨다면 정말 잘해드렸
을텐데 하는 아쉬움이 남는다. 내가 할머니에 대해 물으면 엄
마는 할머니에 대한 죄책감 때문인지 이야기 자체를 꺼내지
않으려 했다. 그렇지만 나는 언젠가 엄마와 함께 할머니, 할
아버지 이야기를 꼭 한번 해보고 싶었다. 이번 기회를 통해

할머니, 할아버지를 다시 생각하고 기리는 시간을 가질 수 있어 좋았다.

엄마와 딸, 마주 앉다

엄마가 나를 키울 때 "집에서 너무 예뻐해주면 사회 나가서 상처받는다."고 말했던 육아 관념에 대해 이야기해보고 싶었어.

그렇게 키우면 애가 나약해. 그래서 내가 사회생활 할 때 힘들었어. 할머니가 나를 온실 속의 화초처럼 키운 거야. 그래서 몸과 마음이 연약했어. 외할머니한테 내가 "왜 이렇게 나를 강하게 안 키웠냐"고 하면서 원망했던 것 같아. 그래서 너네 어렸을 때 좀 엄하게 키웠지.

내가 느끼기에 우리 관계는 수평적이지 않았어. 부모와 자녀 사이가 엄격하고 수직적이었어. 엄마는 나를 온전히 받아주지 않았어. 그 양육 방식이 나에게는 엄마 아빠를 어렵게 대하게 만들었어. 세상에 내 편이 없다고 느낀 거야. 내가 사회생활을 하면서 남들이 나를 힘들게 할 때 엄마 아빠에게 기대고 의지하고 싶었는데 뜻대로 되지 않아서 힘들었어. 회사에서 힘든 것들을 누구한테 얘기해야 되는데, 엄마 아빠는 다정하게 들어주지도 않고, 오히려 내가 문제라는 듯이 말했어. "사회생활은 원래 그런 거야, 남들은 다 버티는데 왜 너는 못 버텨?"라는 느낌으로 말했어. 그래서 내가 더 속마음을 말할 수가 없었어.

엄마도 아빠도 다정하게 보듬어주고 위로해주는 걸 못 한 것 같아. 엄마도 그렇게 생각해.

강하지 못한 내가 이상한 건가 하면서 나 스스로를 보듬어주기까지 오랜 시간이 걸렸던 것 같아.

너희 키울 때 내가 힘드니까 그 사랑을 못 전해준 것 같다는 생각을 많이 해. 남편 때문에 내가 힘들었잖아. 내가 맨날 혼자 씨름하고 너네 둘을 아침부터 저녁까지 다 봐야 했잖아. 그래서 맨날 짜증이 나 있고 신경질 나고 힘드니까 너희를 감싸주지 못했어. 엄마도 그 생각 많이 해. 내 몸 하나 챙기기도 힘들고, 버거웠던 것 같아. 내가 즐겁고 기쁘고 행복해야 애들한테도 그게 가는데 내가 그러지 못했으니까. 너네한테도 사랑을 많이 주지 못한 것 같아. 내가 성격이 많이 바뀐 것 같아.

혼자 힘들어하면서 성격이 나빠지고 말도 좋게 안 나가고 대화도 잘 안 되고. 워낙에도 성격이 꼼꼼하고 깔끔하고 예민한 데다 그런 상황이 되니까. (아빠가) 살림이나 육아를 아무것도 안 하고 어떻게 할지도 모르고.

> 영업직이었던 아빠는 늘 새벽에 술에 취해 들어와 해가 뜨기도 전에 집을 나섰다. 평일에는 아빠 얼굴을 본 기억이 거의 없다. 지금처럼 어린이집도 없던 시절, 두 살 터울이 나는 동생과 나를 유치원에 보내기 전까지 엄마는 오롯이 혼자 그 시간을 버텨야 했다. 친구도 없고 아무런 연고도 없는 낯선 동네에서 내성적인 성격의 엄마가 얼마나 힘든 시간을 보냈을까. "엄마가 우울증이 있었잖아."라는 말로는 엄마가 겪은 고된 시간을 다 담아낼 수 없을 것이다.

흉터가 생기거나 감기에 걸렸을 때 병원에 바로 갔어야 했는데
바로 안 데리고 갔어. 너도 얼굴에 찍힌 상처가 있고 혜란이도
눈가가 찢겨졌는데 치료를 잘 안 해줬어. 그때는 내가 힘드니까
병원에 안 데리고 가고 그랬나 봐. 며칠 전에 문득 미안한
마음이 들더라고. 내가 몸이 약하고 건강하지 못했어.
엄마가 건강해야 너네들도 건강하게 낳았을 텐데. 그래서
너네가 건강하지 않은 것 같아서 맨날 마음이 아파.

나는 건강하게 잘 사는데, 이게 다 엄마 덕분인 거지.
아빠 혼자였으면 우리를 키우지도 못했지. 나도 마음이
아플 때에는 엄마는 왜 날 이렇게 키워서 힘들게 하는
건가 하면서 원망스러웠지. 근데 지금 입장을 바꿔서
생각해보면 나라고 잘할 수 있었을까 하는 생각도
들어. 엄마는 시댁에서도 힘들고 친정은 멀어서 가지도
못하고, 가장 의지해야 하는 남편이 나한테 무관심하고
그랬으니 우리를 키우는 내내 얼마나 힘들었을까 싶어.
내가 엄마 나이가 돼보니까 알겠더라. 나는 결혼하고
오빠(남편)가 가족들하고 화목하게 지내는 다정한
사람이라서 그 영향을 받고 달라지더라고.

예전에는 말을 안 해도 알 줄 알았어. 근데 그게
마음속에서 다 응어리지고 있던 거야. 참으니까 위가
아프고 여드름 나고 온몸에 두드러기가 났던 거야.
이제는 말하면 엄마 아빠가 들어주고 알겠다고 해주고,
회사에서나 다른 사람한테도 내 의견을 표현하면
수용되는 걸 경험하니까 '표현을 해야겠구나.' 하는
생각이 들더라고.

그래. 표현해야지. 사람 속을 잘 모르잖아. 먼저 알아주길
바라는 건데 상대가 몰라주면 서운하지.

> 그토록 바라던 엄마의 인정과 사과였는데, 기대했던 것만큼
> 속 시원하다거나 후련하지 않았다. 내 안의 어린아이는 아직
> 도 엄마의 다정한 말과 따뜻한 스킨십을 원하고 있기 때문이
> 다. 머리로는 엄마의 상황을 이해하지만 마음속에는 엄마의
> 사랑에 대한 결핍이 남아 있다. 엄마의 말을 듣기 전에는 이
> 런 내 모습이 다 엄마 탓인 것만 같았는데, 듣고 나니 내 선
> 천적인 기질도 영향을 미쳤을 거라는 생각도 든다. 그리고 그
> 기질은 엄마로부터 온 것도 있으니 엄마에게 뭔지 모를 동질
> 감이 들기도 했다.

엄마, 아빠가 내 앞에서는 무뚝뚝한 모습만 보였는데 사위 앞에서는 살갑고 상냥하게 구는 모습을 보니, 내가 부모에게 그토록 기대하던 모습이라 보기 좋았다. 그래서 나는 엄마와 아빠를 만날 때면 항상 남편과 동행하려고 한다. 어느 날은 조카 앞에서 엄마, 아빠가 다정한 목소리로 이야기하고 애정 표현하는 것을 보니 질투가 나기도 했다. '어릴 적 나에게는 이렇게 해줬을까? 왜 난 그런 기억이 없지? 내가 원하는 부모의 모습은 이런 거였는데, 왜 나에게는 저렇게 해주지 않는 거지?' 그렇지만 나는 입을 열지 못한다. 그동안 켜켜이 쌓인 서운함에, 제대로 말조차 할 수 없었다.

어릴 적부터 감성적이고 눈물이 많았던 나에게 엄마 아빠는 울 일도 아닌데 왜 우냐며 다그치곤 했다. "뭘 잘했다고 우냐." 이 말이 여전히 귓가에 생생하다. 나는 성인이 되어서도 잘 다치고 놀라서 자주 우는데 그때마다 엄마 아빠의 핀잔이 귀에 들리는 듯 한다. 울면 혼나는데, 울면 안 되는데 하고 속으로 생각한다.

엄마가 예전에 친구는 사회에서 경쟁자라고, 이겨야 되는 존재라고 했잖아. 그 생각에 대해 더 자세히 듣고 싶어.

사회에서는 내가 뭐든지 더 잘해야 되니까. 사회는 경쟁이 심하잖아. 친구보다 내가 뭐든지 더 잘해야 상사가 나를 더 대우해주지 않을까? 승진도 빨리 할 수 있고. 친구는 경쟁자지. 그때는 그렇게 생각했어.

   그럼 중고등학교 때는 안 그랬어?

그땐 친한 친구들하고 같이 어울려 다니는 게 재밌었지. 공부 쪽으로는 관심이 별로 없었으니까. 관심사가 비슷한 애들끼리 친했지.

   사회에 나오면 가족이랑 떨어져 지내잖아. 그러면
   외로우니까 의지할 대상이 필요했을 텐데. 친구들한테
   의지를 안 한 거잖아. 경쟁 상대로만 생각한 거니까.

아니지. 그런 생각도 하면서 친한 친구하고는 가족처럼 지냈지. 나는 친구를 한 사람 사귀면 굉장히 오래 가고 직장도 한 직장에 오래 다녀. 새로 적응하기가 쉽지 않으니까. 사람도 새로 사귀려면 힘들잖아. 내가 아무한테나 말도 잘 걸고 낯선 곳에 적응을 잘하는 사람이 아니거든. 낯도 가리고 내성적이니까.
내가 안 좋은데 좋은 척하면서 만나는 성격이 못 돼. 솔직한
마음을 감추지 못해. 능청맞게 하는 사람들이 있는데, 나는 그걸
잘 못하거든. 일을 할 때도 일 자체가 재밌어야 해. 같이 일하는
사람들하고 성향도 맞아야 되고.

엄마에게 친구란 어떤 존재인지 인터뷰를 한다면 꼭 묻고 싶
었다. 언젠가 엄마에게 '친구'에 대해 들었던 말이 충격적이었
기 때문이다. 나는 사춘기 때 가족 누구에게도 의지하지 못
했다. 그 대신 같은 반 친구들에게 심적으로 의지하고 깊은
우정을 나누었다. 지금까지 그 친구들을 생각하면 애틋하고
소중한 존재이기에 나에게 '친구'는 가족 이상의 의미였다. 그
런데 엄마가 생각하는 친구의 의미가 나와 달라서 그 생각에
대해 더 자세히 듣고 싶었다.
엄마가 종종 만난다는 친구들 얘기를 들어보면 고향 친구, 초
중고 동창 친구들이다. 4~50년지기 친구들과 오랜 관계를 맺
고 있는 것이다. 엄마는 사람으로부터 쉽게 상처받고, 그걸 잘
표현하지 못한다. 그래서 마음을 열기까지 시간이 오래 걸린
다. 소수의 친한 친구 외에 사회에서 만난 사람들은 경쟁자라
고 생각하고 경계하는 이유가 그 때문인 듯하다. 내성적인 성
격으로, 새로운 곳에 적응하기 어려워하는 것도 이해가 간다.

하지만 막상 엄마는 일하며 만난 사람들과 두루두루 인연을 맺어왔다. 피부 관리사 일도 그렇고, 화장품 방판 일을 할 때도 그랬다. 동료들과 여기저기 쏘다니며 맛있는 거 먹는 게 낙이었다니, 경쟁자로만 생각하면 그럴 수가 없다. 엄마는 동료, 친구와 함께 있는 순간이면 언제나 웃고 있었던 게 아닐까. 재즈댄스 하는 친구들과 찍은 사진에서처럼.

내겐 너무 인색한 남편

엄마는 아빠가 경제권을 안 주고 돈에 대해 공유를 안 하는 게 서운하다고 항상 말했잖아. 그 누구도 아빠 재산이 얼마나 되는지 모르잖아. 결혼 초창기부터 엄마한테는 생활비만 주고 나머지는 아빠가 다 관리하는 방식이었어?

아니야. 처음에는 엄마가 다 관리했어. 인천 사는 둘째 큰아빠가 큰엄마한테 돈을 다 갖다줬나 봐. 근데 둘 사이가 안 좋아지니까 큰엄마가 그 돈을 싹 가지고 아들하고 집을 나가버린 거야. 그 얘기 듣고부터 아빠가 그랬던 것 같아.

자기가 투자를 할 테니까 줘봐라 해서 나는 아무 생각 없이
통장을 내준 거야. 엄마는 돈에 관심이 없었어. 그래서 아빠가
하라는 대로 다 했어. 그때는 젊었으니까. 언젠가는 네 아빠가
웃으면서 이런 얘기를 하는 거야. 경제권을 안 주는 이유가
내 돈 다 갖고 마누라 도망갈까 봐 그런다고. 하하하. 네 교육
보험도 어떻게 된 판인지 몰라. 임신 8개월 때 교육 보험을
내가 5만 얼마짜리 들었거든. 임신할 때 들면 금액도 더 싸고
혜택도 많다고 해서 들었지. 초중고에 대학교 입학금까지 다
교육 보험에서 나온다고 했어. 근데 지금 그 돈이 어떻게 된 건지
몰라. 보험도 다 너네 아빠 앞으로 해놓고 적금도 아빠 이름으로
해놨어. 옛날에는 다 남자 앞으로 해놨어. 아빠가 월급을
나한테 다 갖다줄 때 50만 원짜리 적금을 들었거든. 그게
5년짜리였는데, 언젠가부터 통장에서 돈이 안 빠져나가는 거야.
이상해서 은행에 물어봤더니 "벌써 만기금 타갔는데요." 이러는
거야. 아빠가 타간 거야. 그래갖고 내가 "적금 만기금을 탔으면
탔다고 말을 해야지 어떻게 탔단 말도 안 하냐"고 그랬어.

생활비도 맨날 타이트하게 줬다고 했잖아. 물가도
오르고 아빠가 진급해서 월급도 올랐을 텐데 생활비를

항상 적게 줘서 힘들다고 했던 것 같아.

생활비는 처음부터 끝까지 똑같이 동결. 월급을 많이 타도, 조금 타도 동결. 보너스도 안 주고 아무것도 안 주고. 엄마가 순진했던 것 같아. 그런 것에 대해서 막 파고들고 알려고 하지 않았으니까. 수원 한일타운 살 때는 아빠 명의로 된 통장도 몇 개씩 있고 그 안에 돈이 엄청 들어 있었는데 그 돈이 뭐냐고 물어보면 자기 거 아니래. 회삿돈이래. 나는 그 말이 진짜인 줄 알았는데 사람들이 아니래. 회삿돈인데 통장에 개인 이름으로 찍혀 있을 수가 없다고. 퇴직금도 하나도 없고 맨날 돈이 하나도 없대. 그렇게 말하면 내가 돈을 뺏을 수는 없잖아. 그러니까 항상 생활비가 똑같아. 나한테만 인색하게 왜 그러는지 몰라.

엄마는 아빠한테 서운한 게 많이 쌓인 것 같아.

예전에 외할머니 집에 휴가 때하고 외할머니 생신 때만 갔잖아. 할머니는 우리가 가면 이것저것 바리바리해서 깨도 싹 씻어서 볶아서 바로 먹을 수 있게 해줬어. 모든 걸 다 해줬어. 근데 아빠가 용돈으로 딱 3만 원만 주고 오는 거야. 세상에

어떻게 일 년에 두 번 보는 장모님한테 3만 원을 주냐. 그래도
한 5만 원은 줬으면 내가 덜 서운했을 텐데. 할머니는 항상 돈이
없는데도 우리가 가면 닭 사다가 삶아주고 고기 사다가 해주고
집에 있는 거, 농사 짓는 거며 다 싸주고 그랬는데 어떻게 3만
원만 주냐고. 지금도 그게 너무 서운한 거야. 부끄럽기도 하고.

　　　명절 때도 외할머니 댁을 안 갔구나. 그럼 명절 내내
　　　친할머니 댁에 있었어?

옛날에는 사흘 내내 계속 시댁에 있었지. 명절날 점심 때쯤에
이모들하고 삼촌들 만나러 가야 되잖아. 근데 니네 아빠가
갈 생각을 안 하는 거야. 나는 빨리 가고 싶은데. 그래서 내가
일부러 큰삼촌한테 전화를 해. 아빠한테 빨리 오라고 하라고.
그럼 삼촌이 "홍 서방, 왜 안 와? 빨리 와." 그래. 그러면 그때
가는 거야. 그러지 않으면 갈 생각을 안 해.

　　　어렸을 때부터 엄마랑 아빠가 자주 싸웠잖아.
　　　나는 자다가 엄마 아빠가 싸우는 소리에 깰 때가
　　　많았어. 그때마다 귀 막고 울면서 자고 그랬어. 서로

187

집안이 어쩌네 하면서 할머니, 이모, 고모들까지 다
헐뜯어가면서 싸우는 게 너무 마음이 아팠어. 그래서
나도 무의식적으로 사람들하고 싸우는 걸 극도로
피하고 두려워했던 것 같아.

내가 아빠한테 서운한 거를 다른 사람한테 욕하면서 풀 수가
없잖아. 본인하고 싸워서 풀어야지. 시간이 흐르면 엄마는
마음이 풀려. 나는 서운한 마음이 있는데 아닌 척하고 숨기는
건 절대 못하거든. 니네 아빠도 약간 고집이 있어갖고 말이 별로
없잖아. 화난 게 오래 가다가 나중에는 아빠가 먼저 풀려고 하는
게 좀 느껴져. 나한테 잘하려고 하는 게 약간 느껴지는 거야.
그러면 그때 자연스럽게 풀지.

인터뷰를 하고 집에 오는 길에 엄마와 아빠는 차에서 소리를
지르며 싸웠다. 식사를 하고 나오면서 받은 주차권을 서로가
받았다고 오해했다. 아빠는 엄마에게 줬다고 하고 엄마는 받
은 적이 없다고 했다. 주차장 차단기 앞에서 주차권을 찾으며
싸웠고, 결국 아빠가 주차비 2000원을 내고 나오면서도 계
속 싸웠다. 나는 한참을 듣고만 있다가 그만하라고 같이 소리

를 질렀다. 내가 소리를 지르든 말든 두 분은 차 안에서 계속 싸웠다.

그때 인터뷰하고 올라오는 길에 아빠랑 싸웠잖아.
(엄마 웃음) 혹시 그때 나랑 인터뷰하면서 옛날 얘기를
하면서 심란한 마음이 올라와서 그랬던 걸까?

인터뷰랑은 전혀 상관없어. 근데 아빠의 그 표정이 너무 싫은
거야. 별것도 아닌 걸 가지고 나를 다그치고 무시하는 표정이.
무슨 큰 잘못이라도 한 것처럼 눈을 위아래로 부라리는 표정이
너무 싫은 거야. 그걸 내가 알잖아. 착각했나 하면서 넘어갈 수도
있는 사소한 일인데. 그리고 주차비 2000원 내는 거, 그런 작은
돈도 엄청 아까워해.

내가 보기에만 강해 보이고 내면은 엄청 여리잖아. 너네 아빠가
사람 딱 짓눌리게 말을 해, 비아냥거리면서. 내가 이 사람을
말로 꼼짝 못하게 해야 되는데 엄마가 그걸 잘 못해. 아빠가
젊었을 때는 자기보다 내가 모든 면에서 낫다고 생각을 한 것
같아. 그러니까 '남편으로서 기선 제압을 해야겠다. 이 여자를

이렇게 놔두면 안되겠다.'라고 생각한 거지. 자존심 상하기는
싫고, 본인이 위에 있다는 거를 나한테 보여주려고 나를
깔아뭉개려고 하는 게 있었던 것 같아.

며칠 전에도 싸워서 이혼을 하네 마네 했다고 하니까.
지금도 내 눈에 안 보는 것뿐이지 싸우긴 싸우나 보다
했지.

감정을 쌓아놓고 참아왔던 게 한 번씩 터지면 싸우는 거야.
엄마가 믿음 생활하면서(엄마는 독실한 기독교 신자다.) 기도로
많이 참아진 것 같아. 억지로 참는다고 해서 참아지는 게
아니거든. 전에는 진짜 미웠거든. 아빠가 나를 너무 힘들게 했어.
뒷모습만 봐도 그렇게 꼴 뵈기 싫은 거야. 지금은 미운 마음이
많이 없어졌어. 하나님이 나를 변화시켜준 거야. 지금은 아빠가
불쌍하다는 생각이 들어. 옛날 생각하면 좀 밉긴 한데, 그 사람
입장을 이해하게 됐어. 지금은 니네 아빠도 나한테 잘하려고 해.
많이 바뀌었어.

아빠도 서투니까. 특히 다정하게 표현하는 걸

부끄러워하는 것 같아.

아빠가 한 직장에서 영업만 30년 넘게 했잖아. 그거에 몸이
배어가지고 다른 대화를 할 줄 몰라. 영업 쪽, 경제 쪽은 잘
아는데 일상적인 대화를 잘 못해. 대화가 쭉 이어져야 되잖아.
근데 그게 아니고 내가 말하면 거기서 딱 끝나. "그랬나 보네."
하면서 말을 딱 끊어버려. 내가 그걸 많이 느끼거든.

그래도 싸우면서 같이 다니긴 하잖아.
고모네 밭에 같이 가서 이것저것 캐오기도 하고.

어차피 한집에 사는 데 어떡할 거야. 평생 웬수처럼 살 수도
없고. 싸우고 풀고 또 다시 잘 지내고. 안 싸울 수가 없어. 서로
너무 안 맞으니까. 상대방이 나한테 맞춰줬으면 하는데 서로 안
맞춰주니까 화를 내고 싸우는 거지.
그래도 늙고 나이 먹으니까 서로 의지하는 게 있어. 자식들은 다
결혼해서 떠나고 이제 우리 둘밖에 안 남았잖아. 내가 자식을
의지하고 어떻게 살아. 자식한테는 서운한 것도 너무 많을
것 같고. 남편한테는 뭐라고 할 수 있는데 자식한테 그렇게

못하잖아. 그러니까 서로 의지하고 살면서 잘해야겠다는 생각이
드는 거야.

엄마가 집에서 피부 관리사로 일할 적에, 아빠는 그 시절을
어떻게 기억하고 있는지 궁금해서 물어본 적이 있다. 아빠는
의외로 세세한 부분을 다 기억하고 있었다. 본인이 회사 프린
터로 포스터를 인쇄해서 갖다준 일이며, 엄마가 마사지하느
라 힘들어서 끙끙 앓던 날들까지도.

아빠는 말했다. "맨날 팔 아프다고 그러고, 그때 마사지 한 번
하면 2만 원인가 3만 원인가 벌었는데. 그럴 거면 하지 말라
고 그랬지. 아니면 참고 하든가. 조금만 아프면 아프다고 그러
니까." 엄마가 원한 건 그런 말이 아니었다. 어떤 일을 하고 있
는지 관심을 갖고 물어봐주고, 잘하고 있다는 칭찬, 애정 어
린 응원이었는데 아빠 입에서 나온 것은 하지 말라는 말뿐이
었다.

운전도 그렇고 방판 일도 그렇고, 아빠는 처음엔 엄마를 말
렸지만 결국엔 원하는 대로 하도록 내버려두었다. 뒤에서 가
끔 도와줄 때도 있었다. 아빠가 나에게는 가끔 엄마를 얼마
나 소중하게 생각하는지 말하지만, 엄마에겐 절대 말하지 않
는다. 낯설고 부끄러운 것이다. 엄마는 아빠에게 받은 상처가
너무 깊고 오래되어 아빠의 말을 있는 그대로 받아들이지 못

한다. 자식 입장에서는 항상 그 부분이 안타깝다. 서로 조금만 배려하고 양보하면 충분히 사이좋게 지낼 수 있을 텐데. 두 딸이 모두 결혼해서 둘만 남게 된 지금, 서로를 천천히 알아가며 사셨으면 한다.

인터뷰 후기

내 마음속
피아노

엄마 아빠가 한창 다툼이 잦던 내 어린 시절을 돌아보면 피아노 생각
이 난다. 초등학교에 다닐 무렵, 그 당시 여자아이들 사이에서 피아노
를 배우는 것이 필수로 여겨지던 시기가 있었다. 나는 엄마 손에 이끌
려 피아노 학원을 다녔고, 의무적으로 학원에 가서 연습은 제대로 안
하고 시간만 때우다 오곤 했다. 엄마는 내가 집에서 피아노 치는 모습
을 보고 싶었는지, 피아노를 사러 갔다. 피아노를 사기 전부터 사서 집
에 오는 길까지 엄마와 아빠는 차에서 크게 다투었다. 엄마는 "내 딸
한테 피아노도 못 사주냐."라고 주장했고 아빠는 "사봤자 몇 번 치지
도 않을 텐데 비싸게 주고 살 필요가 있냐."는 거였다. 그렇게 험난한
과정을 거쳐 피아노를 집에 두게 되었지만 정작 나는 거의 치지 않았
다. 내가 피아노를 간절히 원해서 갖게 된 게 아닐뿐더러 그 피아노를
볼 때마다 엄마 아빠가 싸우던 기억이 떠올라 어린 마음에 의무감,
부담감이 들었기 때문이다.

결국 그 피아노는 내가 결혼하고 난 뒤에 엄마, 아빠가 이사를 하면서 팔려 나갔다. 그 후 마음속에 있는지도 몰랐던 피아노에 대한 관심이 되살아나 2년 가까이 취미로 피아노를 배웠다. 연주회도 나가고 길거리에서도 피아노를 칠 만큼 지금은 피아노에 대한 애정을 갖고 있다. 내 첫 피아노를 생각하면 무척 아쉬운 마음이 든다. 제대로 된 곡 한 번 쳐본 적도 없고, 관심을 갖지 않으니 조율을 하지 않아 음도 맞지 않던 피아노가 계속 기억에 남는다.

처음 인터뷰를 시작할 때 우려가 많았다. 엄마와 마주 보고 눈시울을 붉히며 말한다는 것이 두려웠다. 슬픈 감정은 피하고만 싶었다. 하지만 걱정했던 것에 비해 큰 탈 없이 인터뷰를 마칠 수 있었다. 엄마와 울면서 이야기하고, 글을 수정할 때마다 혼자 울기도 했지만 결국에는 해냈다. 엄마가 어떤 삶을 살아왔는지 들으면서, '우정아'라는 한 사람에 대해 알 수 있었다. 예전에는 엄마 아빠에게 질문 자체를 거의 하지 않았고, 과거에 대해 묻는 것 자체가 어색했다. 이번 기회를 통해 엄마 아빠와 대화의 물꼬를 틀 수 있었다.

하지만 내 마음속에는 여전히 혼자만의 공간에서 맘껏 치고 싶은 피아노가 있다. 나는 엄마의 편이 될 수 없다. 아빠의 편도 아니다. 나는 오롯이 내 편이고 싶다. 내 생각, 내 의견을 말하고 싶다. 그리고 그

195

의견이 부정당하지 않고, 엄마 아빠가 내 말을 온전히 받아주면 좋겠다. 부모님은 항상 "너는 미숙하고 서투르니 그 생각은 틀렸어. 내가 하는 말을 따르는 게 맞아."라는 식으로 본인들의 말을 듣기를 강요했다. 서로에게도 그랬다. 그러다 보니 언젠가부터 내 생각을 차단하고 배려만 하고 살게 되었다. 엄마 아빠 사이에서 싸움을 중재하려 애쓰는 딸, 엄마의 눈치를 살피느라 일찍 철 들어버린 아이, 언니같이 믿음직스러운 장녀가 아니라 있는 그대로 받아들여지는 존재이고 싶다. 아직 내 안에는 엄마한테 내 얘기 좀 들어달라고 울던 아이가 남아 있다.

엄마와 나 사이의 갈등은 현재 진행형이다. 엄마의 마음이 온전히 이해가 되다가도 대체 엄마는 왜 그럴까 싶기도 한다. 엄마와 나는 다른 사람이고 살아온 환경도 다르기 때문에 애초에 서로를 완전히 이해한다는 것은 불가능한 일인 것 같다. 여자로서 엄마가 남편에게 받은 사랑이 없어 자식들에게 나눠줄 사랑이 없었던 것, 홀로 육아를 하며 우울증에 걸렸던 것은 안타까웠다. 하지만 내가 어릴 적 밖에서 친구들에게 상처받고 왔을 때 엄마가 다정하게 위로해주지 않은 것, 언제나 내 편이 되어주지 않은 것, 살갑고 따뜻하게 애정을 표현해주지 않은 것에 대해서는 아직도 서운한 마음이 남아 있다.

엄마의 이야기가 출판된다는 것에 대해 어떻게 생각하는지 묻자,

엄마는 주변에 자랑했다고 말했다. 딸이 엄마에 대해 알고 싶어 하고 그 이야기를 오랫동안 간직하기 위해 글로 남긴다는 사실이 고맙고 기뻤다고 한다. 막상 완성된 원고를 보여주자 엄마는 예상치 못한 반응을 보였다. 자신의 지난 삶이 별것 없고 보잘것없게 느껴진다는 것이었다. 원고를 먼저 읽은 친구도 말했다. "엄마의 삶에서 너무 어두운 부분만 부각된 것 같아.' 하지만 구술생애사 워크숍에서 엄마의 이야기를 들은 동료들은 이렇게 말해주었다. "자기 뜻대로 당당하게 살아가는 엄마가 너무 귀엽고 사랑스러워요. 남편이 뭐라 하든 말든, 자기가 번 돈으로 운전면허도 따고, 차도 사고, 방판 일을 하며 쏘다니는 모습이 정말 신나 보여요." 이 원고의 제목은 원래 '무지개빛 엄마의 인생을 듣다'였다. 일곱 가지 빛깔이 어우러진 무지개처럼, 엄마가 자기 삶의 다양한 빛깔을 들여다보고 아름답게 여겨주길 바라는 마음에서 붙인 제목이다. 이 작업이 엄마에게도, 나에게도 서로를 좀 더 솔직하게 표현하고 자신을 있는 그대로 받아들이는 계기가 되길 바란다.

3장

돈보다 소중한 건

등 뒤에 있었다

박경화 구술
박하람 기록

• 가족사의 신원 보호를 위해 본인이나 가족, 친지, 친구 등의 이름을 모두 가명으로 사용했다.

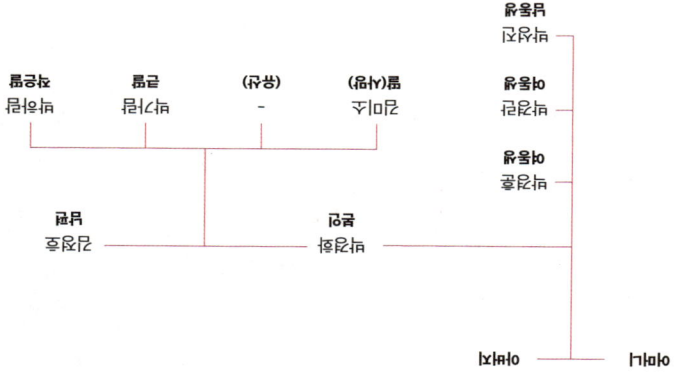

박정환의 가계도

인터뷰에 앞서

엄마는 도대체 왜 그럴까

"엄마 얘기는 너무 빤한 스토리잖아. 무슨 이야깃거리가 되겠니?"

"에?"

엄마의 말에 당황해 목소리가 갈라졌다. 엄마가 운행하는 롤러코스터에 멀미한 적이 한두 번이 아닌데, 이게 무슨 소리인가. 언니도 그렇게 생각하는지 슬쩍 물어봤다.

"하!"

언니도 어이없다는 듯 헛웃음을 뱉었다. 다시 생각해보니 글로 남길 만큼 특별한 삶은 아닐지도 모른다. 하지만 엄마를 포함해 그 어디에 빤하고 평범한 삶이 있겠는가. 아주 특별하진 않아도 마냥 평범한 삶은 없다. 내가 이런 글을 들으면서 굳이 엄마의 이야기를 담으려는 데에는 이유가 있다.

내가 열네 살 때 부모님은 이혼했다. 학교 갔다가 집에 돌아오니 엄마가 곰솥에 전복죽을 잔뜩 끓이고 있었다. "다녀왔습니다."라는 내

201

인사에도 엄마는 뒤돌아보지 않고 묵묵히 냄비만 저었다. 그렇게 한 솥 끓여놓고 엄마는 그대로 집을 나갔다. 그리고 돌아오지 않았다. 그게 우리 가족의 마지막이었다. 하지만 난 남겨진 게 아니었다. 버려진 것은 더더욱 아니었다.

"살고 싶으면 나가서 돌아오지 마요."

한밤에 아빠의 몸짓에 집 안이 부서지는 소리를 듣고 일어나 엄마를 현관 밖으로 내쫓으며 말했다. 현관문 하나를 두고 지옥과 이승을 오가던 집, 그게 우리 집이었다. 먼저 이 지옥에서 도망간 나에게 동아줄을 내려주길 바라며 엄마를 문밖으로 밀어냈다. 그렇게 엄마는 아빠와 이혼했고, 법원에 다녀온 날에도 굳이 집으로 돌아와 언니와 내가 먹을 전복죽을 끓였다. 자신의 옷가지도 하나 챙기지 않으면서 말이다.

엄마는 그런 사람이었다. 그런데 사람들은 엄마에게 손가락질을 했다. "너네 엄마는 말이야~"라며 '애들을 버리고 나간', '바람난' 등의 수식어를 갖다 붙이고 '정상 가족'을 깨뜨린 장본인으로 몰아세웠다. 맹세컨대 엄마는 그런 단어와 조금도 어울리는 사람이 아니었다. 억울했다. 너무 억울해 엉엉 울던 날이 하루이틀이 아니었다. 내가 아무리 해명해도 아무도 믿어주지 않았다. 엄마는 그저 침묵했다. 어떤 변명도, 불만도, 억울함도 드러내지 않고 가만히 있었다. 나는 도저히 이해할 수 없었다. 엄마는 도대체 왜….

아빠라는 지옥에서 벗어나기만 하면 엄마가 훨훨 날아갈 줄 알았다. 어떤 가게든 엄마가 문을 열었다 하면 손님으로 인산인해였고, 하루에도 몇 백만 원씩 수익을 올리곤 했으니까. 하지만 엄마는 돈과 빚에 계속 허우적거렸고 앞으로 나아가지 못했다. 조금만 벗어나려 하면 끌려 내려갔고, 떠오르다가도 가라앉았다. 엄마의 뒤를 따르던 나도, 언니도 같이 허우적거렸다. 사람들에게 향했던 억울함과 원망은 엄마에 대한 답답함으로 바뀌었다. 그리고 중얼거렸다. 엄마는 도대체 왜 그럴까.

이혼을 비롯한 여러 사건으로 주변이 옴폭옴폭 파인 엄마는 뿌리가 다 드러나 쉽게 흔들렸다. 나는 그런 엄마를 돕기 위해 내가 할 수 있는 최선을 다했다. '이제 뭘 더 할 수 있지?'라는 생각이 들 정도로 온 힘을 다했다. 그럼에도 엄마를 둘러싼 상황은 나아지지 않고 되레 나빠졌다. 맥이 탁 풀렸다. 내 노력이 무의미하게 느껴져 화가 나기도 했다. 그런 나에게 이 구술생애사 작업은 엄마에게 해줄 수 있는 유일한 것이자 마지막 최선이었다. "엄마는 도대체 왜 그러는 거예요? 제발 말 좀 해봐요." 그렇게 첫 인터뷰를 시작했다.

두 달 동안 여섯 번, 총 26시간을 인터뷰했다. 하루는 이동하는 차 안에서, 또 하루는 불을 끈 깜깜한 가게 안에서… 운이 좋아 카페에 마주 앉아 얘기를 하다가도 마감 시간이 되어 쫓겨나기 일쑤였다. 아침부터 낮까지 옷 장사를 하고 새벽에는 도매시장에 가야 하는 엄마와 마주 앉아 얘기할 시간을 확보하기란 쉽지 않았다. 엄마를 간신히 붙잡은 순간에도 감정에 솔직해지는 게 익숙지 않아 불을 끄고 어둠 속에서 얘기하고 있자니 흡사 도둑 같았다. 모양새가 어찌 됐든 엄마와 마주 앉아 삶과 감정에 대해 이야기 나눈다는 건 쑥스러우면서도 가슴 벅차는 일이었다. 하지만 침대에 몸을 누이기도 바쁜 엄마를 붙들고 앉아 고통스러운 시절의 이야기를 끄집어내는 게 가혹한 일인 것 같아 미안하기도 했다.

"나한테 돌아오는 메아리, 내가 실패했다는 얘기들이… '내가 잘못 선택하고 실패한 것 때문에 애들까지 불행하게 했구나.' 하는 생각에 너무 힘들어. 정말 나처럼 살게 하고 싶지는 않았는데…"

인터뷰하는 동안 엄마는 지난했던 과거보다 나아지지 않은 현재를 마주하는 것을 더 고통스러워했다. 물을 가득 담은 풍선이 빵 터지듯 엄마는 속에 담아둔 얘기를 와르르 쏟아내며 눈물 흘렸다. 하지만 우리는 서로의 눈물을 닦아주지 못하고 괜찮냐는 말조차 건네지 못했다. 가게로 손님이 들어와서 급히 눈물을 닦거나, 거래처 연락에 넘쳐 오르던 감정도 다시 꾸역꾸역 눌러 숨겼다.

앞으로 이어지는 글은 "엄마는 도대체 왜?"에 대한 엄마의 대답이 다. 내 질문에 엄마는 무겁게 입을 열었다.

"근데 난 이런 얘기를 누구한테도 해본 적이 없어."

다섯 살에
꿈보다 먼저 가진 것은

옛날엔 세 들어 사는 집이 집, 집, 집 이렇게 쫙 붙어 있었거든.
왜 이렇게 문 열고 들어가면 부엌이랑 방이 단촐하게 있고,
저쪽에 돌아가면 푸세식 화장실 하나 있는 집 있잖아. 이렇게
수용소 같은 집에 칸칸이 있는 집이었어.

이렇게 다 붙어 있으니까, 옆집에서 밥을 하면 이 집 반찬이 뭔지
다 아는 거야. 그래서 그 시간이 되면 엄마도 너무 괴로웠던
거지. 자기도 배고플 거 아니야. 그래서 저녁밥 먹을 때만 되면
나를 이렇게 산으로 끌고 올라갔어. 그래서 "엄마, 왜 산에 가?"
이러고 물었더니 "우리 쑥 캐러 가자." 그래. 그 컴컴한 데서 무슨
쑥이 보이겠니? 그냥 산도 아니고 약간 무덤 같은 곳이었어.
지금 같아도 무서웠을 거야. '이 엄마가 같이 죽자고 그러는
건가?' 그랬지. 그때 나는 우리 집 상황이 그 정도로 가난한지는
몰랐던 거야, 너무 어려서. 그래서 아무것도 모르고 쑥을
캐면서도 "엄마, 밥 안 먹어?" 하고 계속 물어봤는데, 엄마는
"이따 가서 먹자." 막 이래. 근데 쑥을 캐면 뭐 해. 밀가루가
있어야 범벅이라도 해 먹든 하지. 그러니까 산에서 내려와서

어쩌겠어. 그냥 굶는 거지. 그래도 매일 산에 데리고 가는 거야. 밥 냄새가 나니까. 그러다가 도저히 안 되겠으니까 저기 신당동에 있는 친할머니 집에 나를 맡겼어. 애한테 밥을 먹일 수가 없으니까. 그래서 나는 친할머니네서 컸지. 친할머니가 장사를 했기 때문에 밥을 굶지는 않았거든. 그때부터 나는 그냥 거기서 먹고살았어.

내가 신당동 친가에 맡겨졌을 때 엄마한테 갈 수 있는 방법이 큰고모가 날 데리고 가는 것 외에는 없었어. 다섯 살인가 그랬는데, 혼자 버스도 탈 줄 모를 정도로 어렸어. 엄마도 아빠랑 떨어져 살 대였지. 아빠가 엄마를 막 때리니까 외할머니가 엄마를 데리고 가버린 거야. 그렇게 다 뿔뿔이 흩어져 살 때였어.

어느 날은 내가 밖에서 놀고 있는데 들어오래. 문을 딱 여니까 어른들이 다 벽에 붙어 앉아 있더라고. 큰아빠, 작은아빠, 고모들, 외할아버지, 외할머니까지 집안사람들이 방 안에 이렇게 쭉 앉아 있는 거야. 그다음에 엄마, 아빠 이렇게. 옛날엔 방이 거실처럼 이만큼 컸어. 그때 내가 "엄마!" 이러고 품으로 달려가 안겼어야 했는데, 엄마한테 안 가고, 제일 문가 끄트머리에 가서 딱 앉은 거지. 엄마는 그때가 제일 섭섭했대. 내가 엄마를 엄청

207

보고 싶어 해야 엄마도 아빠랑 다시 같이 살 명분이 생기잖아.
근데 나는 계속 엄마한테 집에 오지 말라고 했거든. 어린 내가
보기에도 우리 아빠는 별 볼일 없으니까. 게다가 아빠가 맨날
때려 부수니까. 그러니 양 집안이 엄마, 아빠를 일부러 떨어뜨려
놓고 합치는 걸 반대했지. 그때 친할머니가 나한테 물어본 거야.
"너는 어떻게 했으면 좋겠냐" 하고. 내가 1초도 고민하지 않고
"이혼했으면 좋겠다." 그렇게 얘기했어. 그때가 다섯 살이었어.
지금도 그 기억이 아주 선명해. 그게 나한테 되게 강렬했나 봐.

할머니가 서운하다는 말을 언제 했어요?

언제 그랬더라. 뭐 여러 번 물어봤던 것 같아. 할머니가 되게
섭섭했나 봐. 근데 (내가 이혼할 때) 네가 그랬던 것처럼 계속
"내가 가라 그러지 않았냐. 아빠랑 그만 살고 가라."고 했어.
내가 안 태어났으면 할머니가 이렇게 살지 않았을 거 아니야.
애가 없으면 이혼하기가 쉽잖아. 그래서 나는 그게 제일 미안해.
내가 태어난 게 미안했어. 엄마가 나를 낳지 않았으면 같이 안
살았을 수도 있잖아.

내가 중1 때, 아빠는 죽지 않을 만큼 엄마를 때렸다. 나는 가진 현금을 엄마에게 다 내놓으며 말했다. "엄마, 나가요. 이러다 엄마 죽어." 당차게 말한 것과 달리 엄마 없이 지낸 나날은 공포 그 자체였다. 엄마는 결국 사흘 만에 돌아왔다. 돌아온 엄마를 보자마자 안도했다. 동시에 죄책감이 들었다. '내가 없었으면 엄마가 이혼하기 더 쉬웠을 텐데.' 엄마도 비슷한 부채감을 갖고 있었다는 얘기를 들으니, 나는 다섯 살의 박경화가 되고, 엄마는 엄마의 엄마가 된 것 같았다.

외할머니가 나를 되게 원수같이 생각했어. 삼촌, 이모들이 나를 예뻐하면 "저(사위)같이 내어났는데 왜 이렇게 반가워하냐?" 이랬어. 아빠랑 나를 거의 동일시하는 거야. 그 정도로 날 미워했어. 아주 되게 미워했어. 내가 있어서 엄마가 이혼을 못했다고 생각하는 거지.

그 당시에는 이혼이 어렵지 않았어요?

그래도 이혼을 시키려고 그랬어. 그 정도로 상황이 안 좋았으니까. 아빠가 제대로 된 일을 하지 않았고, 가진 것도 없고, 또 사람이 나아질 기미가 보이질 않았어. 아빠는 내가

커서 졸업하고 스무 살이 넘었을 때도 그대로였어. 나중에
내가 결혼한 뒤에도 엄마한테 헤어지라고 했어. 그때도 아빠가
엄마를 때려가지고, 내가 엄마를 우리 신혼집으로 데려오고
그랬어.

엄마의 부모님, 그러니까 나의 외할머니, 외할아버지는 서울
의 한 신발 공장에서 만나 첫눈에 반해 결혼했다고 한다. 그
옛날에 선도 아니고 첫눈에 반해 결혼했다니 그 로맨틱한 관
계가 계속되면 좋았겠지만, 엄마는 구술하는 내내 할아버지
가 휘두른 폭력에 대해 말했다.
구술생애사 작업을 하면서 외갓집에서 사진을 찾던 중, 할머
니의 일기를 발견했다. 할머니는 가계부를 일기 삼아 그날그
날의 마음을 기록하고 있었다. 하지만 그 어디에도 즐거웠다
는 내용은 찾아볼 수 없었다. 괴롭고, 아프고, 허탈하고, 죽고
싶다는 말뿐이었다. 그리고 몇 장 뒤에 발견된 더 긴 일기에
서 할머니의 하루는 종일 일하다가, 할아버지 호통에 자책하
다가, 밥을 하고 끝이 난다. 그 바쁘고 빼곡한 일상 중에도 비
집고 올라온 '힘겹고, 죽고 싶은 마음'이라는 글씨를 보고 있
자니 내 마음도 아프고 괴로웠다.
할머니, 엄마, 나 셋 모두 비명을 지르기보다는 침묵하고 속
으로 삭히며 글을 썼다. 보고 배운 것이 이 방법뿐이라 달리

돌파구를 찾지 못했을지도 모르겠다. 나 또한 가장 많이 보고 익힌 것이 바로 '견디는 것'이다. 그렇게 우리 삼대 모녀는 글을 썼다, 아프게 펜을 쥐고.

아빠가 군대를 안 갔어. 별 이유도 아니야. 그때 엄마랑 결혼하기 전이었는데, 본인이 군대 가면 엄마가 딴 남자랑 결혼할 것 같으니까 안 가고 버틴 거지. 그리고 맨날 도망 다녔어. 잡혀갈까 봐. 누가 잡으러 오지도 않는데 자기 혼자 겁이 나는 거야. 중간에 자수하고 군대를 갔다 온다고 한 적도 있어. 근데 그것도 겁이 났던 거지. 우리 아빠가 그만큼 겁쟁이야. 징집 면제가 끝날 때까지 아빠는 알바 같은 것만 했으니까 가정을 제대로 유지할 수 없었던 거지.

그럼 할머니가 가장이었네?

그치. 아빠가 어디 이력서를 낼 수가 없는 거야. 이력서에 남자들은 군필이냐 아니냐 이게 다 나오잖아. 군필자가 아니니까 이력서를 못 내는 거지. 그러니까 알바를 한 거야. 그것도 며칠 하다가 그만두고 술 먹고, 속상하니까 또 술 먹고.

211

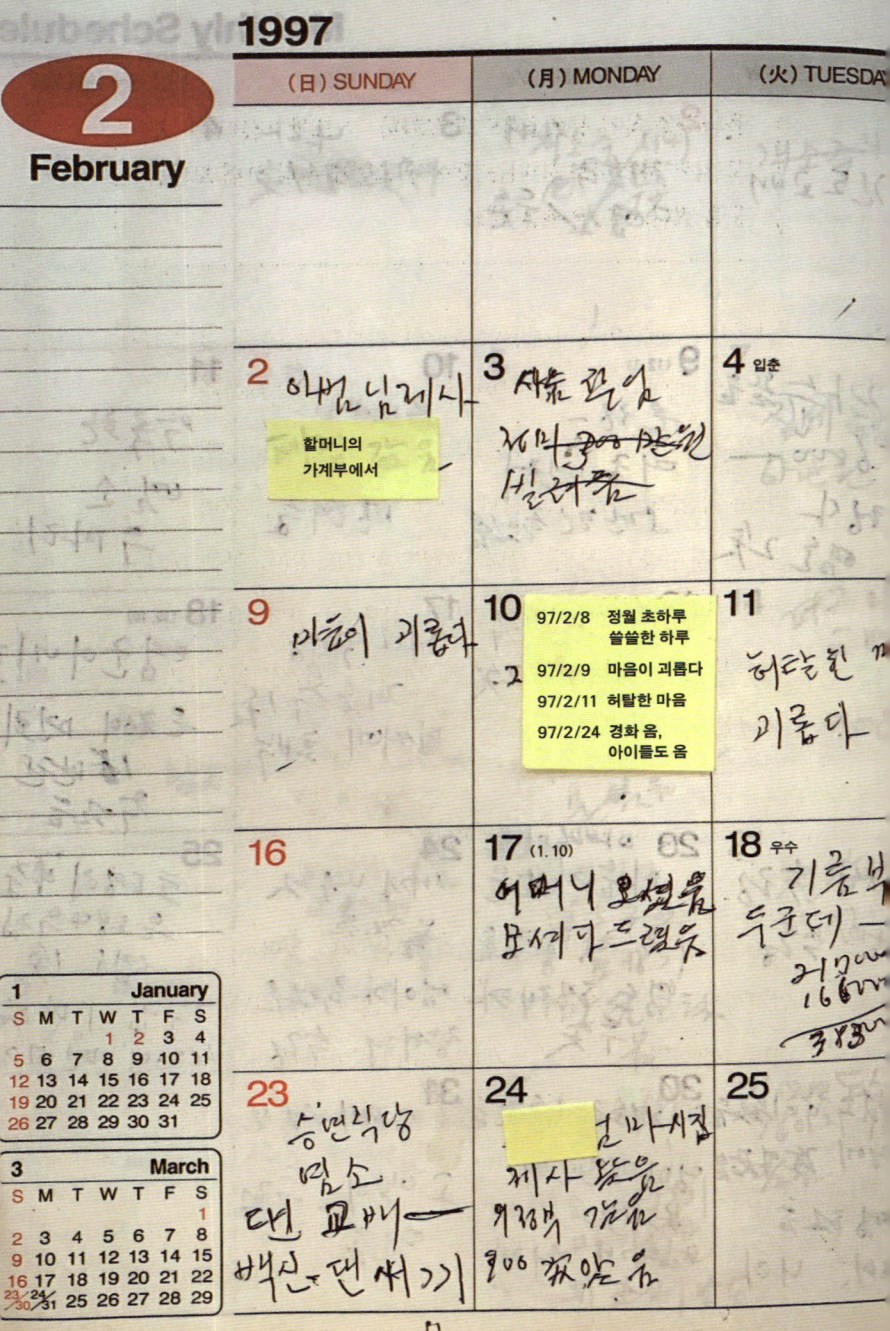

1A~20일 수요일
　오늘도 7시 반정도 일어났다
그런데 오늘은 비가 왔다 몸도 마음도
찌쁘드하게 무거웠다 허지만 그래도 나의
주어진 일 떡국을 끄릴까 하다가 밥이 (없기)
에 죽을 만들었다 아빠와 한그릇씩 먹고서
개롱이 밥을 준비하여 주었다 그리고 점심을
준비하여 먹고서 날씨가 비도 조금씩 오면서
풍한제 날씨가 몰쁘는 기계로 개련에
물을 프려했지만 얼은것이 잘녹지 않아 부지란
애을 먹었다 결국은 아빠와 여러가지로 노력
을하여 물을 퍼냈다 아빠는 개장도 락고 또
나는 강아지 밥을 준비하여주고 하루을 견디었다
정말로 마음도 상하고 피곤한 하루였다
저녁밥은 조기찌게을하여 아빠랑 먹고
빨래을 널고 이렇게 이름을 썼다

오늘은 비가 왔다. 몸도 마음도 찌쁘드하게 무거웠다.
하지만 나의 주어진 일, 떡국을 끄릴까. (중략)
나는 강아지 밥을 준비하여 주고 하루를 견디었다.
정말로 마음도 상하고 피곤한 하루였다.

그래서 우리 집 생활이 어려웠더라고. 그때까지 나는 왜 이렇게 생활이 어려운지 몰랐어. 그러다가 외할머니가 먹고살라고 아빠한테 개인택시를 사줬어. 그럼 그 일만 잘하면 본인 가족이랑 먹고사는 건 일도 아니잖아. 지금도 개인택시 해서 먹고살 수 있으니까. 근데 아빠가 딴 여자랑 바람이 난 거야. 그때부터 나는 '아빠는 가망성이 없는 사람이구나.' 하고 생각한 거지. 그 와중에 엄마가 둘째, 경훈이를 임신했어. 그래, 그것까지도 괜찮았어. 근데 아빠가 택시를 하면서 사고를 많이 내고 다닌 거야. 그때는 보험 같은 게 없었을 때니까 환자들을 데리고 집으로 오는 거지. 그리고 "내가 물어줘야 되는데 우리가 이렇게 산다. 용서해 달라." 이러는 거야. 그리고 엄마가 그 사람들 밥해서 먹이고, 돈 있는 거 다 털어서 주고, 빚내서 주고 막 이랬던 것 같아. 그래서 나는 '고등학교만 졸업하면 내가 돈 번다.' 그 생각밖에 안 했어.

다섯 살 애기가 벌써 그런 생각을 한 거예요? 커서 돈 벌면 어떻게 살고 싶었어요?

그때 용두동에 살았거든. 한옥들이 쭉 있는데 그 끝 집에

세 들어 살았어. 그 옆집에 내 또래 애가 있었는데 그
사람들이 되게 친절하고 평화롭고 또 집도 항상 깨끗했던 게
기억나. 아무튼 되게 좋아 보였어. 큰 집은 아니어도 깔끔한
한옥이었는데 그냥 들어가면 참 깔끔하다 이런 느낌. 걔네 집에
가서 종종 놀았는데, 이렇게 오목한 그릇에 감자를 담아줬어.
감자를 졸여서 소금 살짝, 고춧가루 약간 넣어서, 간간하게.
그걸 먹었는데 약간 달면서도 짭조름한 게 굉장히 맛있었어.
내가 지금도 감자를 그렇게 해보거든. 아무튼 그 집이 평온하고,
사람들이 되게 많이 배운, 지식인 같다는 느낌을 받았어.
그 집은 일요일이 되면 아빠, 엄마, 할머니 그리고 걔도 예쁘게
차려입고 교회를 가는 거야. 그래서 '나도 어른이 되면 내
아이하고 저렇게 교회를 다녀야지.' 하고 생각했어. 그게 내가
여섯 살 때 한 생각이야. 근데 나는 교회를 몰랐어. 교회가
있는지도 몰랐고. 그때는 뭐를 알았냐면, 외할머니가 굿을
하곤 했어. 그때 셋째 삼촌이 폐병으로 많이 아팠어. 그런데
외할머니가 병원을 데리고 가지 않고 굿을 했어. 그래서 굿하는
걸 많이 봤어. 외할아버지도 많이 배운 분이고 삼촌들한테
한문을 가르쳤거든. 외가는 나름대로 아주 유교 집안이었어.
막 싸우고 이런 집이 아니고 되게 평화로운 집이었거든. 근데

215

외할머니가 돈을 벌고 집안을 이끄는 사람이었으니까. 외할머니
의지대로 병원을 가지 않고 굿을 했어.

그쪽 집도 할머니가 돈을 벌었어요? 아니, 왜 양가 모두
여자들이 가장이야?

그때 남자들이 직업이 없었던 것 같아. 직업을 가질 만한
상황이 아니었거나, 건강하지 않았거나, 남자들이 할 일이
없었던 것 같아. 왜 그렇게 일이 없었는지 분명히 기억은 안 나.
그때 여자들이 미싱을 했지. 남자들은 그냥 공사 현장 가거나
이런 데서 일했던 것 같아. 어쨌든 양쪽 다 할머니들이 일하는
걸 내가 많이 봤고, 외할머니도 구청 빨랫감을 걷어다가 한
장당 얼마씩 받는 것 같았어. 유니폼부터 오만 잡다한 것까지
구청 직원들 퇴근하면 싹 걷어다가 빨고, 새벽에 싹 걸어두고.
지금으로 치면 세탁소지. 외할머니가 그 일을 되게 오래 하셨어.

내가 책을 많이 읽게 된 건, 할아버지가 6개월인가 교도소에
들어가 있었던 적이 있었어. 교통사고가 났는데 돈 주고 합의를
못 보니까 교도소에 들어가 산 거지. 몸으로 때워야지 어떡해.

근데 아빠가 교도소 들어가 있는 동안 집이 조용하고 너무 평화로운 거야. 술 먹고 막 때려 부수는 사람이 없잖아. 그때 엄마가 막내 성진이를 업고 엿 장사하러 신설동에서 동대문을 왔다 갔다 할 때라, 경훈(첫째 동생)이랑 경란(둘째 동생)이를 봐줄 사람이 없었어. 그때 내가 초등학생이었나 그랬을 거야. 밥을 해서 먹일 정도 됐으니까 한 5학년 됐겠네. 그래서 애들 밥 챙겨 먹이고 엄마가 장사 끝내고 올 때까지 시간이 있으니까 앉아서 책을 많이 봤어. 그때는 책 수준이 있고 없고를 몰랐던 것 같아. 그냥 닥치는 대로 본 거지. 그리고 그때 우리 집으로 가는 큰길가에 집들이 빼곡하게 있었어. 그중 대문 하나 열고 들어가면 바로 뱀탕집 하나가 보였어. 망이 걸려 있고 그 안에 뱀들이 막 움직이고 있었어. 너무 징그러워서 기억하는데, 아무튼 그 옆이 서점이었어. 그 서점을 들락거리면서 책을 꽤 많이 봤어. 왜, 외갓집에 가면 있는 그 조그만 책들 있잖아. 요만한 거 다 그때 산 거야.

그때 내가 제일 영향을 많이 받은 게 둘째 고모였어. 둘째 고모가 중학생이었는데, 그 고모가 또 프라이드가 있어서 책도 좀 사놓고 그랬거든. 고모가 옛날 만화책 사다가 그림을 그리기 시작했어. 덕분에 나도 엄희자 만화를 처음 봤어. 그래서 나도

만화책도 따라 보고, 그 만화를 따라 그리고, 옷 입히는 종이
인형 같은 거 만들고 그랬어. 그거 있잖아, 어깨 쪽에 종이 딱
접어서 옷 입히는 거. 둘째 고모 사인펜 훔쳐서 색칠해갖고
학교 친구들한테 돈 받고 팔았어. 그러다가 고모한테 들켜서 막
혼났어. 근데 그거 만들어주면 애들이 옷까지 세트로 다 샀단
말이야.

　　　그때도, 지금도 그림 그리는 걸 좋아하는데 꿈이
　　　없었다고요?

꿈을 갖고 그럴 상황이 안 됐어. 그냥 우리 집이 너무 가난했고,
애들이 너무 안 됐었어, 그때는. 그런 친정에서 벗어나질
못했으니까. 그리고 내가 끝까지 공부할 수 있을 거라는
생각을 안 했어. 아빠가 맨날 때려 부숴서 집안이 조용하질
않으니까. 그래서 혜원여고에서 입시반 말고 취업반으로 썼거든.
근데 아빠가 난리를 치는 거야. 대학을 가야 된대. 그래서
내가 "어떻게 대학을 가냐. 내 아래로 애들이 셋인데 아빠가
날 어떻게 대학에 보내냐." 그랬어. 근데 아빠는 아무것도
없으면서 무조건 갈 수 있대. 자기가 보낼 거래. 그래서 엄마가

엄마가 오랜만에 그려준 종이 인형.
내가 어렸을 때도 종이 인형을 종종 만들어주곤 했다.

외할머니한테 가서 등록금을 빌려온 거야. 근데 아빠가 그 돈이
든 통장하고 도장을 가지고 나가서 노름을 한 거지. 나중에
아빠한테 대학 입학금 달라고 하니까 없다는 거야. 자기가 말해
놓고…. 그러면 입시반으로 바꾸게 하지 말든가! 안 그랬으면
내가 어디 들어가서 직장 다녔을 거 아니야!

하, 본인이 대학 보내겠다고 큰소리쳐놓고, 할머니가
구해온 돈을 도박에 쓴 거예요?

어떤 애들은 성공해서 집을 사겠다고 하는데, 나는 그런 생각을
할 수가 없었어. 내가 대학을 입학하네 마네 할 때도 아빠가
장롱에 뭘 던져갖고 문짝들이 다 이렇게 푹푹 들어가 있었어.
꿈이 있다면 첫 월급 타서 장롱을 바꿔주는 거였어.

사랑은 곧 돈이라는
무서운 공식

엄마가 로타리클럽 회장 집에서 파출부를 한 적이 있어. 회장

집인데도 돈을 너무너무 적게 줬던 것 같아. 엄마가 지금도 그 얘기를 하더라고. 아구튼 엄마가 그 회장네 로타리클럽에서 간사 구한다는데 알바해보라고 그래서 로타리클럽에서 일을 시작했던 거야. 그때 아빠가 노름으로 등록금 날려 먹고, 친구네 엄마가 빌려줘서 대학 등록까지는 했거든. 또 그때는 80년대니까 광주민주화운동 있고 난 후에, 학생운동 하다가 잡혀가고 이럴 때니까 학교에 가봐야 수업도 없었고. 그러니까 학교는 안 가고 일을 한 거지. 세상이 그 난리인데도 로타리클럽 사람들은 모여서 먹고 마시고 파티하고 그랬어. 그 로타리클럽 사람들은 시위하다가 사람들이 거리에서 죽거나 말거나 별 관심이 없었지.

1980년대 내내 학생운동은 계속됐다.* 80년 5월 18일 광주에 일어난 비극은 언론 통제 속에서도 몇 장의 사진을 통해 운동권에 알려지며 엄청난 충격을 주었다. 학생운동을 이를 동력 삼아 학원자율화, 자주화 요구, 사회민주화 투쟁, 반일, 반미운동 등을 펼쳐나간다. 83년 학원 자율화와 함께 복교 허용 조치가 발표될 때까지 3년 반 동안 시위로 인해 제적된 학생 수만 1363명에 이른다. 84년 복교 조치 이후 학생운동이 더욱 활발하게 전개되자, 이에 전

두환 군사정권은 시위대를 본격적으로 탄압한다. 84년부터 85년 5월까지 2636회의 시위에 동원된 경찰만 460만 명에 달한다. 시위가 있는 날은 전경과 백골단이 투입되고, 최루탄과 사과탄, 물대포, 헬기가 동원되었다. 경화 씨가 대학에 들어간 1985년은, 광주에 빚진 심정으로 운동하던 대학생들이 목소리를 높이고 또 잡혀가던 시기였던 것이다. —편집자 주

* 민주운동기념사업회 오픈 아카이브, 「1980년대 학생운동 풍경 스케치」 참고

정호 씨가 일하던 극장이 로타리클럽 사무실이랑 같은 건물에 있었어. 거기서 정호 씨, 네 아빠를 처음 만난 거야. 로타리클럽 간사 일은 얼마 안 했어. 한 6개월 정도 했나? 네 아빠가 계속 결혼하자고 하니까. 그동안 나를 눈여겨봤나 봐. 사무실에 계속 와서 "커피 한 잔 줘요." 이러면서 커피도 마시고 가고 그런 거지. 이름도 몰라서 "미스 박" 막 이래. 그때만 해도 '미스 박', '미스 리' 뭐 이렇게 부를 때야. 사무실에 아무도 없으니까 난 나대로 동생들 불러서 공부시키고 그랬는데, 내가 동생들 가르치는 거 보니까 애를 낳으면 잘 가르치겠다 싶었나 보지. 그러다가 "종로에 나이트클럽 갈 건데, 같이 가자." 그랬어. 그때 나이트클럽을 처음 가봤어.

그러다가 가까워지면서 결혼하게 된 거예요?

우리 아빠가 로타리클럽 사무실에도 가끔 찾아오고 그랬는데,
계속 돈을 빌려달라고 했어. 내가 간사니까 공금을 가지고
있다고 생각한 거지. 아빠가 계속 돈 얘기하는 거를 정호 씨가
보고 빌려준 거지. 아빠가 그 돈을 안 갚아서 내가 너무 난감한
거야. 그래서 정호 씨가 청혼했을 때 거절할 만한 명분이 없었어.
너무 미안하지. 뭐 할 말이 있겠어. 근데 아빠는 그런 거 몰라.

돈을 빌려줄 때 좀 말리지 그랬어요. 왜 그걸 못 말려서
결혼을 했어….

동생들이 굶게 생겼는데 어떡해. 그렇게 정호 씨가 아빠한테
돈을 두세 번 빌려줬어. 내가 "아빠, 사장님(정호 씨)이 나한테
빌려준 거야. 그러니까 이거 꼭 갚아야 돼." 이랬는데, 아빠는
"알았다." 하고 말만 그렇게 해. 아빠는 그 돈으로 개장사를
시작했고 또 잘됐는데, 그럼 원금이라도 갚아야 하잖아. 근데
그럴 생각이 없더라고. 어쨌든 손은 더 안 벌리고 장사는 잘하고
있었으니까. 그걸로 나머지 애들 셋을 다 가르친 거지.

그때 할아버지가 개장사를 시작한 거예요? 왜 하필
개장사였어요?

아빠 아는 사람이 그걸 했어. 처음엔 아빠도 도사견만 사다가
팔았는데, 그때 보신탕집이 많아졌거든. 그때 개를 직접 잡아서
갖다주면 돈을 버는 걸 보고 시작한 거지. 자기가 가진 기술이
하나도 없으니까 그거를 하겠다고 한 거야. 그때는 이게
잔인하다 아니다 이런 생각을 안 했어. 아빠가 뭐라도 하겠다
그러면 다행인 거야. 근데 아빠 본인도 막 손에 피 묻히면서
돈 벌었다는 걸 굉장히 수치스러워했어. 그 고생을 인정받지
못한 것에 대해서 되게 가슴 아파해. 항상 얘기했거든. 내가 피
묻히면서 이렇게 가르쳐놨더니 나를 무시한다고.

혼인 관계 = 채무 관계

결혼하고 나서 너희 아빠가 다시 대학 공부를 시켜준다고
그랬어. 내가 요청했던 건 아니고 그냥 보내주겠다고 한 거지.
근데 내가 "아니다. 나는 우리 집이 너무 못 살아서 집을 좀

일으켜 세워야 되기 때문에 학교 공부고 뭐고 돈이 더 먼저다."
이랬더니, 정호 씨가 "내가 도와줄게. 차라리 내가 도와주는
게 낫지. 여자들이 월급 받아갖고 집에 갖다줘봐야 뭐 얼마나
도움이 되겠냐." 그랬어. 근데 그게 또 맞았어. 왜냐하면 나는
대학도 중퇴해서 이력서를 넣을 만한 곳이 없는 거야. 정호 씨가
실제로도 많이 도와줬어. 아빠는 정호 씨가 성실한 사람이라고
"내 자식들은 이래도 데려온 자식, 사위 복은 있다."고 막 그랬어.
그러니까 내가 이혼한 것에 아빠가 아쉬워하는 거지. 아빠
인생에 있어서 시원하게 돈을 탁 내놓고 뭐 해봐라 하는 사람이
없었으니까.

그때 무슨 일이 있었냐면 어느 날 정호 씨가 나한테 의논도 없이
우리 아빠를 불러서 밥을 먹었어. 그리고 소주 한잔 마시면서
"아버님, 제가 계를 들어놓은 게 있어요. 세 번인가 부으면
이천만 원을 타는데, 나머지 부을 수 있으시죠? 이거 타서
아버지가 쓰세요." 이런 거야. 아빠는 당연히 부을 수 있다고
하지! 나는 그 돈을 만져보지도 못한 채로 아빠한테 갔어.
아빠가 그 돈 가지고 개장사를 본격적으로 시작한 거야. 정호
씨는 아빠가 돈이 없어서 뭘 못 하는지 아니까. 이거 가지고 좀
일어나라고 한 거지. 그전까지 아무도 아빠를 그렇게 밀어준

225

적이 없었어. 어쨌든 그런 상황을 다 보고 나니까 정호 씨랑 싸울 일이 있어도 싸울 수가 없는 거야, 미안하니까. 하람아, 나는 너희 아빠하고 싸워서 내가 이긴다는 생각을 해본 적이 없어. 왜냐하면 그렇게 해서 우리 집안이 일어나는 걸 봤고 도와준 걸 아니까.

근데 그때 우리가 망한 거야. 그때 정호 씨가 극장을 운영하고 있었는데 건물주가 나가라고 해서 쫓겨나듯 얼떨결에 극장을 접어야 했어. 갑자기 실직자가 된 거지. 근데 아빠가 우리를 도와줘야 할 때가 되니까 자기가 돈 빌려간 거는 홀라당 까먹고 아무 말이 없는 거야.

돌려받지 못할 거 몰랐어요? 엄마는 왜 자꾸 혼자
해결해보려 하는 거예요?

이 가정에 생기는 문제를 내가 어느 정도는 해결해야 된다고 생각했어. 내가 태어나지 않아서 쉽게 이혼했으면 동생들도 안 태어났을 거 아니야. 애네는 나처럼 살아서는 안 된다고 생각했지.

동생들이 나하고 나이 차이도 많이 났지만, 그냥 내 부모한테

내가 못 받아봤잖아. 그러니 얘네까지 힘들지 않았으면
좋겠다는 생각을 했어. 집에 들어오면 아무도 없고, 아무 미래도
없는 그런 집처럼 느껴졌거든. 따뜻함이라곤 없는, 아주 건조한
그런 집이었어. 그냥 가정이 아닌 거지. 엄마는 일하러 가고,
아빠도 일하러 가고, 텅 빈 집. 나는 그걸 많이 느꼈지. 동생들도
조금씩 느끼기 시작했고.

동생들이 다니던 중학교가 집에서 너무 멀었어. 버스에서
내려서도 한참을 걸어가야 했어. 사실 그 길이 교복 입고 갈 수
있는 길이 아닌 거지. 그러니까 동생들이 정류장에서 내려서 다
우리 집으로 온 거야. 우리 신혼집이 그 버스 정류장 근처였거든.
그럼 내가 밥을 차려주면서 동생들을 다독거리고 그랬지.

그렇게 밥 먹이고 있으면, 네 아빠가 와서 동생들을 태우고 집에
데려다주고 그랬어. 그렇게 있다가 토요일 되면 빵을 이렇게
한 만 원어치 사. 콜라 같은 것도 하나 사고. 그리고 애들이랑
누워서 만화책 봤어. 그러니 애들은 토요일에 얼마나 좋겠어.
너도 그렇게 해주면 좋아하잖아. 난 고마웠지. "시험 잘 보면
만화책 보게 해줄게." 이러면 시험도 잘 보고 오고. 또 모여
앉아서 먹고. 그러다 양치하고 거실에서 다 같이 자고 그랬어.
거실 하나에 방 두 개짜리 아파트였으니까. 네 아빠가 그렇게 내

동생들을 이뻐했어. 근데 거실에 모여 앉아서 이러고 있는데, 네 친할머니가 말도 없이 온 거야. 그래 갖고 "이게 뭐냐! 너네 이제 그만 가라!" 이러는 거야. 난 그게 또 마음이 너무 아픈 거야. 그렇게 말도 없이 왔어….

> 엄마 이야기에서 보기 드문 평화로운 장면이었다. 따뜻한 혹은 시원한 거실에 누워 만화책을 보다가 다 같이 잠든 모습은 상상만 해도 기분이 좋았다. 하지만 그 평화로움보다 친할머니가 그 평화를 깨는 장면이 더 선명하고 익숙하게 그려졌다. 그렇게 평화가 깨지는 순간이 나에게도 있었다. 아이러니하게도 이모와 삼촌에게 있어서는 그 평화를 함께 만든 사람이 아빠였고, 나에게는 그 평화를 깨는 사람이 아빠였다.

내가 결혼하고도 아빠, 엄마가 계속 싸우니까 동생들이 나한테 "언니, 집에 좀 와줘."라고 했어. 동생들이 아직 어리니까 어떻게 할 수가 없는 거지. 아빠가 온 집 안을 때려 부수고 싸우니까. 동생들은 그게 얼마나 끔찍했겠니? 그래서 동생들이 좀 더 안정되면 좋겠다고 생각해서 그렇게 해줬는데, 모르겠다. 동생들도 그걸 좋아했는지. 그때를 기억하고 있는지도 잘 모르겠어.

내가 이혼했을 때 동생들이 굉장히 아쉬워하고 "누나가 뭔가 잘못한 거 아니냐." 이런 얘기를 했거든. 그때 내가 느꼈어. '형부가 왜 잘해줬는지 얘네가 모르는구나.' 내가 누누이 얘기했지. "나 없이 형부가 너네한테 잘할 수 없다."고. 그런데 기억을 못 해요.

엄마는 자신이 태어난 것에 대해 마치 속죄하듯이 동생들에게 또 다른 가정을 만들어주려 했다. 긴긴 세월에 많은 사건과 감정이 버무려져 엄마의 말에는 동생들에 대한 미안함과 서운함이 뒤섞여 있었다. 이모, 삼촌을 비롯한 외가 사람들이 다녀가면 아빠는 엄마를 비난하고 트집 잡았다. '욕받이'나 다름없었다. 하지만 엄마는 빚을 지고 있다는 생각에 아무 말도 하지 않고 조용히 듣고만 있었다. 아빠에게는 금전적인 빚을, 동생들에게는 마음에 대한 빚을 지고서.

언니랑 저를 키울 때 쓰던 육아 일기가 있잖아요. 그건 왜 쓰게 된 거예요?

너네가 크면 주려고 했지. 내가 너네를 어떻게 키웠는지 모를까 봐. 사춘기가 되면 그렇게 얘기할 것 같더라고. '엄마가 해준 게 뭐 있냐' 이러고.

하하. 보험이었네. 이 일기장 샀을 때 생각나요?

너네 데리고 교보문고 갔을 때 산 것 같은데? '애들 누구 일기장으로 썼으면 좋겠다.' 이러고 사놓고 나중에 보일 때마다 쓴 거지. 근데 미소 생각하니까, 이런 거 쓰기도 미안하더라고.

왜 미안해요?

미안하지. 걔는 태어나자마자 죽었는데…. 너희 덕분에 사실 내가 미소를 잊어버리긴 했지, 좀 많이 아픈 기억들을. 결혼할 때쯤엔 내가 너처럼 말랐었어. 되게 마르고 작았거든. 몸도 약하고. 그러니까 애가 안 생기는 거야. 그래서 흑염소 같은 거 먹고 그랬어. 하여튼 그렇게 임신해서 애기를 하나 낳았는데, 애가 잘못된 거야. 그게 미소였어. 그다음에 정신이 하나도 없는 거지. 그때 내가 스물여섯 살이었어. 그런 죽음은 처음이었어.

230

그때까지만 해도 엄마 주변에 죽은 사람이 없었거든. 또 미소가
내 첫아이였고. 그때부터 너희 아빠가 변하는 모습이 눈에
보였던 것 같아.

그 당시에 내가 남자들의 생활을 잘 몰랐던 것 같아. 그냥 네
아빠가 극장하고 집하고 왔다 갔다 하니까 그런가 보다 했는데,
새벽 두세 시까지 500원짜리, 100원짜리 고스톱을 치고 노는
거야. 그리고 술 잔뜩 먹고 새벽에 들어오고. 그때 이미 좀
실망했는데, 다들 애 하나 낳고 키우고 이렇게 사는 건가 보다
생각했지. 그날도 새벽까지 고스톱을 치고 술 먹고 들어와서
낮까지 잤어. 그런데 애가 옆에서 자고 있는 걸 모른 거야. 그때
나는 슈퍼에 갔다가 올라왔는데 애가 엎어져 있는 거야. 그래서
"애 왜 이래?" 이러면서 탁 엎었는데…. 너무 많이 놀랐지.
놀랐고 뭐라고 해야 되지? 그냥 어떻게 해야 될지를 몰랐어.
내가 항상 이렇게 애기를 메고 다녔을 거 아냐. 그렇게 맨날 메고
다니던 애가 없어진 거야. 그냥 없어졌다. 갑자기 내 분신이 하나
없어졌다. 그래서 어디 갔지? 항상 애가 무거워서 어떻게 할
줄을 모르고 막 낑낑거릴 때였으니까. 젖병이랑 다 챙겨 넣어서
가방까지 무겁게 메고 다닐 때니까. 상실감이라고 거창하게
얘기할 만한 것도 아니야. 그냥 많이 놀랐어. 너네 아빠가 애기

231

장례식 때 막 떼굴떼굴 구르니까 슬퍼할 겨를도 없었고. 나는
완전히 머리가 텅 빈 상태였어. 그다음에 온 건 공포였어.
집에 들어갈 수가 없었어. 애가 죽어 있었던 자리가 있잖아.
그 자리를 어떻게 못 해가지고 가구를 다 옮겼던 것 같아.
가구들을 옮겨서 집 안 분위기를 다 바꿔놨어. 그렇게 할 수밖에
없었어. 무서우니까. 그런데도 혼자 있으면 너무 무서워서 너희
아빠가 퇴근할 때까지 밖에 있다가 같이 들어갔어. 그 공포가
심했던 것 같아.

애가 백일 때, 이제 고개 들고 이럴 때 죽은 거야. 그냥 웃고 울고
그것 말고는 없었던 거지. 만약에 걸어 다니고 나랑 의사소통이
되다가 죽었으면, 아마 그 상실감은 말도 못 했을 거야. 그때는
공포가 더 심했지. 정말 무서워서 집에 못 들어갔어. 근데
사람들은 내가 왜 무서워하는지 모르더라고. 네 아빠가 "니
자식인데 뭐가 무서워." 그랬어. 내가 어떤 게 무서웠을지 가늠을
못 하는 거야. 근데 난 귀신이 있을까 봐 그런 게 아니라, 그냥 그
붉은 자리를 볼 수가 없었어. 그게 제일 힘들었어.

　　　엄마는 제대로 슬퍼할 겨를도 없었겠네….

자식은 가슴에 묻는다 그러잖아. 아무도 나한테 그 무덤을 가르쳐주지 않았어. 그래서 찾아갈 수가 없는 거야. 그런데 거기에 도로가 난다고 시신들을 다 옮기라고 연락이 온 거야. 근데 네 아빠가 안 옮기는 거야. 그걸 그대로 두면 아기 뼈는 마구잡이로 여러 사람 뼈하고 한데 섞여서 어딘가에 뿌려지는 거거든. 내가 아빠하고 싸우기 싫어서 그냥 말 안 했는데, (이를 악물고) 나한테 알려달라고 해도 안 알려주고…! 너희들이 있을 때니까. 이제 큰 의미가 없다고 생각한 거겠지.

나한테만 의미가 컸지. 첫애였고. 이제 얼굴도 기억 안 나. 그냥 통통했고, 이렇게 딴딴한 아기였어. 너네하고는 또 달랐어.

아무튼 그런 것들이 너희 아빠랑 멀어진 여러 원인 중 하나였지. 남편이 아니라 인간 내지는 그냥 애들 아빠로 봤을 때 '이 사람이 정말 자식들한테 진심인가?' 나아가서 '사람한테 진심인가? 생명에 진심인 사람인가?' 그런 생각을 하게 되면서 자꾸 실망했던 것 같아.

미소가 죽고, 뱃속에 다시 애가 있을 때인데 시댁에서 왔다 가라는 거야. 근데 아빠만 오라고 하더래. 그래서 "얼른 갔다 와." 그러고 보냈는데, 다녀와서는 얼굴이 안 좋은 거야. 그래서 "뭐래?" 하고 물었더니. 우리 아빠가 개장사를 하기

때문에 부정 타서 애가 죽은 거라면서 "내가 개장사 딸한테
아들을 장가보내서 이런 일이 생겼다."고 땅바닥을 치면서
본인 아버지가 막 대성통곡을 하더라는 거야. 그러니까 "걔네
아버지가 개장사를 하는데 삼칠일(21일)도 안 돼서 그 집에
들락날락하더라. 그러니 애가 죽지 않았겠냐." 이런 얘기를
했던가 봐. 그래서 내가 "그래, 이혼하자. 이혼하라고 얘기하시는
거지?" 그랬어.

근데 너네 아빠가 가만히 있는 거야. 그래서 내가 "그동안
고마웠고. 나는 잘 살아보려고 했던 건데, 내가 아이도 못
지켰고 그랬으니까. 그건 내 잘못이다. 내가 인정한다. 이혼하자."
그래서 법원까지 갔어. 근데 너네 아빠가 이혼 안 하겠다고
그러면서 뱃속에 있던 아기가 유산이 돼버렸어. 이렇게
말하니까 그 기간이 짧은 것 같지만, 그 시기가 꽤 길었어. 계속
시댁에서 와라 가라 하면서 그런 얘기를 들었지. 그러고 나니까
가람이가 태어나고 돌 때까지 우리 아빠가 집에 안 왔어. 엄마,
아빠 둘 다 안 왔어. 그렇지 않아도 아빠는 자기 일을 되게
꺼려 했는데, 마침 그런 얘기가 나왔던 거지. 그러니까 "자기
때문에 애가 잘못해서 죽으면 어떡하냐." 한 거야. 우리 아빠가
미소를 엄청 이뻐했어. 첫 손주였고, 자기 자식은 어떻게 크는지

몰랐는데 이제 손주니까 '아기가 이렇게 크는 거구나.' 하고 안 거지. 그래서 되게 예뻐했는데 애가 죽으니까 우리 아빠도 너무 당황한 거야. 그래서 미소 무덤 주위에 유황 같은 거 뿌려주러 가고 그랬어. 다른 짐승들이 파헤치지 못하게 한다고. 비 오고 눈 오면 비닐로 덮어주러 가고. 그 정도로 많이 갔어. 그랬으니 가람이가 태어났을 때 혹여나 하는 마음에 안 오더라고. 너 태어났을 때는 위에 애가 하나 있으니까 그러진 않았어. 하여튼 그때 이혼했으면 어땠을까 하는 생각을 지금도 해. 좋은 이미지로 헤어졌으면 서로 좀 나았을 텐데 하는 생각을 하지.

나도 생각했다. 그때 두 분이 헤어졌으면 어땠을까? 그래서 엄마도 아빠도 다른 삶을 살고, 내가 태어나지 않았다면 어땠을까? 명쾌한 표현을 찾을 수는 없었지만, 분명한 건 전혀 슬프지 않았다는 것이다. 오히려 '그래, 그랬으면 얼마나 좋았겠어!' 하고 탄식이 나왔다. 문득 엄마가 "내가 태어나지 않았더라면 엄마 아빠가 이혼했을 거 아냐."라고 말했던 게 생각났다. 차마 입 밖으로 꺼내진 못했지만, 엄마 뱃속에 있던 아이가 엄마에게 어서 떠나라고, 지금이 기회라며 일부러 떠나준 게 아닐까 하는 생각도 들었다. 나라면 분명 그랬을 테니까.

두 딸을 살리기 위해
선택한 일, 일, 일

어쩌다가 강릉까지 가게 된 거예요? 강릉에서도
극장을 했잖아요.

영화관에 필름 대주던 아저씨가 강릉에 빈 극장이 있다고,
내려가서 운영해보라고 한 거야. 그래서 강릉으로 갔지. 그때
마침 시어머니가 네 아빠 이름으로 보증을 섰는데 압류가
들어오기 시작한 거야. 그래서 네 아빠랑 신혼 때부터 만들어둔
재산을 다 처분했고.
강릉에 막 이사 갔을 때, 너희 아빠가 강릉에 적응해야
된다고 모든 모임에 다 참석했어. 그래서 새벽까지 술을
엄청나게 먹고 들어올 때가 많았어. 그때 엄마는 모든 돈을
모아서 외할머니한테 보내고 있었을 때야. 강릉에 내려올 때
외할머니한테 돈을 빌렸으니까 갚아야 할 거 아냐. 진짜 돈이 한
푼도 없었어. 그때는 어디에 돈을 쓴다 이런 것보다 너희 아빠가
갖고 오는 돈으로 애들 키우면서 빚을 갚는다, 이 생각밖에 안
했어. 근데 그때 내가 돈을 계속 친정에 보내니까 너희 아빠가

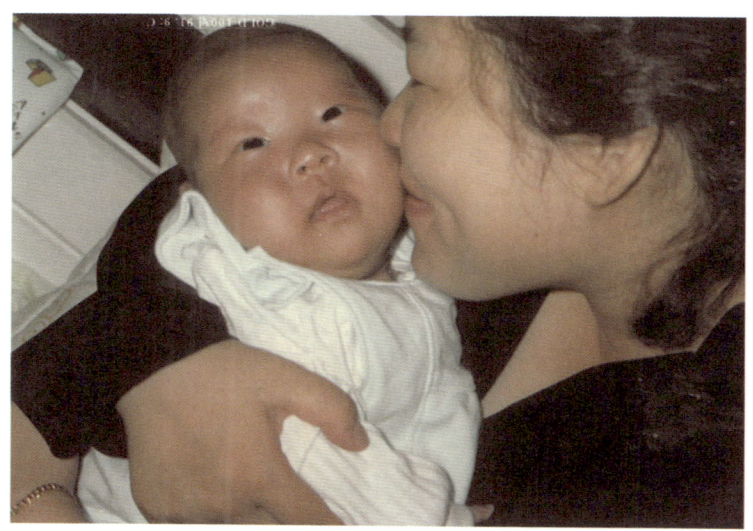

다시 안게 된 첫딸.
그렇게 가람 언니는 첫째가 되었다.

그러는 거야. "너는 왜 돈만 주면 너네 친정에 다 갖다주냐?
그리고 왜 돈이 없다고 그러냐?" 근데 있잖아, 빚을 갚느라 그런
거잖아. 그래서 "극장을 무슨 돈으로 했는지 자기도 알잖아."
내가 이러면, "또 그 소리 한다! 내가 니네 집에 준 거는 생각 안
하냐!" 막 이러고 옛날 얘기들이 나오는 거지. 그래서 나도 듣기
싫으니까 나중에는 돈 달라는 얘기도 안 하게 된 거야.
돈이 없어서 사는 게 각박하면, 너네들 물건 챙겨가지고 데리고
나와서 여기 한 바퀴 저기 한 바퀴 돌면서 시간을 보냈지.
그래봐야 시장 한 바퀴 돌고 들어오는 게 다였어. 유모차에 애
둘 싣고 어딜 갈 수 있겠어. 또 그때는 강릉에 아무것도 없었을
때니까. 공원 같은 데도 없고 사는 게 너무 단조로웠어. 동네
한 바퀴 도는 것 말고는 갈 데도 없고, 내가 애 둘을 키우면서
아무것도 못할 때잖아. 게다가 친정 식구도 없고 완전히 외딴
곳이잖아. 근데 너희 아빠는 새벽에 들어오고, 낮 12시쯤
일어나서 밥 달라고 하고. 그때까지 나는 너희들 먹이고 치우고
이러고 있다가, 네 아빠가 일어나면 밥 주고 그러고 나서 또
새벽에 들어오면 밥 챙겨주고. 이 생활이 반복되니까 나도
완전히 지쳐서 우울증이 온 거야. 그때는 강릉이 지금처럼
그렇게 번화한 도시도 아니었어. 나는 지금도 바다가 좋다는

게 이해 안 되고, 거기에 내려간 걸 후회해. 강릉에 내려갈 때 빚이 8500만 원이었어. 정말 온전히 다 빚이었어. 그래서 너네 우유 값 빼고는 다 올려 보냈던 것 같아. 그 빚을 2년인가 3년에 걸쳐서 갚았어. 하람아, 나는 그 돈을 갚는 동안 정말 아무것도 못 했어.

내가 서울에 남아 있고 너희 아빠가 월급을 올려 보내줬다면, 지금쯤 아파트 몇 채는 갖고 있겠다는 생각을 아직도 해. 근데 네 아빠가 같이 내려가자고 하는 거야. 자기 혼자 못 살겠다고. 처음엔 내가 "그냥 살아라. 나 애들하고 여기 있겠다. 애들 금방 유치원 가야 되고 그런데 누가 도와주냐. 강릉에 가면 연년생 둘을 내가 어떻게 혼자 케어하냐." 그랬어. 서울에 있으면 훈이랑 동생들이 왔다 갔다 할 수 있으니까 애들을 나눠서 케어할 수 있잖아. 그랬는데도 강릉에 빨리 내려가자고 해서 간 건데, 잘못 내려간 거지. 지금도 생각하면 가지 말았어야 돼. 네 아빠도 내려가지 말았어야 돼. 계속 서울에 살았으면 다르게 살았을 수도 있었을 거야.

네 아빠가 주는 돈으로는 빚을 갚기에 턱없이 모자랐어. 매일 메꿔야 되고, 갚아야 되고, 그러다 보니 많이 벌어야겠더라고. 그래서 부대찌개 장사를 시작했던 거야. 거기서 나오는 돈을 다 긁어서 외할머니한테 다 드리고 결국 빚을 갚았어. 그 2년 동안이 정말 나한테는 너무너무 끔찍한 날이었어. 사실 그것 때문에 너희를 어떻게 키웠는지 기억도 안 나. 그때 내가 너무 너무 힘들었던 것 같아.

부대찌개 가게 할 때도 네 아빠가 그렇게 뭐라고 하는 거야, 자기 밥을 주고 나가라고. 세상에 낮 12시에 일어나는 사람한테 어떻게 밥을 주고 나가서 식당 일을 하느냐고! 정말 미치겠는 거야! 그리고 내가 종일 식당 일을 하다 들어가니까 음식 냄새가 얼마나 나겠어. 그거 가지고도 뭐라고 해서 지금도 내가 집에 들어가자마자 욕실 앞에서 옷 벗는 게 그때부터 버릇이 된 거야. 본인은 주변에서 "형님, 발을 넓혀야 되지 않겠습니까." 이러면 이 모임, 저 모임 다 들어가는 거야. 볼링, 자전거, 스키… 뭐 안 하는 게 없어. 생활비가 여기까지 올 틈이 없어. 집에서 애들이 뭘 먹고 사는지도 몰라. 본인은 그냥 집에 돌아와서 자고 나가면 이게 가정생활을 잘하는 거라고 생각하나 보더라고. 네 아빠가 맨날 얘기했잖아. "내가 바람을 폈냐. 놀음을 했냐. 생활비를 안 갖다줬냐." 그래, 생활비를 갖다줬지! 생활비라고 평소 2만 원, 3만 원 이렇게 주는 게 다여서 그렇지. 무슨 어린애 용돈 받는 것처럼 생활비를 그렇게 받는 거야. 그게 목돈이 되겠냐고.

그러면서 맨날 아침밥 달라 뭐 해달라 이러는데, 그렇게
생활비를 쓰면 없잖아. 2만 원 갖고 무슨 밥상을 차리느냐고.
그러니까 내가 부대찌개 가게를 해서 거기에 보태서 빚을 갚은
거야. 내가 돈 벌어서 너네 둘하고 나하고만 생활하면 된다고
생각했어. 너희 아빠는 그냥 깨끗하게 입히는 것 말고는 내가 더
해줄 수 있는 게 없었으니까.

시소 같은 사랑

하람이 너를 낳고서 아들이 아닌 걸 알았을 때 너희 아빠는 "뭐
괜찮다." 그랬어. 근데 말과 행동이 너무 다른 거야. 유독 너한테
곁을 안 줬어. 네가 어떻게 들을지 모르지만 내가 느낄 땐
그랬어. 이미 이뻐라 하는 딸이 하나 있고 그래서 이제 아들이
하나 있었으면 하는데, 낳고 나니까 아닌 거지. 어쨌든 너한테
행동하는 게 조금 달라서 그때도 내가 많이 실망했어.
네 아빠는 뭔가 사뭇하고 유효기간이 있는 것처럼 보였어.
사람을 사귀면 처음에는 좋다고 그러다가 얼마 안 돼서 아웃,
아웃, 아웃. 그래서 그 사람을 안 보냐, 그것도 아니야. 필요할

241

때는 또 다 이용해. 그리고 사람들 많은 데서 함부로 대하고. 왜 저러나 싶을 정도로 그러니까 너무 싫었지. 내 동생들은 이미 유효기간이 다 끝났고. 우리 엄마, 아빠도 마찬가지야. 우리 친정 식구들이 왔다 가면 "너네 엄마는~", "너희 아빠는 말이야~" 막 이랬어.

그런 얘기들을 할 때마다 '이 사람하고는 끝까지 살지 못 할 것 같다'는 생각이 들었어. 심지어 너하고 언니하고 둘이 놓고도 그러는 거야. '가람이는 예쁘고, 하람이는 미워.' 이렇게. 아빠는 한 사람이 예쁘면, 한 사람은 미워야 돼. '둘 다 비슷하게 좋아.' 이게 안 돼. 언니는 언니대로 또 예뻤다가 미웠다가, 니가 예뻤다가 미웠다가. 사랑을 약간 시소처럼 해. 그게 너무너무 싫은 거야.

제일 힘들었던 건 특히 너한테 뭐라고 했던 것. 네가 아직 아기니까 기저귀도 갈아줘야 되고, 젖도 먹여야 되고, 아무래도 네가 손이 더 많이 가잖아. 근데 네가 밥 먹다가 흘리거나 하면 그렇게 뭐라고 하는 거야. 그래서 내가 "아기인데 흘릴 수도 있지. 왜 그렇게 얘기하냐" 그랬어. 그리고 네가 아기라 잘 흘리니까 식탁에 앉혀놓고 먹이면 또 떠먹인다고 버르장머리 없이 키운다고 뭐라 그러는 거야. 애초에 너는 잘 먹는 아기도 아니었어. 가람이는 되게 잘 먹는 아기였고.

"너는 턱이 없냐?"

아빠와 밥을 먹을 때마다 들었던 말이다. 밥을 먹을 때 칠칠치 못하게 흘린다고 한마디씩 들었다. 아빠는 삼시세끼 꼭 같이 먹어야 한다는 원칙을 가진 사람이었다. 그때마다 아빠에게 잔소리를 들으니 나는 밥을 먹지 않아도 배가 불렀다. 아빠와 헤어지기 직전, 중학교 3학년 때까지 이 말을 들었다. 다 커서도 무슨 그런 말을 들었나 싶겠지만, 흘리면 흘린다고, 적게 먹으면 깨작거린다고, 앉은 자세, 젓가락질, 먹는 모습 등 밥상에서 온갖 트집을 잡아댔다. 어쩌면 그냥 내가 꼴보기 싫었을 수도 있다. 그럼 밥을 같이 먹지를 말던가, 그건 또 안 된단다. 어른이 밥상에 오기 전에 앉아 있어야 하고, 어른이 다 먹기 전까지 일어서서도 안 됐다. 나도 살아야 했기에 배가 아프다 하고 혼자 방에 남아 밥을 거르는 날이 많아졌다. 배는 고팠지만, 마음은 편했다.

그때부터 누군가와 밥 먹는 자리를 피하기 시작했다. 어쩌다 누군가와 식사를 같이 하다가 "왜 그렇게 적게 먹냐.", "또 저것밖에 안 먹는다." 등의 말을 듣게 되면 반드시 체했다. 그러고 나니 정말 아빠 말대로 나에게 문제가 있는지 의문이 들기도 했다. 나는 먹는 모습을 누군가에게 보여주기 싫어 점점 더 움츠러들었고, 더 피하고, 더 나를 검열했다. 나중에는 정말 배가 아팠고, 실제로 체하는 일이 잦아져 식사를 거의 하지 않게 되었다.

그래서 내가 네 아빠한테 느끼는 게 진짜인가 싶어서 서울 살 때 친했던 이웃한테 너를 며칠 데리고 있어 달라고 했어. 그 이웃 아저씨랑 아줌마가 너를 워낙 이뻐했으니까. 애가 안 보이면 걱정을 할 거 아니냐, 자기 자식이니까. 네 아빠가 먼저 얘기할 거라고 생각하고 기다렸는데 데려오라는 소리를 안 하는 거야.

그때 많은 게 기억나진 않지만, 희미하게 몇몇 장면이 기억나요. 오빠들이 야쿠르트 한 줄을 까지도 않고 빨대만 쭉 꽂아서 한 번에 다 마시는 거 보여주고 그랬어요. 오빠들이 재미있어서 낮 동안은 잘 놀았던 것 같은데, 밤만 되면 엄마를 찾으면서 울었죠. 어두워지고 잘 때만 되면 마음이 너무 휑했어요. 그럼 아줌마, 아저씨가 양옆에 누워서 토닥이며 재워줬지….

그때 네가 세 살 이럴 때였어. 놀이방 가기도 전이니까 되게 아기였지. 한 두세 달 정도 그 집에 있었어. 그때 내가 부대찌개

장사를 할 때라 재료 사러 서울을 자주 다녔거든. 그때마다
내가 너한테 들렀어. 처음에는 나한테서 안 떨어지려고 했는데,
나중에는 아줌마한테 "엄마, 엄마" 하고, 아저씨한테 "아빠,
아빠" 하고 그러고 있는 거야. 또 네가 "아빠 업어줘." 하고
강아지처럼 예쁘게 구니까 아저씨가 널 너무 이뻐하는 거야.
이제 너는 거기에 적응한 거지.

　　　　제가 그렇게 잘 지내는 걸 보면서 어땠어요?

너무 마음이 아팠지, 내가 엄마인데… 그래서 너희 아빠한테
"하람이한테 들렀더니, 하람이가 아저씨한테 '아빠, 아빠' 하고
아줌마한테 '엄마, 엄마' 하더라." 그랬어. 일부러 다음 말을 안
했더니, 그제야 "가서 데리고 와." 이러더라고.

　　　　엄마는 그 말이 나오길 기다렸던 거네요?

그렇지. 나는 당장이라도 가서 데려오고 싶었지만, 되게 많이
참았어. 근데 데리러 갈 때도 너희 아빠는 같이 안 갔어.

하고 싶은 말이 있었지만 입 밖으로 잘 튀어나오지 않았다. 그게 무엇인지 나조차도 잘 모르는 것 같았다. 결국 입 주변을 맴도는 말을 하지 못하고 엄마와 대화를 마쳤다.

가정폭력은 개인사(史) 아닌 개인사(死)

그때 네 아빠가 나한테 손찌검을 많이 했을 때야. 내가 너를 업고 있을 때 아니면 애들 다 재우고 있을 때 들어오면 내가 "지금이 몇 시냐? 너무 하는 거 아니냐? 이럴 거면 나한테 아이들하고 뭐 하러 강릉까지 내려오라고 했냐, 여기 아무도 없는 동네에. 그냥 서울에서 셋이 살게 놔두지. 여기까지 불러가지고, 새벽 서너 시까지 사람을 잠도 못 자고 기다리게 하냐. 애 둘을 키우는데, 당신이 어떤 도움을 줬냐? 너무 하는 거 아니냐." 이랬더니, 막 어쩌고저쩌고하다가 싸대기를 때리는 거야. 그때 맞으면서도 '너랑은 못 살 것 같다.' 하고 생각했지. 나는 우리 아빠가 엄마한테 손대는 거를 보고 살았으니까. 근데 너네 아빠네도 똑같았어.

한번은 시어머니가 에이치(H) 라인 청치마를 입었는데, 여기가
쭉 찢어져서 집에 온 거야. 시어머니가 출근하고 조금 있다가
아버님이 쫓아가서 산에 끌고 가 시어머니를 막 때렸다고
하더라고. 근데 시어머니도 지는 성격이 아니거든. 그래서
자기도 멱살을 확 잡아서 밀어버렸대. 그랬더니 저기 산 아래로
시아버지가 굴러 떨어지더래. 시어머니가 시아버지보다 키도 더
크고 젊었거든. 아무튼 그래서 나는 '하람이가 크면 내가 너랑은
안 살 거야.' 이런 생각을 하면서 참았던 것 같아. 네가 너무
어리고 애기였으니까.

그렇게 맞으면서 왜 한 번도 신고하지 않았어요?

그때는 신고해서 되는 게 아니었어. 경찰들이 온다 해도 와서
"부부 싸움인데 무슨, 그냥 잘 해결하세요." 이러고 가는 게
다야. 경찰들이 가정사에 개입한다 이런 거는 있을 수가 없는
일이야, 누가 죽거나 하기 전에는. 신고하는 건 나를 망신주는
일이었어. 그래서 내 자식, 너희까지 괴롭히는 상황이 되는 거지.
그러니까 나는 그ㅅ대 사람도 글러먹었다고 생각해.
저번에 우리 엄마, 아빠가 춘천에 오셨을 때, 내가 그 얘기를

했어. "아빠는 요즘도 나한테 정호 뭐 하냐고 물어보는데, 정호가 나한테 손찌검을 했고, 나는 맞으면서까지 같이 살고 싶진 않았다. 정호가 아무리 우리 집에 돈을 빌려주고 잘했어도, 내가 맞으면서 사는 건 아니지 않냐." 그랬더니 엄마도 아빠도 아무 말 안 하고 가만히 듣고 있더라고. 힘들었겠다, 뭐 그런 말까지는 기대하지도 않았어. 어쨌든 내가 할 수 있는 얘기는 해야 된다고 생각했기 때문에 그런 얘기를 했지.

엄마가 아빠에게 맞기 시작한 것은 대략 1993년이고, 내가 "엄마, 우리 신고해요"라고 말한 게 2005년이었다. 하지만 엄마는 끝끝내 경찰에 신고하지 않았다. 왜 그랬을까.
몇 년 전 가정폭력상담센터에 엄마를 모시고 갔다가 의외의 말을 들었다. 상담 선생님이 "남편이 그렇게 때릴 때 왜 신고하지 않으셨어요?"라고 묻자, 엄마는 "우리 아빠도 늘 엄마를 때렸고, 남편이 날 때리는 건 그리 심한 정도는 아니라고 생각했어요."라고 했다. 나는 경악했다. 가정폭력에 경중을 두고 있다는 게 충격이었고, 결론적으로 '견딜 만했다'는 말에 얼어붙었다. 아빠는 운동선수 급의 체격을 가졌고, 엄마는 아담한 체구에 밤샘 노동으로 체력조차 좋지 않았다. 옆에서 같이 상담을 받는 내내 나는 눈물이 멈추지 않았다. 엄마는 그런 나에게 휴지를 건네고 덤덤하게 상담을 이어나갔다. 엄마는 그때 상담을 다 마치지 못했다. 하지만 몇 년이 흐른 뒤, 할아버지에게 남편의 폭력이 부당했다고, 그렇게는 살 수 없었다고 얘기한 것이다. 가정폭력에 대한 엄마의 인식이 조금 선명해진 것 같았다.

1998년, 가정폭력방지법이 시행되었다. 이 법은 "가정폭력을 예방하고 가정폭력의 피해자를 보호·지원하는 것을 목적으로 한다"(1조. 목적 및 정의) 여기에는 가정폭력의 가해자를 처벌하는 내용이 담겨 있지 않다. 이 때문에 가해자가 흉기를 휘두르고 피해자의 목숨을 위협해도 상담위탁 보호처분 등을 받을 뿐, 형사처벌은 받기 어렵다. 경찰청 통계에 따르면 2022년 가정폭력으로 신고된 건수는 22만 5609건이나, 그중 단 542명만이 구속되었다. 신고 건수 대비 구속률은 0.24퍼센트에 불과하다.* 상황이 이러하니 박경화 씨 말대로 '누군가 죽어야 끝나는 일', 사건이 되어야 공론화되는 일이 바로 가정폭력인 것이다.
—편집자 주

* 한국여성의전화, 『가해자 처벌 없는 가정폭력'처벌'법, 개정하라!』(2024년 05월 03일)

내가 초등학교 2학년 때인가, 엄마가 가게도 다 접고 갑자기 과수원으로 이사했잖아요. 왜 뜬금없이

249

과수원을 시작한 거예요?

아니야, 집을 구했는데 거기에 과수원이 있었던 거지. 가람이가
학교에서 안 좋은 일이 있었는데, 거기서 벗어나려고 했던 거야.
지금 같았으면 내가 아마 그 학교를 다 뒤집어놨을 거야. 그때도
네 아빠가 도와주지 않아서 너무너무 화가 났어.

그때 무슨 일이 있었냐면, 학교 갈 때만 되면 언니가 계속
씻었어. 아침에 머리가 다 젖은 채로 등교를 하는 거지. 그래서
"너 왜 그러니? 늦었는데 왜 씻니?" 그랬더니 "엄마, 내 몸에서
냄새 나요?" 이러는 거야. 그래서 "네가 무슨 냄새가 나? 너
방금 씻었는데." 그랬더니 가람이가 "애들이 내가 가면 피해요."
이러는 거야. 내가 그 말 듣고 담임선생한테 쫓아갔는데 선생이
남자인 거야, 공감 능력이 전혀 없는. 그래서 내가 그 애들
엄마를 불러달라 그랬는데, 선생이 "어머니가 너무 예민하신
것 아니에요?" 이렇게 나오는 거야. 그때 너희 아빠가 같이
갔어야지. 지금도 똑같아. 남자 선생한테 엄마, 아빠가 둘이
쫓아가는 거랑 엄마 혼자 쫓아가는 거는 다르지.

그래서 "나는 당신 같은 사람한테 애를 맡길 수 없다. 우리
애가 여기 와서 상처받는 거 싫다. 이제 학교 안 보내겠다."

그렇게 말하고 학교를 아예 안 보냈어. 그러다가 그 가해자 애들 엄마들한테 전화가 왔어. 그래서 내가 물어봤어. "당신 애들이 이렇게 한 거 알고 있냐?" 근데 몰랐다는 거야. 그래서 "모르면 다냐. 니 자식들, 니네가 잘못 키웠다. 이런 애들이 커서 뭐가 되겠냐. 가만히 책 보고 있는 친구한테 머리를 자르겠다고 협박하는 애가 다음에 뭐가 되겠냐. 엄마 얼굴에 칼 안 댈 것 같냐. 똑똑히 지켜봐라. 네 자식이 커서 뭐가 되는지 한번 두고 봐라." 내가 그렇게 얘기했어.

한 애가 큰 가위를 갖고 와서 가람이 머리에 대고 "자른다! 자른다!" 막 이랬대. 내가 그 엄마들한테 한 말은 악담이라고 생각하지도 않아. 난 그것보다 더한 말도 할 수 있어. 그리고 그 선생한테도 그랬어. 교감이 되는 게 그렇게 중요하면 선생을 하지 말아야지. 남의 귀한 자식들 데려다가 이게 무슨 짓이냐. 내 자식만 망친 게 아니라 그 가해자 애들도 다 망친 거라고. 당신은 선생 할 자격도 없다고. 교육청에다 난리 쳐서 모가지 자르기 전에 전화하지 말라고. 내가 그렇게 말해놨는데 나랑 통화하고 나서 그 선생이 너네 아빠한테 전화한 거야. 근데 아빠가 그 사람이 말하는 걸 한 시간 동안 아무 말도 안 하고 듣고만 있는 거야. 이런 젠장.

가람이가 걔네를 다시는 안 만나게 해주고 싶었어. 그때 내가
옷 가게 할 때인데, 장사가 잘됐잖아. 그 잘되던 가게를 다른
사람한테 세 주고, 너희를 데리고 조금 떨어진 동네로 이사 갔던
거야. 너한테는 자세하게 얘기 안 했지. 아직 아기니까(초등학교
2학년) 할 수 없고, "언니랑 같이 잘 다녀." 이렇게 다독여서
보냈지. 그렇게 하고 네 아빠는 운동회에도 참석하게 하고, 나는
장사해야 되니까 운동회 같은 데는 못 가봤던 것 같아.

그치, 아빠는 키도 크고 덩치가 있어서 가만히 앉아만
있어도 위압감이 있으니까.

극장 사장이니, 뭐 간판도 좋잖아. 먹을 것만 해서 보내고, 나는
항상 학교에 못 갔어. 어쨌든 내가 유지했던 것들이 있을 것
아니야. 그땐 빚이 있고 이러진 않았는데 그래도 적금도 부어야
하고 생활비가 필요했으니까. 그때도 똑같았어. 필요하다고
하면 네 아빠가 2만 원, 3만 원씩 주는 게 다 였으니까 내가 계속
돈을 벌어야 했지. 그래서 잘되던 옷 가게는 세 주고, 이사 온
집에 과수원 있고 넓으니까 과수원에서 음식 장사를 한 거야.
그래도 너네하고 24시간 같이 있을 수 있고, 엄마도 맨날 옷

가게 하면서 밤새 서울 오가는 것보다는 너희 밥 해 먹이고, 쑥
튀김도 해주고, 같이 놀고 그럴 수 있었지.

그때 네 아빠 극장에 손님이 점점 없어지고 극장도 낡아가니까
이런 극장이 앞으로 얼마나 가겠냐, 미래를 위해 준비하자
그랬어. 그 동네에 멀티플렉스 같은 게 들어오기 전에 준비를
해야 할 것 같았거든. 그때 우리 극장엔 상영관이 한 개밖에
없었고 필름 영사기 돌리는 옛날 극장이었잖아. 그래서 3층짜리
건물 지어서 1층은 오락실이랑 롯데리아에 세 주고, 거기서
보증금을 받아서 한 층에 매점 하나씩 조그맣게 넣고 극장을
돌리자고 그랬지. 네 아빠는 겁이 나는 거야. 나는 그런 네
아빠가 너무 답답했고 그때 극장이 잘될 때였거든.

「공동경비구역 JSA」(2000)가 개봉했을 때 극장 매표소 앞에
서 골목 끝까지 사람들이 줄을 서 있던 모습이 아직도 기억
난다. 길게 늘어선 줄은 줄어드는가 싶다가 다시 길어지고,
또 다시 길어지고 그랬다. 그 후에도 「집으로」(2002), 「올드보
이」(2003), 「살인의 추억」(2003) 등의 한국 영화가 인기를 끌
었고, 「반지의 제왕」, 「해리포터」, 「오션스」 등 해외 영화도 줄
줄이 흥행했다. 아빠는 늘 두둑한 현금 뭉치를 들고 퇴근했
다. 고소한 팝콘 냄새가 가득 묻은 돈 냄새는 우리 집에 꽤 오

253

랫동안 이어졌고, 그럴 때면 우리 집도 꽤나 부유하다고 느껴졌다. 실제 우리 집은 제법 부유층에 준하는 수준까지 튀어 올랐다, 마치 팝콘처럼.

근데 서울에서 너희 아빠한테 영화를 대주던 아저씨가 "그 허허벌판에 극장을 지어서 뭐 하냐." 이런 거야. 여기에 대해 아무것도 모르면서. 그 사람은 이미 그 영화사에서 돈을 많이 번 사람이니까 네 아빠는 그 사람 말을 들은 거지. 그 영화사 대표 아저씨는 돌아가셨지만 그때도 대단했어. 그 사람은 아주 거물이야. 그래서 영화관을 새로 못 지은 대신 상가 건물을 샀던 거야. 그땐 나도 너희 아빠도 돈이 꽤 있었어.

그때가 IMF 직후여서 그 건물이 싸게 나왔어. 그 건물을 살 때 우리 아빠가 돈을 갖고 왔어. "이 돈 좀 보관해줘." 하고. 근데 내가 사기를 당하면서 그 돈으로 이리저리 메꾸면서 건든 거지. 너희 아빠는 내가 사고를 쳤다며 집 밖에도 못 나가게 하고, 그 돈 대신이라며 내 가게를 할아버지랑 경란이(둘째 동생)한테 줘버린 거야. 그렇게 잘되던 가게를 하루아침에 못 하게 돼버린 거야. 하루에 300만 원씩 벌던 가게였는데 거기서 손을 딱 놓으니까 미칠 것 같은 거야. 돈이 딱 끊기니까. 네 아빠는 생활비를 주던 사람이 아니니까 이제 돈 나올 데가 없잖아.
원래부터 네 아빠는 내가 돈 버는 꼴을 못 봤어. 부대찌개
가게도, 신발 가게도 네 아빠가 못 하게 해서 그만둔 거야.
내가 옷 가게 할 때 돈을 되게 많이 벌었잖아. 계속 "야, 넌
얼마 팔았냐? 나보다 낫네." 그랬어. 그러면서 "그거 몇 푼이나
번다고. 집에서 애들이나 보고 밥이나 제때 따뜻하게 해놓지."
그러는 거야. 내가 더 늦게 끝나니까 밥을 해놓을 수가 없잖아.
너희도 나랑 같이 가게에 종일 있었으니까 서로 지치는데, 네
아빠는 그걸 알아주기는커녕 틈만 나면 그만두라는 소리만
해댔지.

어렸을 때부터 나의 일과는 유치원 혹은 학교에 갔다가 가게
에 들러 엄마가 챙겨주는 밥을 먹고 카운터 뒤에 앉아 숙제
를 하는 것이었다. 만약 엄마가 다른 사람 가게에서 일했더라
면, 우리를 보살피기 어렵고 우리에게 원하는 만큼 해줄 수
없었을 거라고 했다. 이것이 엄마가 자기 가게를 운영했던 이
유다. 나 또한 가게보다는 집에서 엄마의 보살핌을 받고 싶었
던 게 사실이지만, 그것이 현실적으로 어렵다는 것을 너무 잘
알고 있었다.
극장가가 황금기를 맞이해 아빠의 지갑이 두둑하던 시절에

도, 나는 급식비조차 받기 어려웠다. 용돈은 애초에 존재하지도 않았다. 아빠가 아예 돈을 주지 않은 건 아니지만, 돈을 달라고 말하기까지 꽤 많은 용기가 필요했다. 한번은 미용실 간다고 돈을 달라고 하자 아빠는 "몇 년 자를 일 없게 확 다 밀어버리고 와!"라고 했다. 그것이 설령 농담이었다 해도 열네 살인 나에게는 큰 상처였다. 아주 가끔 아빠가 먼저 무언가를 사줄 때가 있었는데, 그건 술에 취해 내 물건을 부수거나 나를 때린 직후였다. 엄마가 없을 때 아빠는 종종 나를 때렸다. 엄마는 이 사실을 그때도, 지금도 모른다.

상황이 이렇다 보니, 나 또한 경제적으로 엄마에게 의지할 수밖에 없었다. 하지만 아빠가 가끔 집을 부수고 엄마를 때릴 때면, 엄마를 아예 집에 가두고 바깥출입을 못하게 하곤 했다. 엄마가 일을 못 하고 돈을 벌지 못하게 되면 내 급식비도 뚝 끊겼다. 엄마에 의해 이 가정이, 내 생명이 유지되고 있음이 증명되는 순간이었다.

주먹보다
더 아팠던 한마디

내가 경란이(둘째 동생)한테 "형부가 날 때렸어." 하고 말하면,

번번이 시큰둥하게 "말을 하지." 이랬어. 그걸 보면서 '얘가 내 옆에 살던 그 애가 맞나?' 하고 생각했어. 그때 경란이가 강릉에 내려와서 근처에 살 때였는데 얘는 다른 세계에 살았던 거야. 나는 안중에도 없었던 거지. '언니네 뭐 새로운 게 생겼나. 이거 괜찮은데 내가 가져갈까?' 이런 생각밖에 못했던 것 같아. 나는 지금도 걔한테 기대하는 게 없어. 근데 마침 네가 "엄마 이혼해도 된다. 나 때문이면 나는 괜찮으니까 엄마 이혼해라." 이랬어. 하람이 네가 그러는 거 듣고 '아, 얘가 많이 컸구나' 싶었지. 얘가 집에서 한 1년만 버텨주면 내가 나가서 자리 잡을 수 있을 것 같은데, 하는 생각이 드는 거야. 네 아빠가 나한테는 손찌검을 했지만, 너희한테는 직접적으로 손을 대거나 하지는 않았으니까. 물건을 부수거나 소리를 지르긴 하지만 말이야. 그래서 네가 조금만 스스로를 케어하면, 내가 나가서 자리를 빨리 잡을 수 있겠다는 생각이 들었지. 그때 마침 계단을 내려가다가 넘어지면서 무릎 인대가 끊어진 거야. 그렇게 병원에 입원하고 네 아빠와 분리되면서 본격적으로 이혼을 생각하기 시작했지.

당시 내게 어떤 용기가 있거나 아빠를 견딜 만한 힘이 있어서 그런 말을 했던 것은 아니었다. 다만 엄마가 이혼하면 나도 엄마를 따라 아빠에게서 벗어날 수 있을 거라 생각했다. 집에 남아 있는 것은 내 머릿속에 없는 그림이었다. 그래서 두 분이 이혼하고, 내가 아빠랑 한동안 살아야 한다고 했을 때 하늘이 무너지는 것 같았다. 하지만 내색하지 않으려 애썼다. 그리고 진짜 하고 싶은 말은 삼키고 다른 말을 뱉었다. "엄마, 얼른 가서 자리 잡고 나 데리러 와요. 나 잘 있을게."

그때는 충격이긴 했지만, 엄마가 이혼을 위해 언니와 나를 두고 나간다는 건 그리 중요하지 않았다. '벼랑 끝에 서 있는데, 살 수 있는 사람은 살아야지.' 하는 생각뿐이었다. 아빠의 폭력 수위는 점점 심해졌고, 매일 얻어맞아 나중에는 몸도 제대로 가누지 못하는 엄마를 보고 있자니 가장 먼저 탈출해야 하는 사람은 엄마라는 생각밖에 들지 않았다.

그 다음 순번이었던 나에게 아무 일도 없었던 건 아니다. 아빠가 물건을 부수거나 내가 맞는 일도 있었지만 정작 견디기 힘들었던 건 언제 그런 일이 닥칠지 몰라 24시간, 365일 긴장하며 살아야 했던 것이었다. 그게 가장 지옥 같았다. 아빠는 유독 내게 더 날을 세웠다. 언니에게는 볼을 부비며 다정하게 굴기도 했지만, 나에게는 "야!", "이 자식아!", "이 새끼야" 같은 말이 아무렇지도 않게 튀어나왔다. 집에서는 편하게 잠들어본 적조차 없었다. 그런데 알고 보니, 집을 떠난 엄마도 처지가 비슷하기는 마찬가지였던 모양이다.

내가 잠시라도 가 있을 곳이 없는 거야. 나를 이해하는 사람은
우리 엄마 하나였고, 나머지 가족한테는 다 너희 아빠가 더
큰 사람이었거든. 왜냐하면 너희 아빠가 경제적으로 우리
집을 많이 도와줬으니까. 그래서 이미 다른 식구들이 내 말을
믿지 않을 거라고 생각했고 이해하지 못할 거라고 생각했어.
실제로도 그랬고. 특히 친정이라고 간 곳에서 우리 아빠의 그
거친 말들을 듣고 싶지 않았어. 그래서 아무한테도 얘기 안 하고
병원에서 버틴 거지. 그렇게 병원에 있으면서 이혼해 달라고
그랬더니 네 아빠가 "바람났냐?" 이러면서 계속 욕만 해대는
거야. 그래도 그냥 들었어. 혹여 너네한테 해코지할까 봐. 차라리
나한테 하는 게 나으니까. 근데 네 아빠가 밤마다 전화해서 듣도
보도 못한 욕을 하는데, 이 수위가 점점 높아지는 거야. 그때
내가 녹음을 했어. 그걸 다른 사람이 듣고 그러더라. "욕을 그냥
하는 게 아니고 차마 듣지 못할 욕을 씹어서 뱉더라."고.
그런데 정말 결정적인 사건은 내가 교통사고를 겪었을 때였어.
경찰은 내가 지나가면서 사망한 사람을 한 번 더 밟고 지나쳐서

죽었다고 했는데, 나는 그런 기억이 전혀 없어. 너도 운전을
해서 알겠지만 방지턱 같은 걸 넘으면 차 바퀴에 느낌이 확실히
오잖아. 그 느낌을 모를 수가 없단 말이야. 그런데 그때는 그런
감각이 전혀 없었어. 게다가 내 뒤로는 라이트 켠 차들이 계속
같이 주행하고 있었거든. 겨울이 되면 차 밑에도 고드름같이
얼음이 얼잖아. 그날도 출발 전에 바퀴 밑에 얼음이 붙은 걸
살살 깨면서 금이 간 상태였는데, 그 바퀴 쪽에 있던 플라스틱이
사고 현장에 떨어져 있었다는 거야. 그 플라스틱 쪼가리가 내
차하고 딱 맞아떨어졌던 거지. 나중에 알고 보니 그게 살인
사건이었을 가능성이 높다고 하더라고. 경찰들이 그랬어.
누군가 사람을 죽이고 시신을 도로에 유기한 거라는 거야. 살인
사건으로 조사를 했으면 될 일이었는데, 당시 경찰서장이 3개월
있으면 퇴직하는 사람이었어. 만약 뺑소니범을 잡으면 경찰 두
사람이 승진하게 돼 있었다더라. 서장은 그 둘을 승진시키고,
본인도 퇴직 전에 실적을 하나 남기고 싶었던 거지. 살인
사건이면 조사 기간이 길어지고 퇴직 전에 끝내기 어려우니까.

엄마는 그걸 어떻게 알았어요?

너희 아빠랑 잘 아는 경찰들이 알려줬어. 아무튼 그 사건
때문에 내가 네 아빠한테 한 번 더 실망했어. 그때 그 사건을 다
해결하고 너희 아빠가 나를 이렇게 옆자리에 태우고 운전하고
다닐 때였어. 난 면허가 취소되고 없으니까. 근데 어느 날
운전하다가 방지턱을 넘고 멈춰 서서는 나한테 그러는 거야.
"이런 느낌이었냐?"

비명이 튀어나와 급하게 입을 막았다. 눈앞에 아빠의 얼굴이
선명하게 스쳐 지나갔다. 섬뜩함에 온몸에 털이 쭈뼛쭈뼛 섰
다. 이 얘기를 듣고 한동안 거울을 보지 못했다. 거울 속에 비
친, 아빠를 닮은 나 자신을 마주하고 싶지 않았다.

어떤 경우에도 남편은 나를 믿어줘야 되는데, 내 말은
들어주지도 않고 그 일을 계속 얘기하는 거야. 그리고 술을
먹고 집에 들어와서 막 욕을 하기 시작하는 거야. "왜 욕을 하는
건데. 내가 뭐 때문에 당신한테 욕을 먹어야 되는데. 밖에서
기분 나쁜 일은 밖에서 정리하고 들어와. 왜 집에 와서 이래?"
내가 그랬더니 "사람이나 죽이고 다니는 년이 무슨 말이 많아!"
이러는 거야. 그러고 나면 내가 입을 딱 다물고 밤새도록 욕을

들어야 했어. "내가 미안해. 진심으로 미안하니까 빨리 자."
그 말밖에 할 수 없는 거야. 네 아빠 입에서 "사람이나 죽이고
다니는 년이 무슨 말이 많냐."라는 말이 두 번 나왔을 때 '내가
이 사람하고 살면 평생 이 얘기를 듣겠구나. 그리고 그 사고를
절대 잊지 못하겠구나.' 싶었어. 하람아, 내가 정말 사람을
죽였다면 지금 이렇게 살아갈 수 없을 거야. 그때 나는 전혀
그런 느낌이 없었어. 그 상황과 내 기억이 전혀 맞지 않았거든.
근데 자기들끼리, 그 집단의 이익 때문에, 그리고 쉬운 결론을
내리기 위해, 나를 거기에 딱 끼워 맞춘 거야. 그래서 나는
지금까지도 경찰을 믿지 않아.

그러고 이혼하러 법원에 갔는데 네 아빠가 나를 보자마자 막
욕을 하는 거야. "너 애들은 어떻게 할 건데?" 하길래 내가
"당신이 키워." 그랬더니 "너 진짜로 완전히 미쳤구나! 애고 뭐고
다 버리겠다는 거야?" 그러는 거야. 그래서 내가 "지금은 할
말이 없다. 그리고 미안하다." 그랬어. 나는 진심으로 미안했어.
왜냐하면 너희 아빠가 젊었을 때는 우리 집을 많이 도와줬고,
내 동생들도 많이 도와줬으니까. 그렇게 해서 우리 아빠도
일하며 살게 됐고, 그 돈으로 지금까지 살았고, 내 동생들도
가르쳤으니까. 하지만 내가 점점 이 사람한테 실망하기 시작했을

땐, 이미 대화가 불가능한 상태였어. 지금 너랑 나랑 대화하듯 주고받는 대화가 돼야 하잖아. 그런데 말할 기회도 안 주고, 계속 윽박지르고, 욕하고, 때리기만 하는 거야. 그래서 위자료고 재산 분할이고 다 안 받을 테니까, 무조건 이혼해 달라고 했어.

> 엄마는…. 모든 걸 다 두고 나가야 할 정도로 이혼이 간절했네요. "애들도 네가 키워라" 할 정도로.

아니, 네 아빠가 너희를 절대로 못 준다고 그랬어. "네가 애들하고 살고 싶으면 나랑 계속 살아야 한다."고 얘기하는 걸 보니까 애들을 절대 안 내놓겠구나 싶더라고. 그리고 너희가 중학교만 졸업하면 내가 데려갈 수 있겠다고 생각했지. 네 아빠는 절대 너희를 못 키우거든. 너희가 어떤 심리 상태인지, 어떤 것에 관심이 있는지 네 아빠는 전혀 몰라. 애초에 관심이 없으니까 그냥 방치해뒀지.

엄마가 아빠에게 "당신이 키워."라고 말했다는 얘기를 듣는 순간, 숨이 멎는 것 같았다. 엄마에게 이혼을 부추기고 도망 가라고 한 건 나였지만, '나와 함께'라는 말을 하지 않았을 뿐

이지 당연히 엄마가 나를 데려갈 거라고 믿고 있었다. 근데 엄마가 아빠에게 선뜻 언니와 나를 넘기려 했다는 사실에 놀라서 묻지 않을 수 없었다. 내 질문에 엄마가 곧바로 "아니." 라고 말해주지 않았다면, 더 이상 엄마와 대화를 이어가지 못했을 것이다. 나는 울먹이던 마음을 진정시키고 다시 엄마 말에 집중했다.

내가 이혼하고 그랬어. "창고를 열어봐라. 다 네 짐이다. 자전거 두 대, 스키 두 개, 낚싯대 있고, 또 뭐야 볼링공 세 개에, 골프채 두 개…. 다 네 거다. 너는 도대체 우리 애들한테 뭘 해줬냐. 애들한테 골프채를 하나 사줘봤냐. 애들이 뭘 잘하는지 한번 시켜보길 했냐. 너무한 거 아니냐. 그동안 내가 빚 갚으려고 부대찌개 가게, 옷 가게, 가구점을 하면서 혼자 전국을 돌아다니며 일할 때 너는 뭐 했냐." 그렇잖아, 극장은 좀 다른 사람한테 맡기고 같이 다녀줄 수도 있잖아. 하지만 아무것도 안 했어. 근데 나더러 가정을 버리고 돌아다녔다고 비난하는 거야. 왜 돌아다녔겠어? 장사라고는 아무것도 모르는데 그걸 해야 먹고살 것 같으니까 돌아다닌 거잖아. 어디서 어떻게 도매 거래를 하는지, 어떻게 가게를 운영하는지 배워야 되잖아. 그

많던 빚을 어떻게 갚았는지 나도 모를 정도야. 막 일을 해댔어, 그냥 막. 그리고 돈이 생기는 족족 빚을 갚은 거야. 난 강릉에서 진짜 단 하루도 쉰 적이 없는 것 같아. 그래서 이혼하고 나왔을 때 숨이 좀 쉬어지긴 했어. 너네한테는 너무 너무 미안했지.

이혼,
두고 온 딸들에 대하여

엄마한테 나가서 다시는 오지 말라고 했지만 엄마가
그렇게 집을 완전히 나가고 나니까 너무 무서웠어요.
그냥 '무섭다'는 정도가 아니라 끝이 보이지 않는
공포를 느꼈어요. 언니가 있기는 했지만 언니도 너무
어렸고 바리케이드가 되어주던 엄마가 없으니까
엄마가 겪었던 일들이 바로 제 앞에 닥치더라고요.
일상 자체, 모든 걸 견뎌내야 했어요. '앞으로 이 상황을
얼마나 오래 버텨야 할까.' 하고 막막해하던 그때, 문득
그런 생각이 들더라고요. '엄마도 이런 마음이었겠구나.
그러니까 다 필요 없으니 이혼해 달라고, 제발

265

보내달라고 했던 거구나.'

나는 네가 굉장히 섭섭했을 거라고 생각해.

어떤 게요?

내가 너랑 같이 있지 못했으니까. 이혼하고 너를 찾아가서
만나고 헤어질 때면 네가 너무너무 아쉬워하는 거야. "엄마
고마워요." 이런 말만 했지, "안 가면 안 돼요? 조금만 더 있으면
안 돼요?" 이런 말을 안 하더라고. 참는 게 보였어. 그때 네가
중학생밖에 안 됐는데. 그러면서 '얘가 얼마나 섭섭할까. 내가
얘랑 같이 있을 수 있으면 얼마나 좋을까. 다시 강릉에 가서
장사를 할까?' 막 이런 생각도 했는데 돌아갈 수가 없었어. 네
아빠가 온 사방에 내가 바람났다고 욕을 하고 다녀서 온 동네에
난리가 난 거야. 하지만 너희랑 더 멀어지면 안 될 것 같아서
멀리 가지 못하고 춘천에 있었지. 여차하면 쫓아와야 되니까.
춘천에서 자리 잡는 동안 일주일에 두세 번은 강릉에 있는
너한테 갔어. 장사가 저녁 8시쯤 끝나면, 먹을 거나 그날 번 돈을
추슬러 가지고 너한테로 가. 춘천에서 강릉까지 두 시간 반 정도

걸리거든. 너랑 어쩌고저쩌고 얘기도 하고 너한테 돈도 좀 주고, 먹을 것도 챙겨주면서 너를 잠깐이라도 다독거려. 그리고 서울로 가. 서울에서 밤새도록 장을 봐. 다시 춘천으로 와. 이걸 거의 석 달 동안 했어. 이걸 기억하는 이유가 내가 사람들한테 "3개월만 있으면 하람이를 데리고 올 거다."라고 계속 얘기했거든. 그럼 네가 졸업이니까.

혹시 내가 돌아오지 않을까 싶어서, 너희 아빠가 너한테 더 심하게 굴 거라는 생각이 들었어. 그래서 너한테 더 자주 갔어. 네 뒤에는 엄마가 항상 있다고 느낄 수 있게. 그렇게 자주 간 줄도 모르고 갔어. 힘들다 뭐 이런 것보다 애가 혼자 지금 굉장히 어려운 상황에 있다는 생각에 내가 하루 일과를 끝내고 그 밤에라도 너한테 갔지. 근데 엄마가 너한테 줄 수 있는 돈에 한계가 있는 거야. 나도 여기서 방 한 칸 얻고, 하루 20만 원, 30만 원 판 걸 가지고 너한테 가야지, 가서 돈도 줘야지, 가람이 유학비도 보내줘야지, 또 물건도 해야지. 어떻게 할 수가 없는 거야. 그 상황을 벗어나야 되는데 너무너무 힘든 거야. 처음에는 돈이 없으니까 가게에 물건을 많이 해다 넣지를 못해서 첫날 문 열었을 때 30만 원어치 팔았어.

엄마는 이혼하고 지역을 옮겨 곧바로 옷 가게를 열었다. 사실 나는 엄마가 다시 옷 가게를 하는 것이 그리 달갑지 않았다. 엄마는 지금까지 식당, 옷 가게, 가구, 보험, 미용실 등 다양한 일을 했지만, 그중 유일하게 밤을 꼬박 새우며 강도 높은 노동을 요구한 게 바로 옷 가게였다.

엄마는 오전 10시에 옷 가게 문을 열었고, 끝나는 시간은… 없었다. 저녁 늦게 손님이 오면 닫던 문도 다시 열어 장사를 했다. 그래서 가게는 저녁 8시에 끝나기도 하고, 밤 10시에 끝나기도 하고, 심지어 자정 넘어서까지 손님에게 붙들려 있을 때도 있었다. 그렇게 문을 닫고 나면, 텅 빈 가게에 물건을 다시 채우기 위해 곧장 서울 도매시장으로 향했다. 모두가 퇴근해 집으로 가는 길에 엄마는 어두운 고속도로를 타고 서울로 출근했다. 밤 11시쯤 도착해 상가 다섯 개를 휘젓고 다니다 보면 새벽 3시가 된다. 다시 운전해서 톨게이트를 통과해 가게에 물건을 내려놓고 집에 도착하면 새벽 6시. 잠잘 때를 놓친 육체는 더 이상 잠에 들지 못하고 엄마는 밤을 꼴딱 샌 채로 다시 출근했다.

엄마는 쉬는 날 없이 일주일 내내 가게를 열었다. 도매시장은 적게는 일주일에 두 번, 많게는 다섯 번씩 갔다. 도매시장을 가지 않는 날에도 시장이 문을 여는 밤 12시까지 기다렸다가 주문을 넣었다. 옷 가게를 하는 동안 엄마는 밤 12시 이전에 잠든 적이 없으며, 일주일에 최소 두 번 이상은 밤을 샜다. 그러다 보니 생체 리듬이 완전히 무너져 몸 여기저기가 쉽게 아팠다. 옷 먼지를 수시로 뒤집어쓰다 보니 피부에 곰팡이가 피고 고름이 흐르기도 했다. 그럼에도 엄마는 수시로 혼자 있는 나에게 와줬다. 위자료 한 푼 받지 못해 빈털터리인 와중에도 돈을 벌어 유학 간 언니에게, 나에게 돈을 보내주었다. 이런 상황을 잘 알고 있는 내가 어찌 "안 가면 안 돼요?" 하고 떼쓰거나 어리광 부릴 수 있겠는가. 나는 그럴 수 없었다.

엄마, 저는 섭섭하지 않았어요. 엄마가 얼마나 애쓰고 있는지, 힘든지 모르지 않았어요. 오히려 너무 잘 알고 있었죠. 왜냐하면 저도 그때 아빠를 기다렸다가 잠드느라고 두세 시간 자고 학교를 갔으니까요. 아빠가 잠들 때까지 잘 수가 없더라고요, 무서우니까. 근데 아빠는 또 술 먹고 새벽 두세 시에 자고. 그래서 잠 못 자고 하루를 버티는 게 얼마나 힘든지 저도 잘 안단 말이에요. 그래서 엄마가 나를 찾아오는 게 좋으면서도 너무 미안한 거예요. 그래서 속에 있는 얘기를 차마 할 수 없었어요. 엄마 발목을 잡는 것 같아서. 엄마는 그 끔찍한 상황에서 벗어났음에도 나 때문에 계속 그 안에 머물러 있는 것 같아 너무 미안했어요. 그래서 먹을 게 없어도, 돈이 없어도 달란 말도 안 했죠. 그때 몇 개월 동안 500원짜리 컵라면으로 저녁을 때웠던 것 같아요, 이렇게 작은 거. 언니가 있을 때는 그나마 나았는데, 언니도 유학 가고 아빠랑 단둘이 남으니까 아빠는 내가 뭘 하는지, 뭘 먹었는지 신경도 안 쓰더라고요. 하지만 그것도 나름 괜찮았어요. 아빠랑 마주 앉아 밥을 먹느니, 편의점에서 컵라면 먹는 게 마음이 더 편했으니까.

그때도 네가 나한테 돈은 문제가 아니라고 했지. 그래도 열여덟 살까지는 엄마 냄새, 엄마 품이 되게 중요하다고 생각했기 때문에 너한테 쫓아갔지.
다 그만두고 집으로 들어갈까 하는 생각도 굉장히 많이 했어. 이혼하고 나서도 네 아빠는 항상 나한테 돌아오라고 그랬으니까. 너희 아빠가 여기 춘천에 나 혼자 있을 때 몇 번 왔었어. "내가 잘할 테니까 다시 집에 가자." 하면서 계속 찾아왔어. 근데 내가 "아닌 것 같다. 그냥 이렇게 살다가 나중에 좋은 일로 만나자. 지금은 아닌 것 같다." 그랬지. "애들을 저렇게 버릴 거냐." 막 이래서 "그럼 애들을 날 달라. 내가 키우겠다." 그랬지.

내가 한번은 너희들 있는 강릉 집에 들어가서 하루 잔 적이 있어.
그랬더니 하람이 네가 "엄마 다시 들어온 거예요?" 이렇게 막
다그치면서 묻는 거야. 그때까지도 내가 내적 갈등이 심했어.
내가 나와 있으니 너네가 너무 힘들어했고, 특히 가람이가
굉장히 힘들어했어. 가람이는 "엄마가 다시 들어와야 된다."
하고, 너는 "나갔으면 들어오지 마라. 거기 나가서 빨리 자리
잡아라." 이런 식으로 얘기했고. 너희 아빠는 너희 아빠대로
"들어와라. 내가 잘못했다. 뭐 때문에 그러냐" 하면서 자기랑 왜
이혼했냐고 계속 물어보는 거야. 지금도 그 이유를 몰라. 나를
만나면 또 물어볼 거야. "나하고 왜 이혼했냐?"
아무튼 너는 내가 집에 하루 와 있는 것도 싫어했어. "엄마는
집에 왜 왔냐. 왜 빈틈을 보이냐. 남자가 없으면 엄마는 아무것도
할 수 없는 거냐." 이런 식의 얘기를 굉장히 많이 했던 것
같아. 그러던 어느 날 네 아빠가 뜬금없이 전화해서 "하람이
데려가라." 이런 거지. "왜? 무슨 일인데?" 물었더니 본인은
조그만 데로 이사 갈 거니까 너를 데려가라는 거야. 가람이는
외국에 유학 가 있을 때였어. 그래서 그다음 날 바로 가서 네
짐을 싹 싸가지고, 너를 데리고 나온 거야.

271

저는 제가 아빠랑 그 상태 그대로 살 거라 생각했어요,
영원히 벗어나지 못하고.

내 생에 가장 기억에 남는 장면을 꼽으라면 바로 그날이다.
그 집, 아니 아빠에게서 벗어나던 날. 중학교 3학년, 학교를
마치고 집에 돌아오니 짐은 이미 싸여 있었고, 아빠는 보이지
않았다. 엄마를 통해 "그대로 짐을 들고 나오면 된다."는 얘기
만 전해 들었다. 일방적 통보였다. 처음엔 황당하고 어이가 없
었지만, 혹시라도 다시 붙잡힐까 봐 뒤도 돌아보지 않고 곧장
나왔다. 무거운 짐을 들고 아파트 복도를 빠져 나가는데 심장
이 기쁘게 요동쳤다. 집을 벗어나 숨을 들이마시는 순간, 공
기마저 다르게 느껴졌다. 모든 게 달고, 마치 취한 듯 황홀했
다. 무기징역수가 가석방되면 이런 기분일까 싶었다. 오늘부
터 편하게 잠들 수 있다는 생각에, 다시는 지옥으로 스스로
걸어 들어가지 않아도 된다는 생각에, 내일은 어떤 하루가 펼
쳐질까 상상하는 것만으로도 미치게 흥분됐다. 깊은 안도감
에 눈물까지 났다. 하지만 그 안도감도 오래가지 않았다.

근데 네가 막상 집에서 나오고 나니 갈 데가 없는 거지. 졸업을
앞두고 있어서 전학이 안 되니 3개월은 강릉에 있어야 하는데,

널 맡아줄 사람이 없는 거야. 경란이(둘째 동생)는 코빼기도 안 보이고, 큰고모는 너를 맡아줄 수 없다고 했지. 큰고모가 나를 굉장히 예뻐했어. 나도 그걸 알고 있었고. 내가 어른이 되고서 경제적으로 여유가 있으면 늘 고모한테 베풀었어. 근데 고모가 너를 못 데리고 있겠다고 하는 거야. 그때 섭섭하긴 했지만 '내가 고모한테 한 것들이 고마운 일이 아니었나보다.' 그냥 그렇게 생각하고 맘을 접었어. 다행히 '물꼬기 이모(동네 이웃)'가 너를 맡아준다고 한 거야. 3개월 정도면 너를 케어해줄 수 있을 거라고 생각했어.

네 아빠랑 살 때 나도 그 상황을 너무 벗어나고 싶었으니까 더 생각할 겨를도 없었지. 너도 뭐 엄마만큼은 아니겠지만, 시간이 빨리 갔으면 하고 생각했겠지.

> 시간이 빨리 가는 게 아니라 문을 열고 들어오는
> 사람이 아무도 없으면 좋겠다 싶었어요. 너무
> 공포스러웠고.

그런 얘기 네 아빠한테도 좀 하지 그랬어. 근데 못 하잖아.

"근데 못 하잖아."라는 엄마의 짧은 한마디가 내 뒤통수를 세게 쳤다. 미안함과 안타까움이 오가는 도중에 갑자기 튀어나온 돌부리에 걸려 넘어진 기분이었다. 그 덕분에 하려던 말도 잊고 그대로 인터뷰를 마쳤다.

집으로 돌아와 엄마 말을 다시 떠올리며 자책감에 빠졌다. '아빠한테 말을 해야 했나? 지금껏 말하지 못한 내가 한심한 건가?' 나는 혼란스러웠다. 그날 엄마의 말투에 비아냥거림은 전혀 없었지만 "근데 못 하잖아."라는 말은 아무리 뜯어봐도 나의 부족함을 지적하는 것처럼 들렸다. 억울했다. 혹시 내 말 한마디 때문에 엄마나 언니가 아빠에게 해코지를 당할까 봐 늘 노심초사하며 살아온 나날들이 아무것도 아닌 것처럼, 그동안 멍청하게 처신한 것처럼 느껴졌다. 나는 이 글을 쓰는 지금도 아빠가 이 글을 보고 엄마나 언니에게 해를 끼치지 않을까 걱정하고 있다. 이런 나를 가장 잘 이해해줄 거라고 믿었던 엄마가 그렇게 말하니 서운하다 못해 화가 났다. 하지만 그 말조차 끝내 입 밖에 내지 못했다. 아… 맞다, 나는 결국 '근데 못 하잖아.'였다.

그럼에도 마지막까지
남편이었던 이유

너희 아빠도 엄마를 처음에 만났을 때만 하더라도 이런 마음은
아니었을 거야. 근데 살면서 어려운 일을 한 번씩 겪을 때마다
사람이 변하는 게 너무 많이 느껴지는 거야. 삶의 고비마다
조금씩 꺾이면서 안 좋은 쪽으로 바뀐 것 같아.
처음에는 네 아빠도 그 정도까지는 아니었어. 본인 부모한테 참
잘했고, 우리 부모한테도 잘했어. 같이 살면서 내가 우리 집에만
계속 주니까 "넌 왜 니네 집에다 자꾸 돈을 주냐? 내가 돈만
갖다주면 넌 니네 집 주잖아. 너는 몸만 나랑 같이 있고 머리랑
마음은 다 너네 집에 가 있어. 왜 그러는 거야?" 이런 얘기를
엄청 많이 했어.

정말 이해가 안 되는 게 내가 겪은 아빠도, 엄마가 겪은
아빠도 좋지 않는데 엄마가 종종 아빠에 대해 좋은
얘기를 한다는 거예요. "엄마한테 되게 잘했어." 하고.
잘하긴 뭘 잘해. 때린 게 잘한 거야? 도대체 왜 그래요?

이혼한 배우자를 욕해서 애들한테 복수심을 부추기거나 안
좋은 이미지로 만드는 게 심리적으로 좋지 않다고 하더라고.
그래서 너희에게는 되도록 이런 얘기를 안 한 거야. 근데 내
동생들이 너가 자꾸만 보지도, 겪지도 않은 걸 본인이 겪은
것처럼 얘기한다고 하는 거야. "언니가 무슨 얘기를 했으니까
애가 이러는 거 아니냐. 걔가 그걸 어떻게 아냐." 그러는 거지.

내가, 이 두 눈으로, 봤다고!(억울하고 답답해 소리를
질렀다.) **나도 애였지만 다 느끼고 알잖아요. 직접
경험한 것도 있고!**

더 잘 느끼지. 근데 딸한테 '네 아버지가 그런 사람이다.' 이런
얘기를 하는 것도 사실 좋지는 않잖아. 너네들도 그런 얘기를
듣는 게 뭐가 좋겠니? 이런 얘기를 듣고 너희 아빠를 똑바로
보겠어? 그러니까 웬만하면 얘기를 안 했지. 난 내 동생들한테도
이런 얘기 안 했어. 왜냐하면 애들이 날 도와줄 수가 없으니까.
걔네가 뭐 나보다 어른이어서 "야, 이 새끼야! 내 동생 왜 때려!"
이러고 쫓아올 것도 아니잖아. 내가 제일 맏이고 그래봐야 남은
게 우리 아빠인데. 아빠는 돈 얻어 쓴 게 너무 많으니까 '하늘

같은 김 서방'인 거지. 그래서 웬만하면 내 선에서 해결하려고
했어.

너희 아빠는 이미 내 삶에서 전혀 영향력이 없는 사람이야.
전에 남편이었으니, 적어도 내가 '이 사람하고 살아봐야겠다.'고
생각했던 사람이잖아. 그러면 뭔가 기억에 남는 게 있어야 할
텐데, 전혀 기억이 안 나. 그냥 사람을 참 집요하게 괴롭혔던
사람으로만 남아 있어. 그게 참 안타까워. 지금은 너희 아빠한테
아무런 관심도 없어. '우리 애들하고 나는 이런 삶의 그림을
그려놨으니, 이대로 살아야 된다.'는 생각밖에 없어. 지금도
마찬가지야. 내가 돈에 구애받으며 산 적은 없다고 생각해. 나는
돈 벌 자신이 있었고, 밤을 새워서라도 돈을 벌 수 있다면 무슨
일이든 했을 거야.

이혼한 건 우리 엄마처럼 살기 싫었기 때문이야. 그치, 난 다르게
살 거라고 믿었으니까. 그렇게 가슴속에 품고 있던 생각이
있었기 때문에 삶의 방향을 다르게 가져가려고 했어. 인생이
180도로 바뀌면 전혀 다른 길을 갈 수 있지만, 이게 360도로
돌면 그 전철을 밟기도 하잖아.

그럼 엄마는 지금 몇 도쯤에 있는 것 같아요?

277

나는 한 350도? 네 아빠하고 이혼한 게 중요해. 나는 결혼이 아니라 이혼이 더 중요해. 네 아빠랑 살았으면 지금까지도 네 아빠가 너네한테 욕 못하게 하느라고 내가 쩔쩔맸을 거야. 계속 같이 살았으면 너희들이 지금 너희 아빠랑 한마디도 안 할 수 있어. 근데 지금은 떨어져 사니까 너네 감정이 좀 연해진 거고.

연해지지는 않았어요. 지난날에 경험한 것들이 시간이 지난다고 어떻게 연해지겠어요. 엄마는 연해졌을지 몰라도, 전 아니에요. 연해진 게 아니라 더 쌓이지 않았을 뿐이지. 같이 살았으면 계속 누적됐겠죠. 더 이상 쌓이지 않으니까 그냥 여기서 머물렀던 거지, 이게 절대 옅어지거나 한 건 아니에요.

앞서 "근데 못하잖아."라는 말에 반박하지 못했던 게 떠올라 뒤늦게 엄마의 말에 반박했다. 엄마만 애쓴 게 아니라고, 엄마만 우리를 지키려 노력한 게 아니고 나 또한 나름대로 서로를 지키려 노력하고 견뎌왔다고 말하고 싶었다. 이런 속마음을 곱게 전하지 못하고, 엄마의 노력에도 나는 힘들었고 그 상황을 견딘 것은 나 자신이라고 부루퉁하게 말해버렸다.

큰딸의 증언

"그건 엄마 생각이고."

"그건 엄마 생각이고."

부루퉁한 얼굴을 한 사람 더 등장했다. 바로 언니다. 언니는 묵직한 첫마디로 인터뷰를 시작했다. 이어지는 말에는 묵은 감정과 짙은 불만이 가득했다. 언니의 불만 가득한 말투에 나도 모르게 움츠러들었다. 이 인터뷰는 언니에게 어렵게 동의를 구해 기록한 것이다. 언니는 자신의 목소리가 녹음되는 것도 원치 않았다. 나는 인터뷰와 타이핑을 동시에 하며, 혹여 대화 중에 싸우거나 언니가 화나는 일이 생길까 봐 노심초사했다. 인터뷰의 시작도 진행도 어지간히 까다로웠다. 그동안 언니와 나누고 싶은 얘기가 많았다. 동일한 사건에 놓인 피해자이자 이 전쟁을 같이 겪은 전우니까. 언니와의 인터뷰는 '활명수' 그 자체였다. 언니는 내가 입에 머금고만 있던 말들을 거침없이 쏟아내기 시작했다.

나 언니는 왜 그때 이혼을 반대했어?

언니 반대하지 않았어. 할 거면 똑바로 하라고 한 거지!
엄마는 그렇게 난리 치고 혼자 휙 나가버리면 어쩌자는 건데.
우리한테는 그냥 통보였잖아, 통보! 난 지금도 내가 피해자라고
생각해. 어른이라면 서로 제대로 얘기하고 마무리를 지어야
하는데, 한쪽에서는 얘기 좀 하자고 난리고, 한쪽은 이혼 안
해줄까 봐 그랬다고 하고.

서류상으로 본인들이 정리했다고 하면 다야? 그럼 우리는?
그게 끝도 아니야. 이혼을 했으면서 한 사람은 안 끝났다고
하고, 한 사람은 계속 집에 왔다 갔다 하고. 그 후폭풍은 왜 내가
감당해야 하는데? 너는 그런 생각해본 적 없어? 본인들 사정
때문에 일을 저질러놓고 내 사정은 전혀 생각해주지 않았잖아.

그때 나는 중2였는데, 본인들은 다 큰 어른이었잖아. 또
본인들은 관계가 서서히 그렇게 됐다지만, 나한테는 갑자기
일어난 일인데 짜증이 안 나겠어? 짜증 나는 정도가 아니지!
결혼도 지네끼리 했고, 이혼도 지네끼리 했는데, 왜 나한테까지
피해가 오게 하냐고.

언니는 따발총을 쏘듯 숨도 쉬지 않고 얘기했다. 정신없이
얘기한 탓에 키보드를 두드리는 것도 바쁜데, 언니의 말이 너무
속 시원해서 자지러지게 웃느라 제대로 기록할 수 없었다. 언니가
'엄마, 아빠'라고 하지 않고, '본인들'이라고 지칭하는 것도 꽤나
우스웠다. 혈연관계를 떼어두고 언니가 피해 입은 것을 명확히

했다. 자식 입장에서 황당한 일이라고 콕 집어 말했다. 언니는
"너는 그런 생각한 적 없어?"라고 물었다. 굳이 답하지는 않았다.
언니는 옆으로 엄마가 지나가는데도 멈추지 않고 얘기했다. 아니,
오히려 들으라는 듯 더 크게 얘기했다.

나 언니는 그때 뭐가 가장 힘들었어?

언니 엄마는 아빠 욕하고, 아빠는 엄마 욕하는 거. 최악은
지금도 그게 끝나지 않았다는 거야. 엄마는 친가 쪽, 아빠는
외가 쪽 얘기를 아직도 하잖아? 끔찍해서 탈출했으면 그만
얘기해야 하는 거 아냐? 무려 20년이 지났어, 20년! 근데
왜 아직도 그 얘기를 하는지 모르겠어. 본인들이 가장 큰
피해자라고 하는 것도 웃기고, 엄마는 말마다 "니네 아빠가~",
"니네 아빠는~" 이라는데, 그럼 본인이 말하는 그 '니네 아빠'랑
지금 하는 행동이 다른 게 뭐냐? 어쨌든 난 이혼 얘기는 하고
싶지 않아, 지긋지긋해서.

엄마가 자기는 피해자라고 얘기할 때 제일 해주고 싶은 말이
그거였어. 피해자라면서 행동을 그렇게 했냐고. 아빠는 엄마가
바람났다고 했는데 엄마는 그게 아니라고 얘기할 거였으면
행동을 똑바로 했어야지. 그 주변에 얼쩡거리는 미친놈(이후
등장하는 오 사장)한테 선을 제대로 그어야 했는데 그러지
않았잖아?

엄마가 언니에게 그런 말을 하고 있는 줄은 몰랐다. 언니에게 가는 얘기와 나에게 오는 얘기에는 미묘한 차이가 있었다. 이것은 장녀와 차녀의 역할이 달라서라기보다는 대화 방식이 다른 데서 기인한 것이다. 엄마와 나는 대화가 핑퐁핑퐁 잘 오가는 반면, 엄마와 언니는 그 호흡이 잘 맞지 않았다. 둘은 매일 언성을 높이는데, 이 둘은 사실 너무 닮아 있다. 엄마와 언니는 오늘도 싸운다. 거울을 보고 싸우면 누가 이기는지 나는 지켜볼 뿐이다.

문득 엄마의 구술에서 언니가 따돌림 당했던 시절의 얘기가 생각나, 당사자였던 언니는 그때 어땠는지 물어봤다. 언니의 대답은 충격적이었다.

나 어렸을 때 괴롭힘 당했던 일 기억나? 그때 가장 기억에 남는 게 뭐였어?

언니 기억나지. 나 열 살 때 왕따 당해서 전학 갔잖아. 그때 제일 폭력적인 건 엄마였어.

나 뭐? 엄마가?

언니 난 엄마가 정말 이해가 안 가. 그때 사과를 받아내겠다며 탕비실에 그 애들이랑 그 애 엄마들을 다 불러서 이렇게 둘러 앉아가지고 "너네 우리 가람이한테 왜 그랬어?" 이러는 거야. 가해자랑 피해자랑 그렇게 한 공간에 두는 게 말이 돼?

또 내가 한참 등교 거부하고 학교에 안 가고 있을 때 어떤
애한테 전화가 왔어, 나한테 사과한다고. 엄마가 받아서 나한테
바꿔줬는데, 내가 전화를 받으니까 엄마가 옆에서 "왜 그랬냐고
물어봐." 하고 막 시켰어.

나 그럼 언니는 엄마가 어떻게 하길 바랐어?

언니 적어도 그렇게 하지는 않길 바랐어. 가해자랑 피해자를 한
공간에 두고 반강제적으로 사과시키는 일은 하지 않길 바랐어.
엄마가 모르는 부분들이 상당히 많아. 걔네 부모는 걔네가
나를 괴롭힌다는 걸 이미 알고 있었고 그걸 방관한 거지. 근데
나는 왜 애들을 잡는지 이해가 안 가는 거야. 그리고 엄마는
분리시킨다고 전학을 보냈지만 소용 없었어. 다 소문났거든.
전학 가니까 내가 왕따 당해서 온 걸 다 알고 있더라고.

부모 딴에는 조치가 완벽했다고 생각하지만 내 입장에서는
그렇지 않은 거지. 엄마가 원래도 성격이 급한데 또 이상한 데서
더 급해져. 자기가 생각한 방향대로 해결은 하는데, 타인이 붙인
불에 본인이 화르르 쿨타가지고 자기 자신과 주변 사람까지
희생시키면서 사건을 해결하지.

언니와 이렇게 길고 깊은 대화를 나눈 것은 처음이었다. 언니가
'가'람이고 내가 '하'람인 것처럼 우리는 극과 극으로 달랐다.
성격도, 취향도 비슷한 부분을 찾기 어렵고 지금도 그렇다. 하지만
돌아보면 언니와 나는 '아' 하면 '어!' 하고 답할 정도로 손발이

283

척척 맞는 사이였다. 그런 우리가 멀어진 데에는 여러 이유가 있겠지만, 어른들이 가장 큰 원인이었다.

어른들은 "너네 엄마는 말야~", "너네 아빠는 말야~" 하고 비난하고 평가하는 말을 자녀인 우리에게 너무 쉽게 내뱉었다. 그 말들이 우리를 향한 비난이 아니었음에도 아팠다. 많이 아팠다. 그렇게 쏟아지는 말에 베이고 또 베이다 보니, 스스로를 돌보기도 버거운 나이였던 우리는 서로를 위로하기보다는 아프니까 건들지 말라고, 다가오지 말라며 서로에게 날을 세우고 거리를 두었다. 그리고 시간이 지나 그 시절의 얘기는 금기가 되어버렸다. 이번 기회에 그 금기가 자연스럽게 깨졌다. 그리고 깨달았다. 우리는 누구보다 우리의 얘기를 들어줄 사람을 간절히 원하고 있었다는 것을.

처음에 언니는 "뭐, 어떤 소재가 필요한데?" 하고 물었다. 하지만 인터뷰는 핑계였고 언니와 얘기를 해보고 싶었던 게 내 진심이었다. '떠올리고 싶지 않았던 얘기를 꺼내게 했나?' 하고 인터뷰하는 내내 조심스러웠지만, 그럼에도 멈출 수 없었다. 언니의 입에서 나온 감정들은 마치 내 마음에서 나온 것 마냥 반가웠으니까. 차마 하지 못한 말들을 언니가 속 시원하게 말해준 덕분에 지금 나에게 무엇이 부족한지, 어떤 갈증이 있는지 조금씩 알게 되었다. 인터뷰 내내 옆을 지나가는 엄마, 그리고 언니 눈치를 보는 것이 눈에 보였는지, 언니는 인터뷰가 끝나고 말했다. "야, 남 눈치 좀 보지 마. 착한 사람 돼서 뭐 할래? 그냥 너 하고 싶은 대로 하고 살아!"

나 마지막으로 언니는 엄마가 어떤 사람이라고 생각해?

언니 하…(깊은 한숨) 엄마는 예나 지금이나 달라진 게 없어. 남들 눈에는 보이지도 않는, 다른 사람의 가능성을 어떻게든 찾아내서 좋다고 하지. 아무도 시키지도 않았는데. 그래서 사기꾼들이 엄마를 그렇게 좋아하잖아.

나 아무래도 사기꾼들이 엄마를 유난히 좋아하지?

언니 일단 엄마는 타인의 말에 너무 긍정적이야. 의심이 없잖아. 엄마가 남 따라 안 간 데가 없어. 왜 저렇게 남의 말이라고 하면 다 맞다고 할까. 한 점의 티끌 같은 의심도 없을까. 내가 지금 의심이 많은 건 엄마 때문일 거야.

나 그거 참으로 공감되는 말이군.

언니에게 엄마에 다해 어떻게 생각하는지 물은 것은 형식적인 마무리 질문이었다. 어떤 기대를 가지고 던진 것은 아니었는데, 이번에도 무릎을 탁 치게 하는 대답을 했다. 바로 '사기'에 대한 것이다.

의리 있는 사기꾼

엄마의 빚의 종류는 오 사장을 만나기 전과 후로 나뉜다. 그 전에는 생업을 꾸리기 위해 돈을 빌렸고 그 빚들을 갚아 나갔지만, 그 후에 생긴 빚은 대부분 잘못된 투기로 인해 생긴 것이다. 오 사장은 엄마에게 몇 천만 원짜리 계나, 사채업체나 할 법한 이자 놀이 같은 것을 계속 권했다. 은행 이자보다 몇 배는 더 쳐주겠다며 계속해서 달달한 설탕을 뿌렸고, 그 꼬임에 말려드는 바람에 돌려받지 못한 돈이 수억이다. 엄마 그리고 두 자매를 뒤흔들어 놓은 '그 망할 오 사장'의 얘기를 시작해본다.

이혼하고 강릉으로 올 때 돈이 진짜 한 푼도 없었거든. 너희 아빠가 나한테 위자료를 준 것도 아니니까. 그때 오 사장이 770만 원을 줬어. 그 돈을 통장째 주면서 "미안하게 됐다. 나랑 일하다가 교통사고가 났는데, 내가 이거밖에 가진 게 없다." 하면서 그 돈을 줬어. 그래서 그 돈으로 가게 보증금 300만 원 내고, 물건 좀 채워서 장사를 시작한 거지.

그 가게가 세 평 정도 되는 작은 가게였어. 손님 두 명만 와도 꽉 차는 그런 가게였지. 거기서 장사하다가 길에 세워둔 차에서

문 열어놓고 밥 먹고, 밥 먹다가 손님 오면 먹던 거 놔두고 가서 장사하고 그랬지. 그렇게 열심히 하니까 건물주 할머니가 "누가 옆 가게를 얻으러 왔는데, 보증금은 몇 달 있다가 받을 테니까 너가 해라." 한 거야. 그래서 처음 가게 30만 원, 옆 가게 70만 원 해서 100만 원에 월세 계약을 했어. 두 가게가 막혀 있으니까 가게 사이에 있던 벽을 텄어. 그래서 밖에서는 가게가 두 개인데, 안에 들어오면 하나인 가게가 된 거지. 그 가게에서 장사가 잘됐어. 거기서 보증금 천만 원을 만들어서 주인 할머니를 줬으니까. 이제 너희를 데리고 와야 하니까 좀 넓은 집을 얻어야 하잖아. 월세랑 보증금으로 몇 백만 원을 만들어야 하는데, 어느 날 오 사장이 와서 계를 좀 들어볼 거냐 한 거지.

역시 그 아저씨가 문제였어. 엄마 혼자 장사해서 버는데 한 달에 몇 백짜리 계를 한다는 게 말이 돼요? 왜 오 사장을 옆에 계속 둔 거예요?

옆에 둔 게 아니야. 오 사장이 안 간 거지. 그래, 내가 밀어내지 않은 것도 있지. 그때 내가 이혼하고 다시 일어나려고 할 때 도와준 것도 있지만, 사고로 면허가 취소됐잖아. 동대문으로

가는 사입 버스는 저녁 8시면 떠나는데, 엄마는 9시, 10시까지
장사를 했어. 그래서 그 버스를 탈 수가 없는 거야. 그 버스를
대신해 서울에 운전해서 데려다준 게 오 사장이었어. 이렇게
본인 차로 운전도 해주면서 새벽에 물건도 다 거둬서 실어주고
다시 데려다주고 그런 직원은 구할 수가 없거든. 운전만 해줘도
나는 서울을 오가면서 잘 수 있으니까. 그것만 해도 되게 감사한
일이었지. 근데 금고에서 돈을 살짝살짝 훔쳐가는 걸 내가
몰랐어.

내가 너무 돈이 없을 때는 훔쳐 가지 않았는데, 내가 어느 정도
벌이가 되니까 돈을 훔쳐 가기 시작했어. 오 사장 동생이 와서
자기 수술비가 없다고, 도와달라고 했을 때도 내가 천만 원을
해줬거든. 오 사장이 그만큼 도움을 줬다고 생각했으니까.
근데 중간에서 돈을 '슈킹(남의 돈을 가로채는 행위)'해서 쓰기
시작하더니, 엄마 가게에서 일하는 사람들하고도 별짓을
다 하는 거야. 아줌마들하고 뭐 엎어졌다 자빠졌다 하면서
이간질하고 그러면서 무슨 말이 오갔는지 몰라. 어느 날은
출근해서 가게 문을 열었는데, 남자 애들 둘이 가게에 찾아왔어.
무슨 일이냐고 물었더니 "여기 사장님이 사업자등록증 맡기고
돈을 빌려갔다." 그러는 거야. 도박장에 가서 도박하다가 돈

떨어지니까 사업자등록증을 맡기고 도박을 계속한 거야. 그때 가게 벽을 터서 장사할 때였는데, 한쪽 가게 명의를 오 사장 이름으로 했던 게 실수였지. 내가 그 돈도 해줬어. 그리고 여기서 명의 빼라고 그랬더니 못 빼겠대. 그래서 "그러냐. 알았다. 그럼 이거 너 가져라." 하고, 그날로 손님 차 두 대를 빌려서 물건 싹 싣고 다른 가게를 얻어서 옮겨버린 거야.

이제 와서 이런 질문이 의미 없다고 생각할 수도 있지만… 엄마는 그 아저씨한테 이성적 감정이 조금도 없었어요?

하나도.

사람들은 엄마와 오 사장을 두고 '그렇고 그런 사이'라고 수 군거렸고, 이것 때문에 '바람나서 이혼한 여자'라는 수식어는 더 찰싹 붙어버렸다. 엄마는 여기에 대해서도 침묵했다. 문제 를 제대로 마주하고 대화하지 않는 엄마의 태도는 사람들의 허황된 추측을 딸까지 좇게 하기에 충분했다. 질문을 하면서 도 혹여 내가 듣고 싶지 않은 대답을 듣게 될까 봐 조마조마

했다. 내 우려와 다르게 0.1초 만에 나온 엄마의 답은 너무 짧고 단조로웠다. 잔뜩 긴장했던 근육들이 풀리는 느낌이었다. 이 답변을 듣는 데 10년이나 걸리다니 스스로가 한심하게 느껴졌다.

이성적 감정 뭐 이런 것보다 매일 같이 일하고 다니니까 그냥 너무 친해진 거야. 뭐든지 다 얘기하면 알아들으니까. 근데 오 사장 동생이 "우리 오빠 버릴 거냐! 결혼해서 어떻게 해야 되지 않냐." 계속 그랬어. 그래서 "내가 뭘 버려요? 난 우리 애들하고 사는 게 좋다. 나한테 그런 말 하지 마라. 그리고 부인 있지 않냐. 왜 나한테 이런 얘기를 하냐" 그랬어. 그러니까 "우리 오빠를 머슴처럼 부리다가 버렸다." 하면서 난리를 쳤어. "난 오 사장한테 언제든지 가시라 그랬고 나는 방도 얻어줬다. 나는 우리 딸 둘하고 조용히 살길 원하지, 이렇게 얽히고설키고 복잡한 거 싫다."고 내가 막 그랬어. 이혼하고 나서는 다른 데 관심도 없었어. 애들하고 살아야 된다는 것 외에는. 지금도 마찬가지야.

처음 만난 날, 오 사장은 중학생인 나에게 신사적으로 악수를

청했다. 그리고 손을 맞잡고 위아래로 흔들다가 가운데 손가락으로 내 손바닥을 살살 긁었다. 화들짝 놀란 나는 재빨리 손을 뺐고, 그는 그런 나의 반응을 보며 재미있다는 듯 불쾌한 미소를 지었다. 그는 언니나 나를 부를 때 '좆간나', '간나년'이라며 저급한 욕설을 아무렇게나 내뱉었고, "이야~ 하림이 뒤태가~", "어린 여자가~"라며 성희롱과 성추행을 서슴지 않았다. 아빠에 대한 공포, 오 사장에 대한 혐오가 더해져 한때 나는 남성과 대화하는 것조차 힘들어할 정도로 남성을 기피했다.

하지만 나를 더 분노하게 한 것은 엄마의 태도였다. "그냥 네가 예뻐서 그러시는 거야."라는 말에 어이가 없어 반박도 못했다. 나는 엄마가 이 문제를 회피하거나 어물쩍 넘어가려는 것으로밖에 보이지 않았다. 나는 감정 표현에 서툴렀음에도 오 사장이 싫다고 아주 발악을 했다. 엄마는 처음에는 잘 몰랐다고 했고, 나중에는 "너희와 충분히 얘기를 했다고 생각했는데, 너희는 그렇지 않았던 것 같아. 특히 하람이 너한테는 무슨 말도 들리지 않는 것 같았어."라고 했다. 아니, 아니다. 엄마는 나와 제대로 대화를 나눈 적이 없다. 나는 이날 이때까지도 엄마와 제대로 된 대화를 하지 못해 갈증이 나 있으니까.

이토록 친밀한 빚쟁이

투자한 돈을 못 돌려받고 그런 일들이 연달아 터져서 계를 깨뜨려서 정리해야 했을 때, 그다음에 사람들한테 돈 달라는 전화를 받으면서 돈 문제를 해결해야 했을 때, 눈을 뜨지 않으면 좋겠다고 생각했어. 이혼하고 나서 한동안 빚이 없었거든. 근데 다른 사람이 나를 믿고 같이 돈을 투자했는데, 거기서 돈을 못 돌려받아서 내가 대신 돈을 갚아줘야 하는 상황이 되니까 이게 감당이 안 되는 거야. 한동안 막 전화 오고 이럴 때는 편의점에서 밤새 일을 해서라도 월 얼마씩 갚아주고 다시는 그 사람들을 안 보고 싶었어. 지금도 남의 돈을 갚으려고 이렇게 돈을 벌고 있다는 게 참 그래. 오 사장이랑 정리하고 가게를 이전할 때만 해도 돈이 좀 여유가 있었거든. 너네한테까지 손을 벌릴 때가 아니었으니까.

엄마는 우리한테 돈을 빌렸다는 것에 유난히 사색이 되더라고요. 왜 그러는 거예요? 그게 자존감이랑 직결되는 문제라 그래요?

아니, 너네 돈을 쓰는 순간 그렇게 된 거지. 그전에 돈은
나한테 그렇게 큰 의미가 없었어. 왜냐하면 나는 항상 장사를
했고 돈이 없던 적이 없었으니까. 근데 이렇게 사기를 당하고
나니까 맨날 너희한테 "엄마 제발 의심하세요.", "엄마 이거는
잘 따져봤어요?" 이런 말을 들으니까 자존심이 상해. 그전에는
"역시 엄마야. 난 엄마를 믿어." 이렇게 말하고 따르고, 네
멘토라고 얘기하면서 부모로서 엄마로서 그리고 한 사람으로서
인정을 좀 해줬는데, 언젠가부터 내가 무슨 말을 해도 "엄마 잘
알아보고 한 거야? 그것도 사기 아니야?" 이러는 거야. 그래서
내가 일단 사람으로, 어른으로, 엄마로 똑바로 서려면 빨리 우리
애들 돈을 갚아야겠다 싶은 거지. 너희한테 약점을 잡히면 안
되잖아. 이혼하고 이런 약점까지 잡히면 이다음에 뭘로 너희와
동등해질 수 있겠어. 하람아, 나는 있잖아. 지금 내가 무슨 노예
같아. 빨리빨리 돈 벌어서 빨리 돈 갚아야 한다는 생각밖에
없는 노예 같아.

엄마에게 돈의 의미는 자신의 두 딸을 먹여살리는 데 있었다.
그래서 돈을 벌었고 또 그것을 오롯이 혼자서 해낼 자신이 있
었다. 하지만 사기를 당해 두 딸의 돈을 빌려 쓰면서 엄마가

돈에 대해 갖고 있던 의미가 역전되었다. 엄마는 부서진 자존심을 그러안고 심하게 혼란스러워했다.

나는 또 다른 혼란에 빠져 있었다. 엄마 딴에 좋은 것(?)이라 생각하고 투자처에 관한 정보를 나눴던 탓에 엄마는 주변 사람들에게 졸지에 사기꾼이 되어 있었다. 벼랑 끝에 몰린 엄마를 보고 있자니 나 또한 벼랑에 선 것 같았다. 나는 그때마다 통장을 털어 엄마를 도왔다. 물론 쉽지 않은 일이었다. 사회 초년생, 독립생활을 하는 처지, 월 20만 원을 쪼개 쓰며 아끼고 아낀 돈을 엄마에게 주는 건 조금도 아깝지 않았다. 삶이 각박해지는 것도 얼마든지 견딜 수 있었다. 하지만 날 힘들게 했던 건 가장 믿는 사람을 수시로 의심해야 하는 사실이었다. 길을 걷다가도 '엄마가 또 그러고 있는 건 아니겠지?' 걱정하고, "엄마 그때 그 돈, 지금 줄 수 있어요?"라며 엄마를 독촉해야 했다. 빚쟁이나 할 법한 말을 내 입으로 내뱉어야 하는 게 너무나도 고통스러웠다. 엄마는 이런 내 마음을 아는지 모르는지 또 다른 얘기를 이어갔다.

요즘 나는 가람이한테 쥐어져서 살고 있다는 생각을 많이 해. 가게를 같이 하고 있으니까 어떤 사람들은 농담처럼 "가람이가 엄마를 지켜야지.", "가람이가 엄마를 관리하고 있으니까 엄마가 그나마 이 정도인 거지." 이렇게 얘기하는 사람이 있는데. 엄마가

무슨 자식한테 쥐어져가지고…. 가람이가 영리하고 기민한
게 장점이지만, 한편으로는 나의 약점이나 단점을 드러내고
파헤쳐서 내가 몰라도 되는 걸 알게 하는 거야. 내가 몰랐던 내
단점도 있어. 그게 나한테 큰 영향을 주진 않았는데, 그것까지도
다 파헤쳐서는 "이거는 나쁜 거야, 하지 마. 나한테는 그렇게
가르치고 엄마는 왜 이렇게 해?" 이런 게 너무 많으니까 반박할
수가 없는 거야. 근데 나는 그래, 그런 얘기도 즐겁게 할 수
있으면 좋겠고, 상호 보완적인 관계였으면 좋겠어. 내가 못하는
걸 가람이가 잘할 수도 있잖아. 그럼 "이 부분은 네가 잘하니까
좀 맡아줘. 나는 이걸 할게." 하면서 상호 보완해주면 시너지도
나고 좋잖아. 근데 가람이가 나한테 말하는 걸 보면 가끔은
'얘는 자기 아빠가 하는 걸 봤나?' 이런 생각도 들어. 나한테
말하는 강도가 점점 심해지니까….
내가 너희 돈을 빌려 썼으니까 '나한테 이렇게밖에 못하는
주제에 무슨 말이 많아? 엄마는 그럴 줄 알았어! 엄마는 나를
망가뜨렸어!'라는 의미로 받아들여지는 거야. 말로 정확하게
표현하지 않아도 높아지는 언성, 표정, 시선에서 그렇게 느껴.
나는 평생 너희를 먹여살렸다고 생각하는데, 내가 너희를
망가뜨렸다고 하니까. 난 가람이한테 일자리를 줬는데, 가람이는

295

싼 노동력으로 본인을 착취했다고 하니까. 근데 나는 너희를 평생 먹여주고 재워주고 입혀주고 다 했는데…. 하람아, 내가 너한테 생색을 내는 게 아니라 웬만하면 내가 다 해주고, 너네 돈은 안 나가게 해주려고 그랬어. 언니도 마찬가지고. 언니가 달라면 내가 다 줬고, 입겠다고 하는 거, 신겠다고 하는 거, 먹겠다고 하는 거 웬만하면 다 사줬어, 정말로.

탁 까놓고 얘기하면 그거야. 내가 내 돈을 날려버렸으면 누가 나한테 뭐라고 하겠어? 그건 내 돈이니까 내가 책임지면 돼. 내가 굶으면 되고. 근데 문제는 내가 너네한테 손을 벌려서까지 그 돈을 어찌어찌 막아야 할 정도가 되니 내 스스로가 한심한 거지.

내가 가람이한테 할 말이 있어. 내가 너를 이 집에서 살게 해줬고, 내가 평생 너를 벌어 먹여살렸는데. 내가 아무 소리 안 하고 월급을 주고 다 해줬더니 이제 와서 한다는 소리가 뭐? 내가 너를 망쳤다고? 뭐? 인건비를 적게 줬다고? 나는 직원이 없는 게 맞아. 직원을 쓸 만큼 장사가 잘되는 것도 아닌데, 내 딸이니까 옆에 두고 같이 일했단 말이야. 근데 내가 애 돈을 빌렸기 때문에 아무 말도 못 하는 거야. 그냥 참고 삼키는 거야. 가람이는 내가 무슨 말을 들어도 싸다고 생각해. 내가 자식들

돈에 손을 댔으니까. 하람이 너는 "그건 약점이 아니다. 그렇게 생각 안 해도 된다."라고 하지만 그건 그냥 말뿐이야. 너도 힘들 때는 엄마보다 돈이 더 도움이 될 때가 있잖아. 네가 엄마를 필요로 할 때도 있지만 그보다 돈이 필요한 순간이 더 많으니까.

엄마의 말에 서운함이 해일처럼 몰려왔다. 그동안 엄마의 일로 길바닥에 주저앉아 울었던 적이 하루이틀이 아니다. 하지만 아무리 힘들어도 엄마의 눈물부터 먼저 닦아드렸고, 내어드리는 돈에 곱절의 사랑을 보탰다. 그런데 나의 애씀과 엄마에 대한 애정이 이렇게 무심한 말로 가볍게 평가되다니, 그동안의 노력이 우스워지는 것 같았다. 하지만 나는 엄마에게 아무 말도 하지 않았다. 너무 아파서 아무 말도 할 수 없었다. 이대화를 나누던 무렵, 나는 정작 엄마에게 무엇을 바라는지 정리하지 못하고 있었다. 반면 엄마는 언니와 내가 어떤 딸이었으면 하는지 어렴풋한 기대를 품고 있었던 모양이다.

그럼에도 가람이가 나한테 마음에 닿는 위로를 해준 적이 있어. 내가 돈 때문에 되게 힘들었을 때 가람이가 나한테 그러더라고. "엄마, 우리 소고기 먹을 거 그냥 닭고기 먹자. 고급 레스토랑 갈 거 그냥 집에서 해 먹자. 마음 편한 게 좋잖아. 100만 원 갖고 살 거, 10만 원 갖고 살자. 내가 더 싼 마트 뒤져서 싼 식재료 사 올게." 그때 가람이의 말이 나한테는 너무 가슴에 와 닿았어. 나는 그때의 가람이만 기억하려고 해.

나를 인정해준
유일한 사람들

그래도 옷 가게 일 자체는 재미있으니까 이렇게 버티고 있는 것 같아. 이 사람한테 이렇게 코디해주면 예쁠 것 같다 그랬는데, 그 손님이 정확히 그 세팅대로 사 가고 이랬을 때 성취감이 있거든. 가족들은 내가 하는 일을 인정해주지는 않았던 것 같아. 그래도 가람이가 엄마를 인정하는 부분이 그거야. 하루는 엄마가 온라인으로만 물건을 쭉 보고 골라서 시켰어. 처음에 가람이가 나더러 미쳤냐고, 옷을 이렇게 많이 시켜서 어떡할 거냐고 난리를 치는 거야. 근데 손님들이 그날로 옷을 다 사 간 거야. "이거 너무 좋다, 나한테 딱 맞네." 이러면서 사 가니까 그 후로는 엄마가 뭘 주문해도 그렇게 말하지 않아. 가람이도 그 부분에서 엄마를 인정하는 거지. 너도 똑같잖아. 네가 하는 일로 인정받으니까 그 일을 계속 하는 건데, 엄마는 옷 가게 손님들이 인정해주니까 이것도 버티는 거지.

사실 나는 내가 뭔가 이루었다는 생각을 해본 적이 없어. 한번은 단골손님이 이런 얘기를 하더라고. "이 집은 올 때마다 가게가 두 개가 되어 있고, 넓어지고 대단하다." 그때 처음으로 '그렇구나. 내가 이렇게 키운 거구나' 하고 생각했어. 근데 내가 가게를 키우는 것보다는 너희한테 더 넉넉했어야 하지 않나 싶어. 돌아보니 차도 가랑이가 사줬고, 집도 너네 둘이 보태줘서 샀고, '내가 혼자 이룬 것들이 아니구나.' 하는 생각을 했지. 나 자신한테도 '내가 이렇게 살자고 이혼하고 나왔나. 이렇게밖에 못 살면서. 집도 있고, 차도 있고, 남편도 있고 다 있었는데, 군이 이혼하고 나와서. 그 바탕이었으면 내가 딛고 일어나기가 훨씬 나았을 텐데.' 싶고 '이렇게 이혼하고 나와서 아이들까지 고생시키는구나.' 하는 생각에 마음이 정말 안 좋아. 요즘은 그래서 급한 것도 있는 것 같아. 원래 너네가 스무 살, 서른 살이 되면 해주려 했던 것들이 있는데, 그게 너무 안 되어 있고. 오히려 너희 돈을 빌려서 너희가 이루고자 하고자 하는 걸 내가 더 늦추는 것 같아서…. 그런 생각에 마음이 되게 조급해. 너한테도 하지 못하는 얘기가 너무 많은 거야. 내가 어리석었다는 걸로 귀결되니까 사람한테 할 수 없는 얘기가 너무 많은 거야. 사람들이 나한테 펑펑 울라고 하는데 울 수가 없어. 막 울고 싶은데 울음이 안 나와. 내가 울 단계가 아니라는 생각이 들어서 울 수가 없어. 나 때문에 자식들이 손해 보는 건 정말 싫어. 진짜로 싫어. 내가 죽고 나서도 그 말만은 듣고 싶지 않아.

엄마 목소리에는 눈물이 가득했다. 엄마는 넘치는 눈물을 꾹 꾹 삼키는 와중에도 '싫다'는 말에 힘을 꾹 주어 말했다. 나 역시 눈물도, 하고 싶은 말도 참았다. '할 수 없는 얘기'가 무엇인지 물어볼 자신도 없고 그것을 아는 것도 두려웠다. 내가 감당할 수 없는 얘기일까 봐 차마 물어볼 수 없었다. 그래서 고개 숙이고 침묵하며 엄마 모르게 울었다. 그날따라 청승맞게 비까지 내렸다.

엄마 말대로 집도 있고, 차도 있고, 아빠도 있는 이른바 '정상 가족' 안에서 살았더라면 사는 게 좀 수월했을지도 모르겠다. 하고자 했던 일을 평탄하게 이뤄낼 수 있었을 것이고, 나도 "집에서 아빠가 이런 거 안 해줘요?"라는 말에 지우고 싶은 아빠를 떠올리며 쓴웃음 짓는 일도 없었을 것이다. 하지만 정상 가족이 아니어서 지금의 삶이 불편한가? 불행한가? 정상 가족이 아니면 비정상 가족인가? 비정상 가족이면 안 되

300

는 걸까?(내가 이렇게 얘기하면 엄마는 "그래도 정상인 게 좋지."라고 하겠지.) 분명한 건 우리 가족이 힘들고 불행했던 것은 '비정상 가족'이어서가 아니라는 점이다. 오히려 '정상 가족'일 때 힘듦과 고통은 훨씬 더 심했다. 기둥 하나가 없음에도 집이 무너지지 않았던 것은 엄마가 두 사람 몫을 충분히 해냈기 때문이다. 아빠와 있을 때는 엄마의 부재를 뼈저리게 느꼈지만, 엄마와 있을 때는 아빠의 부재를 아쉬워하거나 미완성된 가족이라는 느낌을 받은 적이 없다. 엄마는 홀로 고군분투했다. 이런 결말은 미처 예상하지 못했을 것이다. 하지만 아직 엄마는, 우리는 이 이야기에 마침표를 찍지 않았다.

엄마한테 손님은 어떤 존재예요?

엄마는 눈 뜨면 가게에 와서 열두 시간 이상 있잖아. 이렇게 비 오는 날, 나 혼자 가게에 서너 시간 있잖아? 그러면 단골이 와야 돼. 종일 아무도 안 오면 가게가 어떻게 되려고 이러나 싶고 불안하고 초조해져. 그럴 때 누군가 한 명 와주잖아? 그럼 이 친구랑 얘기하면서 이 상황을 조금 잊어버리는 거야. 단골들이 나한테는 윤활유가 되는 그런 존재야.

아무도 없는 가게에 들어왔을 때랑 누군가가 있는 가게에

들어왔을 때랑은 분위기가 다르거든. 그게 남들이 볼 때는
진짜 달라. 가게에는 항상 손님이 있어야 하는데, 그러기 쉽지
않거든. 손님이 한두 명만 있어도 가게는 꽉 차 보여. 나한테는
이 단골 친구들이 너무 고마운 존재인데, 사람들은 자꾸
붙박이라고 얘기하는 거야. 가게 손님 중에 경미라고 엄마랑
동갑인 손님이 있어. 그 사람은 매일 네 시간씩 투석을 안
하면 신장이 말라붙어. 어느 날 얘가 안 보이면 너무 불안한
거야. 그런 사정을 서로 아니까 가게에 오면 되게 반가워. 몇몇
사람들은 엄마한테 오지랖이라고 하는데, 엄마는 가게를 오래
했고 단골도 많으니까 남의 인생을 쭉 이렇게 보게 되잖아.
얼마 전에 또 단골손님 한 분이 돌아가셨어. 엄마한테도 특별히
잘해주셨고 손님으로도 좋은 분이었거든. 내가 그 손님이
한다는 전시도 보러 가고, 집에도 모셔다 드리고 이랬던 분이라
돌아가셨다는 소식을 듣고 마음이 되게 그랬어. 그래서 영정
사진을 보고 싶지 않은 거야. '저분도 가시고 나면 이제 내
차례인가?' 이런 생각도 들고.

엄마가 요즘 유난히 "내가 얼마 안 남은 것 같아." 이런
말을 자주 하던데 그래서 그런 거예요?

오래 살 것 같지 않다는 생각은 항상 해. 물건 하느라 밤새는 것 때문에 아무래도 명이 좀 짧을 것 같아. 암에 걸릴 수도 있겠다는 생각을 하는 게, 동대문 시장에 가면 암으로 죽는 사람이 너무 많거든. 어느 날 갑자기 가게 문을 닫거나, 사장님이 안 보일 때가 있어. 그러다가 문을 열어서 "사장님, 왜 문 닫았었어요?" 물어보면 "나 아팠잖아. 암이었어." 이래. 내가 제일 놀랐던 건 남평화시장에서 일하던 친구의 죽음이었어. 내가 서울 간다 그러면 주차 자리를 항상 비워놨던 친구야. 근데 그 친구가 위암으로 죽었어. 애들도 아직 어리고, 젊은 친구였는데 어떻게 그렇게 빨리 가… 마지막 가는 것도 못 봤어. 우리끼리는 일하면서 굉장히 밀접한 사이였지만, 집도 몰라, 연락처도 몰라, 아무것도 몰라, 뭐 어떻게 할 수가 없는 거야. 이러니까 너무 안타까운 거야. 그리고 사입 삼촌(물건 구매를 대행해주는 사람)…. 그날 따라 '오늘 왜 삼촌이 안 오지?' 하고 전화를 했는데 아들이 받는 거야. "아빠 돌아가셨어요." 하는데, 정말 심장이 덜컹 내려앉더라고. 사람 죽는 거 진짜 한순간이구나 싶었지. 그래서 나도 밤새는 걸 최대한 자제하려고 하는데 가게 물건을 안 할 수가 없잖아. 내가 가게 문을 닫고 차 끌고 톨게이트를 딱 나가면 남들은 다 퇴근하잖아.

그때 나는 또 출근을 하는 거지. 가게 일을 마치고 또 출근하러 가는 거야.

사입 삼촌의 사인은 급사였다. 추운 겨울, 밤새 동대문 이곳 저곳을 돌아다니며 사입을 하고 집에 들어와 전기장판 위에서 잠들었는데 심장마비가 온 것이다. 전기장판은 꽁꽁 언 몸을 되레 차갑게 식혀버렸다. 나도 잘 알고 지내던 분이라 소식을 들었을 때는 친척의 부고 소식보다 더 슬펐다. 같은 공간에서 일하지 않았을 뿐이지 엄마에게 사입 삼촌은 가장 가깝고 의지하는 '동료'였다. 하지만 엄마는 슬프다는 감정을 넘어 그 상황에 자신을 대입하고 있었다. 동료뿐만 아니라 손님에게도. 생각해보면 엄마와 한 공간에서 가장 오래 시간을 보내는 사람은 가족이 아닌 손님이었고, 엄마와 같이 일하는 동대문 사람들이었다. 엄마는 (이사 후 조금 넓어진) 아홉 평짜리 세계에서 여러 사람을 만나고, 보고, 들으며 다양한 상황에 자신을 대입해가며 삶을 바라보고 있었다.

환불도 반품도 안 되는
실수를 통해 깨달은 것

> 내 자취방으로 가는 차 안에서 마지막 인터뷰를 진행했다.
> 춘천에 왔다가 혼자 알아서 가겠다는데도 엄마는 굳이 태워
> 다 주겠다며 시동을 걸었다. 그리고 엄마는 자연스럽게 자신
> 의 얘기를 시작했다. 인터뷰를 몇 번 하고 나니 엄마가 자기
> 얘기를 꺼내는 것이 자연스러워졌다. 예정에 없던 구술이 시
> 작되자, 나는 허둥지둥 녹음기를 켰다.

하람아, 난 지금도 돈 버는 거 하나는 자신 있어. 내가 돈을
못 벌어서 너네 돈을 못 갚을 거라든가, 사람들한테 빚을 진
채로 죽을 거라는, 그런 생각은 해본 적도 없어. 근데 시간에
쫓겨서 빨리 돈을 벌어야 되니까, 내 시간은 그냥 돈인 거야.
너도 글 쓰는 시간이 네 돈이잖아. 나도 물건 하러 다니고,
물건을 팔고, 가게 안에 있는 게 내 시간을 돈하고 바꾸는
건데, 그게 결국은 생명하고 바꾸는 거더라고. 물론 시간이
지나면 어차피 늙어 죽겠지만, 여유가 있다면 그 시간을 좀
평화롭게 보낼 수 있잖아. 꽃을 심든, 구경하든, 꽃꽂이를 하든.

돈으로부터 자유롭다는 건, 시간으로부터 자유로운 거야. 너도 시간으로부터 자유로우면, 글을 쓰고 싶을 때만 쓰면 되잖아. 근데 돈도 벌어야 되고, 일도 해야 되는 상황이니까. 엄마는 네가 시간으로부터 좀 자유로운 삶을 살면 좋겠어. 내가 빨리 돈을 벌어서 너네한테 주려고 하는 이유 중에 하나야. 내가 너무 시간에 매여서 돈 버느라고 모든 인생을 다 썼으니까. 거기서 벗어나려고 발버둥을 쳤지만….

엄마에게 있어 돈의 의미는 여전히 자신을 위한 것이 아니었다. 딸들에게 여유를 선물하기 위한 것이었다. 자신을 희생해서라도.

한번은 경훈이 이모가 오랜만에 엄마 가게에 와서는 치킨이 아니라 물에 빠진 삼계탕을 먹었다고 버럭 하고 화를 낸 적이 있다. 그게 그렇게 화낼 일인가 싶어서 이모에게 그때 왜 그랬는지 다시 물어봤다.

"내가 먹는 것 때문에 그랬겠니? 나는 튀긴 거든 삶은 거든 아무거나 먹어도 돼. 난 언니가 너무 보고 싶어서 간 건데 언니는 "어, 왔어" 딱 한마디만 하고 계속 손님만 상대하는 거야. 그리고 일 끝나면 "경훈이 뭐 좀 먹여야 하는데…" 하고 그렇게 밥 먹으면 끝이야. 난 밥을 먹는 게 중요한 게 아니라 언니 보면서 이렇게 얘기를 좀 하고 싶은데, 항상 그럴 시간이 없더라고." 경훈 이모는 이제 지쳤다고 한다. 그리고 엄마에게 부담될까 봐 춘천에 오는 횟수를 줄였다. 나는 이모의 말 속에서 내가 하지 못했던 말을 찾았다. 이거였다. 내가 원하는 건 돈이 아니라 엄마랑 마주보고 얘기할 수 있는 시간을 갖는 거였다.

제가 돈이 있어도 일을 한다면요?

그건 네 자유지. 내가 하고 싶을 때 하는 건 노동이 아니지. 돈이 있으면 일을 하고 싶을 때 하고, 말고 싶을 때 말면 되잖아. 여행도 하고, 방구석에 늘어져서 만화책도 보다가, 글 쓰고 싶으면 쓰고, 쉬고 싶으면 쉬고 그래도 되잖아. 쫓기듯 사는 건 청년에서 끝나야지. 그때가 제일 좋은 나이잖아. 가장 왕성한 그때 네가 시간으로부터 자유로워지는 게 엄마가 바라는 바야. 손목에 멍이 들고, 엉덩이가 짓무를 때까지 글을 쓰지 않으면 안 되는 삶이 결코 행복한 삶은 아니잖아. 난 네가 그렇게 살길 원하지 않거든. 나는 갚으면 돼. 자식한테 돈을 주는 건 아깝지 않아. 어차피 너희 주려고 벌었는데 뭐. 내가 살면 얼마나

살겠니? 근데 너희가 돈으로부터 자유로워질 수 있는 그 시기를
내가 뒤로 늦췄다는 생각 때문에 힘든 거지. 내가 그 시간을
앞으로 당겨줘야 되는데, 뒤로 밀리게 했다는 게 너무너무
속상해.

> 엄마의 마지막 말에 눈물이 왈칵 났다. 하지만 엄마 앞에서
> 울지 못했다. 그동안 아무 말 못하고 지나왔지만 이번엔 내
> 마음을 꼭 전해야겠다고 다짐했으니까. 이 글을 다시 읽고 고
> 치는 동안 이 대목에서 매번 울고 또 생각했다. 우리는 이 대
> 화를 왜 이제야 했을까.

근데 엄마, 저는 돈을 아주 많이 벌 자신은 없지만,
저축은 굉장히 잘할 자신이 있어요. 맞아요, 엄마를
의심했고 엄마를 신뢰하기 어려웠던 것도 사실이에요.
엄마한테 일이 생기면 계속 돈을 내어줘야 하고,
그래서 돈을 벌기 위한 일을 계속해야 했죠. 하지만
그렇게 돈을 내어드린 것도 엄마를 사랑하니까 그렇게
한 거예요. 신뢰를 좀 잃었고 못 미더워도 엄마가 엄마
같지 않다거나 어른 같지 않다거나 그런 게 아니에요.

그냥 더 이상 엄마에게 이런 일들이 안 일어나면
좋겠어요. 그게 제가 엄마에게 바라는 거예요.

내 얘기는 너무 빤한 스토리잖아. 이런 게 재미있는
이야깃거리가 될까 싶어. 내 인생에는 클라이막스가 없잖아.
그냥 살면서 아기가 하나 죽었고, 그래서 그것 때문에 조금
힘들었지만. 다음 아기를 낳으면서 잊혀졌고, 아주 잊혀진 건
아니지만. 그리고 이혼했고….

엄마 얘기를 쭉 들어보니 저도 제 마음을 제대로
표현하지 못했다는 생각이 들더라고요. 나름 한다고
했는데 그게 엄마한데 가닿지 않았던 것 같아요.

네가 표현을 잘 못한다고 하지만, 나한테는 굉장히 살갑고 또
나하고 되게 밀착돼 있는 딸이었어. 어렸을 때부터 '어떻게
아이가 이런 말을 하지?' 싶을 정도로 엄마를 너무나 잘
이해해주는 자식이었어. 근데 엄마가 하는 일이나 뭐… 이런
것들 때문에 너랑 되게 멀어졌지. 나는 네가 표현을 잘 못한다고
전혀 그렇게 느끼지 않거든.

309

엄마는 이런 얘기가 밖으로 나가도 괜찮아요?

사기 당하고 투자에 실패해서 고생하고 있는 아줌마 얘기?
하지만 다 갚고 정리했습니다, 하고 끝내야지.

엄마는 소리 내 웃었다. 내 자취방 앞에 차를 세워놓고 쉼 없
이 얘기하다 보니 어느덧 새벽 2시, 마지막 인터뷰를 마쳤다.

인터뷰 후기

엄마에게
미처 하지 못한 말

만약 엄마가 이혼하지 않았더라면 어땠을까?

종종 엄마는 "내가 이혼을 안 했으면 너희가 좀 덜 힘들었을까?", "내가 이혼을 조금 늦게 했으면 더 나았을까?" 하는 가설을 자주 얘기한다. 그럴 때마다 나는 단호하게 얘기한다. "엄마 인생에서 가장 잘한 선택을 꼽으라면 바로 이혼일 거예요. 엄마가 이혼을 해서 내가 살아 있을 수 있는 거야." 맞다, 만약 엄마가 이혼하지 않았더라면 나는 죽었을지도 모른다. 아빠와 헤어져 산 지 20년이 지났음에도 여전히 아빠가 나를 내려다보는 꿈을 꾼다. 지금도 이러한데 만약 엄마가 이혼하지 않아서 아빠를 계속 만나야 했다면, 지금 내 나이만큼의 길고 깊은 학대에 견디지 못하고 나 스스로를 포기했을지도 모른다. 사는 게 지옥 같았던 나를 지금까지 살게 한 것이 돈이 아니라는 것만은 확실하다.

엄마는 "입이 쓰거워서 그냥 말을 말지."라는 말을 자주 했다. 구구

절절 설명하며 구차해지느니 차라리 아무 말도 하지 않겠다는 말이다. 그래서 엄마에게 구술사 작업을 청할 때 굉장히 조마조마했다. 거절하지 않을까 싶었지만 흔쾌히 승낙해주었다. 하지만 이 대답 역시 "너한테 도움되는 거라면 엄마가 뭐든 하지."라는 말이었다. 엄마가 혹여 죄책감에 나의 제안을 거절하지 못한 걸까 봐 녹음기를 켤 때마다 내가 이 작업을 하는 이유에 대해 상기시켜드렸다. "엄마, 이건 오롯이 엄마를 위해서 하는 거예요. 엄마의 목소리를 찾아주고 싶어서. 그러니까 그동안 세상 사람들한테 못 했던 말 오늘 다 해요!"

150쪽에 달하는 엄마의 구술을 50쪽짜리 초고로 완성해 엄마에게 보여드렸다. 엄마는 30분간 작은 숨소리도 내지 않고 읽더니 나지막하게 말했다. "지지고 볶고 참 길게 산 줄 알았는데, 이렇게 글로 보니 사람 인생 참 짧다." 그리고 오묘한 표정을 지었다. 어딘가 썩 만족스럽지 않아 보이는 그 표정이 나를 불안하게 했다.

엄마는 자주 이렇게 말하곤 했다. "힘들었던 건 빨리빨리 잊어야지, 얘기해서 뭐 해. 다시 생각하면 맘만 아프잖아." 이번에도 그랬다. 나는 평소답지 않게 단호하게 대답했다. "근데 하나도 못 잊었잖아요." 엄마는 아무 말도 하지 않았다. 제대로 된 대화 한번 없이, 소화하지 못한 과거가 얹힌 채로 수십 년이다. 이번 기회를 빌려 엄마도, 언니도, 나도 과거를 제대로 소화시키고 훨훨 날려보낼 수 있길 바란다.

비록 이것이 단번에 낫게 해주는 활명수가 아닐지라도, 다소 오래 먹어야 하는 쓰디쓴 약일지라도 말이다.

정작 체한 건 나였다. 첫 인터뷰를 끝내고 자취방으로 돌아가는 길, 걷다가 급하게 멈춰서 속에 있는 걸 다 게워냈다. 녹음기를 켜기만 하면 세 시간이었다. 엄마는 숨도 쉬지 않고 얘기했고, 나는 오래 묵힌 말들을 듣느라 체해버린 것이다. 반대로 엄마는 개운한 얼굴이었다. 그런 엄마의 얼굴을 보며 '그동안 어떻게 참았을까… 이걸로 조금이라도 소화가 됐으면 좋겠다.' 하고 생각하는 동시에 두려움이 몰려왔다. 이러다 엄마를 다 이해해버리면 어쩌지? 그래서 "엄마, 제발 그거 하지 마." 하고 단호하게 말리지도 못하고, 지금보다 더 끌려다니게 되면? 그래서 내가 하고 싶은 말을 계속 삼키게 되면 어떡하지? 이것은 굉장히 오만한 생각이었다. 내가 해야 할 고민은 따로 있었다는 걸 이 글을 쓰면서 깨달았다.

어느 날, 언니한테서 연락이 왔다. "너 엄마 사기 당한 거 알아?" 또 시작이다. 이 글은 마침표를 찍어야 하는데, 엄마를 둘러싼 문제는 도무지 끝날 기미가 보이지 않는다. 엄마는 빠르게 이 상황을 벗어나고자 했고 "이건 다른 거야"라며 피리 부는 소년을 좇듯이 사기꾼을 또 따라갔다. 시시각각으르 달라지는 엄마의 상황에 내 감정도 들쑥날

쑥하니 도저히 글로 정리할 수가 없었다. 또 나의 솔직한 감정이, 글이, 엄마를 더 비난받게 하는 건 아닐까 두려웠다. 이미 오랜 세월 사람들로부터 비난과 평가를 받아온 엄마였다. 그런 엄마를 또 다른 평가대 위에 올려두는 건 아닐까 하는 두려움에 사로잡혀 나는 한동안 글을 쓸 수 없었다.

나는 '좋아요', '싫어요'라는 그 단순한 표현도 어려워한다. 그동안은 내가 소심한 성격에 쑥스러움이 많아서 그런 줄 알았다. 하지만 엄마의 구술사를 듣고, 편집하고, 다시 쓰면서 깨달았다. 엄마뿐만 아니라 나 또한 어딘가에 내 목소리를 낼 기회가 없었다는 것을. 구차하더라도 내가 생각하는 그 진실을 제대로 설명할 기회가 없었다는 것을. 그렇게 나는 솔직하게 표현하는 법을 모르는 사람으로 성장해버렸다.

구술생애사 작업을 한창 진행하고 있을 때, 늦은 밤 엄마에게 전화가 왔다. 오랜만에 단골손님과 술을 마시고, 꽤 취했는지 흐릿한 말을 중얼거렸다. "오늘 모인 아줌마들 셋이 다 이혼한 아줌마들인 거야! 내가 그랬어. '이혼한 사람들은 성공한 사람들이다. 여기 세 명은 다 성공한 사람들인데, 너무 아쉬워하지 마라.' 아쉽대. 아쉬운 건 아니고 (횡설수설) 아무튼 내가 우리 세 사람은 그래도 용기가 있어서 성공한 사람들이라고 했어."

엄마는 변하고 있었다. 자신의 결정으로 나와 언니를 불행하게 만

들었다며, 이혼을 흉이라 생각하고 주변에 얘기하지 않으려 했던 엄마가 조금씩 변하고 있었다, 350도에서 340도로. 이번에 자신의 서사를 되짚어보며 '이혼은 역시 잘한 결정'이라고 생각한 것 같았다.

엄마가 초고를 보고 애매한 표정을 지었던 날이 한참 지나고, 용기를 내서 엄마에게 다시 물어봤다. "엄마, 글 보니까 어땠어요?" 엄마는 한참을 생각하다가 "글쎄, 내 얘기라 그런지 난 별로 새롭지가 않네. 사람들이 재미있어할까?" 엄마는 '재미있고 신기한 삶을 산 아줌마'로 기억되면 좋겠다고 했다. 재미있는지는 모르겠지만 신기하다 못해 진기한 삶을 살고 있으니 이미 절반은 성공한 게 아닌가 싶었지만, 굳이 말하지는 않았다. 이번에 구술생애사 작업을 해보니 어땠는지 질문을 바꿔 물었다. "음, 그간 맺힌 것을 누구도 물어봐주지 않았는데 딸이 물어봐주니까 고맙더라고." 엄마는 정확히 '맺힌 것'이라고 했다. '그래요 엄마, 제가 체하면서도 이 길고 힘든 작업을 계속한 이유가 바로 그거였어요.' 하고 나는 또 속으로만 생각했다. 그 대신 "엄마가 이렇게 용기 내서 자기 얘기를 해준 게 누군가의 맺힘을 풀어줄 거예요. 그리고 목소리를 낼 용기를 얻을 거예요, 분명!"이라고 말했다. 엄마는 아무 말도 하지 않았지만, 입가에 귀여운 미소가 번져 있었다.

작업하는 내내 나는 치열하게 '엄마는 도대체 왜 그럴까?'를 좇았다. 그 이유를 알고 나니 내가 엄마에게 바라는 사랑이 무엇이었는지 깨달았다. 솔직하게 표현하는 것이 낯설고 어려워, 또 엄마가 난처해할까 봐 차마 하지 못했던 말은 바로 이것이다.

"엄마, 그냥 제 옆에 있어주세요."

돈이고 뭐고 다 필요 없고 난 그저 엄마가 내 옆에 있어주길 바랐다. 엄마는 진즉 알아차렸을 것이다. "네가 굉장히 서운했을 거라고 생각해."라며 아직 엄마 품에 있어야 할 나이인데 내가 그저 괜찮다고만 해서 엄마는 씁쓸했다고 지난날을 구술했다. 하지만 나는 그것을 분명하게 요구할 수 없었고, 나의 어리광이 엄마를 난처하게 만들까 봐 차마 표현하지 못했다. 그리고 엄마는 빨리 돈을 버는 것이 나와 언니를 위한 것이라고 생각해 우리보다 돈을 더 많이 바라보고 또 좇았다. 그 조급함은 결국 지금의 악순환에 우리를 데려다놓았다. 우린 결국 서로를 너무 사랑하고, 너무 배려하고, 너무 아껴서 이런 상황에 놓인 것이다. 부디 엄마가 자신의 실수를 인정하고, 돈이 아니라 두 딸을 봐주면 좋겠다. 나 또한 이제야 내 마음에 솔직해져본다.

엄마, 나는 지난 날 너무너무 외롭고 힘들었어요. 세 살, 열네 살 때 엄마 없는 시절을 견디기에 전 너무 어렸고 엄마가 간절했어요. 밤마다 어두운 천장을 보며 엄마를 얼마나 찾았는지 몰라요. 매일매일…
그때도 지금도 엄마 곁에 가는 게 왜 이렇게 힘든 걸까요. 돈도, 그 무
엇도 엄마를 대신할 수 없어요. 제가 엄마한테 바라는 건 돈이 아니
라 엄마가 곁에 있어주는 거예요.

　미치도록 갑갑하고 사랑스러운 엄마, 다른 거 그만 보고 이제 우리
좀 봐요.

에필로그

남자 없는
돌봄의 세계에서

지금까지 여자들의 이야기만 했으니, 이제 남자들의 이야기를 해보려한다. 『나는 엄마가 먹여 살렸는데』를 낸 직후의 일이다. 엄마의 삶을 알고 싶다는 딸들과 달리, 아들들은 사뭇 다른 반응을 보였다. 어떤 남성 독자는 얼마를 주면 자신의 엄마를 인터뷰해줄 수 있는지 물었다. 나는 천만 원을 불렀다. 진심이었는데 답이 없었다. 이 작업을 단돈 백만 원에 해치운 남자가 있다. 바로 우리 엄마의 아들이다. 그는 이 책을 내는 데 백만 원을 보탰으나 아직 한 글자도 읽어보지 않았다. 눈물이 날까 봐 책을 펼쳐보지 못했다고 한다. 5년이 지나 개정판을 펴낸 지금까지도. 반면 나는 엄마의 이야기를 듣고, 글로 옮기고, 편집하는 동안 셀 수 없이 울었다. 아들은 모르고 싶어 하고 딸은 알고 싶어 하는 어머니의 삶. 이 간극을 어떻게 설명해야 할까.

가장 기억에 남는 아들은, 부인을 따라 구술생애사 워크숍에 온 남편이었다. 자기도 어머니를 알고 싶은데, 아는 게 너무 없어서 무엇을 물어야 할지 모르겠다고 했다. 나는 일상에서 아주 작은 질문부터 해보라고 권했다. 이 남성이 인상적이었던 이유는, 대부분의 아들이 자신이 어머니에 대해 무지하다는 사실도 모르고, 이를 인정조차 하지 않으려 하기 때문이다. 거리 두기라는 말로는 부족하다. 내 눈에는 적극적으로 달아나는 것으로 보인다. 그들은 본능적으로 알고 있다. 모르는 게 속 편하다는 것을. 무지는 특권이다. 이는 청자로서 아들을 호명하지 않는 어머니의 선택과 맞물린다. 듣는다는 것은 감정 노동인 동시에 고도의 돌봄 행위다. 남성을 돌봄 주체로 규정하지 않는 가부장제 사회에서 어머니는 본능적으로 알고 있다. 아들에게 이해받기를 기대하느니 차라리 입을 다무는 편이 낫다는 것을.

그렇다면 남편은 어떠한가? 남편은 애초에 소통의 대상이 아니다. 이 책에서 남편들은 부인의 경제 활동을 탐탁지 않아 한다. 최숙희의 남편은 예나 지금이나 부인이 바깥에서 돈 버는 것을 싫어한다. 박경화의 전 남편도 마찬가지다. '집에서 따뜻한 밥이나 해놓고 애나 보지, 몇 푼이나 번다고 밖에 나가냐'는 레퍼토리는 입이라도 맞춘 듯 똑같다. 이 남성들이 진정 원하는 것은 '돌봄의 독점'이다. 겉으로는 집안일과 아이를 핑계 삼지만 실은 자신을 돌봐달라는 요구다. 이들에게 집은 언제든 돌아와서 편히 쉴 수 있는 공간이어야 한다. 하지만 부인이 없는 집에서는 물리적·정서적 돌봄을 받을 수 없다. 이는 아내에 대한 폭력을 합리화하는 주요 근거가 되기도 한다. 『아주 친밀한 폭력』[1]에서 정희진은 이렇게 썼다. "'나의 가족사'를 주제로 해 학생들에게 리포트 숙제를 내주면 절반 이상이 '우리 아빠는 구타자'라고 써낸다. 이 수치는 한국에서 이루어지는 거의 모든 가정 폭력 실태 조사 결과와 일치한다." 이 책의 저자 세 명 중 두 명, 즉 66퍼센트가 가정 폭력의 피해자다. 베이비부머 세대 여성으로서 이들의 경험이 특별히 이례적인 경우는 아닐 것이다.

남편이 집 안에 머물 때면 식구들이 불편해하는 기색이 역력하다. 상명하복에 익숙하고 감정 표현에 인색한 그들은, 때때로 폭력을 휘두르거나 위압감을 조성해 자식들이 다가오지도 못하는 존재가 된다. 그나마의 최선은 무관심이다. 부인 입장에서는 육아의 고단함과 삶의 즐거움도 함께 나누면 좋으련만, 그러기에 남편은 '말이 너무 안 통하는 상대'다. 세월이 흐른 지금도 상황은 크게 달라지지 않았다. 은퇴한 남편은, 이제 와 부인하고 얘기를 좀 나누고 싶어 하지만, 좀처럼 그 방법을 찾지 못한다. 성인이 된 자식들은, 어머니라는 채널을 통해서만 아버지와 소통하려 든다. 나이가 들수록 이 남성들은 고립되고 외로워진다.

여성에게 집은 휴식처가 아니다. 가사와 육아를 도맡는 것은 물론

---

1 정희진, 『아주 친밀한 폭력』(교양인, 2016)

이고, 남편의 기분과 눈치도 살펴야 하는, 또 하나의 직장이다. 이들에게 밖에 나가 돈 버는 일은, 가족 외의 사람과 연결될 수 있는 소통 창구다. 숨통을 틔워주는 활로다. 최숙희는 말한다. "슈퍼 그만두고 갑자기 집 안에 딱 막혀 있으니까 사람이 죽겠더만." 밖에선 그토록 빛나고 아름다운 것, 집에만 가져가면 꽃들이, 화분이 다 죽었다는 시가 생각난다. 진은영 시인이 쓴 이 시의 제목은 「가족」[2]이다. 가사는 집을 돌보는 것이고, 육아는 아이를 돌보는 것이며, 남편은 평생 돌보는 것이다, 그것도 무급으로. 그렇게 여성들은 서서히 소진되어 간다. 돌봄을 내어주는 자로서 돌봄을 돌려받지 못한 채로.

이런 상황에서 어떤 딸은 어머니의 돌봄자가 된다. 그것은 어머니의 몫으로 남은 가사와 돌봄을 분담하는 방식일 수도, 어머니의 불만과 한탄에 귀 기울이는 역할일 수도 있다. 어머니를 대신해 아버지와 맞서거나, 혹은 아버지의 비위를 맞추며 집안의 평화를 유지하려 애쓰기도 한다. 일찌감치 돈을 벌어 가계에 보탬이 될 수도 있다. 누구도 돌보지 않는 어머니를 돌보려 한 탓에, 이런 딸들은 일찍 어른이 된다. 나를 더 안아달라고, 내 감정과 욕구를 보살펴 달라고, 나를 아버지로부터, 세계의 불쾌한 자극으로부터 보호해 달라고 말하고 싶지만, 어머니에게 그럴 힘이 없다는 걸 안다. 어쩌면 진즉 거절당했는지

---

2 진은영, 『일곱 개의 단어로 된 사전』(문학과지성사, 2003)

도 모른다. 그리하여 여자아이는 자기 할 일을 알아서 하는 '착한 딸'로 자라난다.

가부장제는 여자아이에게 충분한 자원을 내어주지 않는다. 관심이든 사랑이든 인정이든 존중이든 자유든 간에 말이다. 세계가 나를 향해 기울어 있지 않기 때문에 내가 세계를 향해 몸을 낮춘다. 내가 원하는 만큼 돌봄이 돌아오지 않기 때문에 내가 먼저 돌봄을 제공하는 것이다. 그러면 그 쓸모로 말미암아 나의 자리가 겨우 생겨난다. 어머니에게 가장 돌봄을 받지 못한 딸이, 역설적으로 가장 어머니를 많이 돌보게 되는 이유다. 같은 시간을 함께 보냈어도 아들은 예외다. 그들은 자기 욕구에 몰두해도 괜찮은 존재로 키워진다. 가부장제는 여자아이에게 인색한 만큼 남자아이에게 너그럽다. 태어날 때부터 아들은 존재 그 자체로 사랑받는다. 그리하여 가족 안에서 아들은 돌봄의 대상이 되고, 딸은 돌봄의 조력자가 된다.

이 과정에서 딸은 어머니에 대해 양가감정을 품게 된다. 아이로서 나를 보호해주지 않은 어머니에 대한 미움, 그러나 어머니를 나까지 힘들게 할 수 없다는 죄책감, 나는 절대로 엄마처럼은 살지 않겠다는 다짐, 그럼에도 존재 자체로 받아들여지고 싶은 소망, 여전히 돌봄받고 싶은 욕망이 해결되지 않은 채로 용광로처럼 한데 섞여 애증의 소용돌이를 빚어낸다.

이 서사는 돌봄의 세계에 남성이 참여하지 않으면서 시작된 것이다. 이 말을 꼭 쓰고 싶었다.

이 책을 편집하면서, 아니 모녀 구술생애사 워크숍을 진행할 때부터 나는 참 많이 울었다. 모진 사연들을 듣고 읽기가 괴로워서 때로는 이 작업에서 도망치고 싶었다. 제3자인 내가 이 정도인데 당사자는 얼마나 힘든 세월을 견뎌냈을지 그 무게를 가늠조차 할 수 없었다. 내가 이 고통을 함께 나눈다는 게 어떤 의미일까 고민했다. 상담을 전문적으로 배운 것도 아니고, 여성학 연구자도 아니고, 그저 이 작업을 조금 앞서 시도했을 뿐인 내가 과연 어떤 도움이 될 수 있을까. 편집이 막히고 마음이 흔들릴 때마다 『아주 친밀한 폭력』을 펼쳐서 아무 페이지나 읽었다. 그중 가장 많이 읽은 구절을 소개한다.

"고통은 피할 수 없다. 그러나 고통이 언어화될 때만이 우리는 위로받을 수 있다. 내 고통이 역사의 산물이라는 인식만이 우리에게 위안을 준다. 그런 점에서 학문이란 무엇인가, 지식이란 무엇인가에 관해 근본적인 질문을 던지고 싶다."

이것은 모녀간의 이야기이자, 여성의 현실을 보여주는 문학이자, 여성을 둘러싼 가부장제 사회의 폭력을 증언하는 역사적인 자료다.

쉽지 않은 글을 끝까지 읽어준 독자 분들에게 감사드린다.

연표

사회사

| | 평화시장
건립 | 아모레퍼시픽
화장품
방문 판매 | | 전태일 열사 분신 | 중동 건설
(~1982) |

개인사

1954   1961   1964   1965   1969   1971 1972

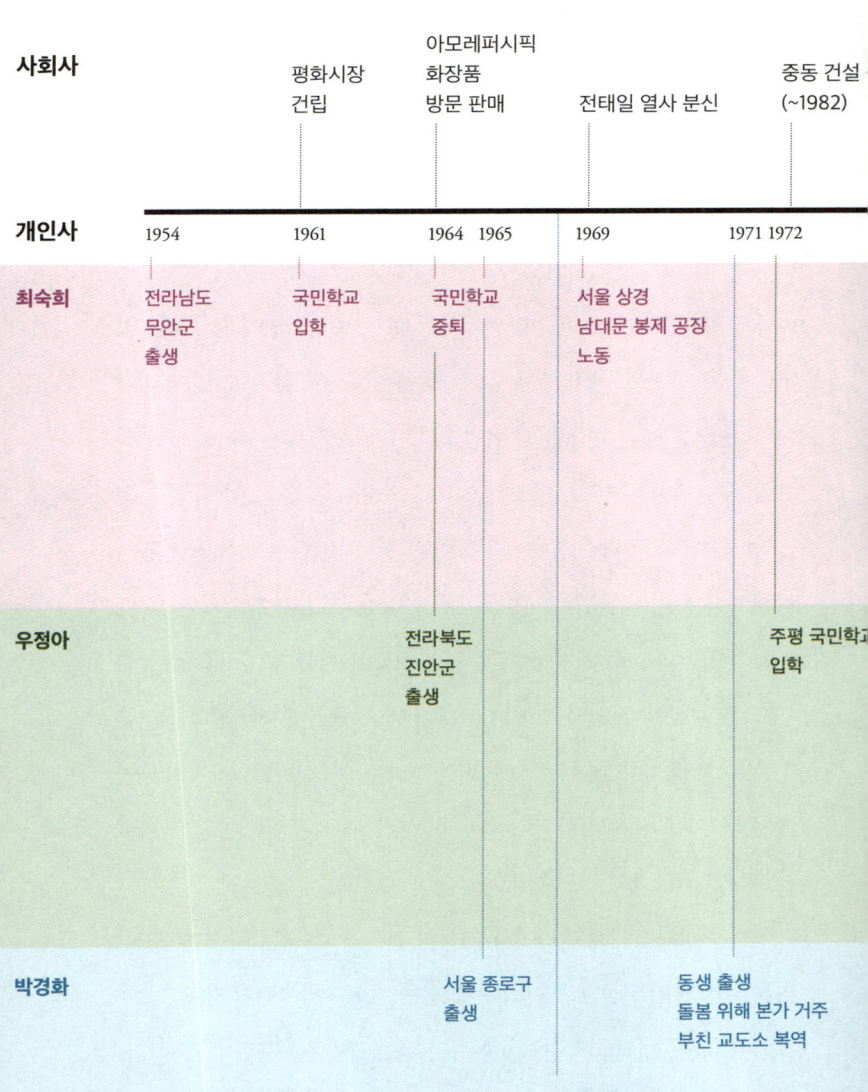

최숙희

전라남도
무안군
출생

국민학교
입학

국민학교
중퇴

서울 상경
남대문 봉제 공장
노동

우정아

전라북도
진안군
출생

주평 국민학교
입학

박경화

서울 종로구
출생

동생 출생
돌봄 위해 본가 거주
부친 교도소 복역

생활고로
혼자 친가 거주

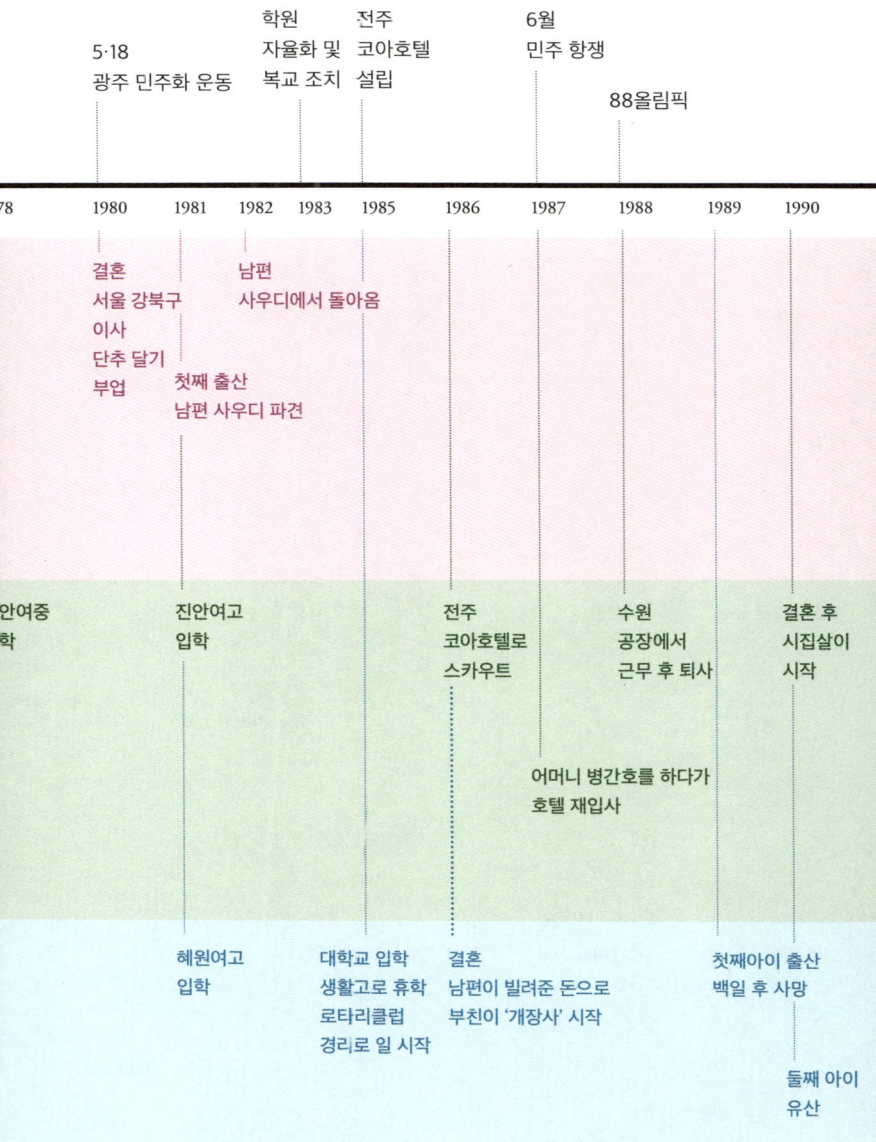

		5·18 광주 민주화 운동		학원 자율화 및 복교 조치	전주 코아호텔 설립			6월 민주 항쟁 88올림픽		

78	1980	1981	1982	1983	1985	1986	1987	1988	1989	1990

결혼
서울 강북구
이사
단추 달기
부업

남편
사우디에서 돌아옴

첫째 출산
남편 사우디 파견

안여중
학

진안여고
입학

전주
코아호텔로
스카우트

수원
공장에서
근무 후 퇴사

결혼 후
시집살이
시작

어머니 병간호를 하다가
호텔 재입사

혜원여고
입학

대학교 입학
생활고로 휴학
로타리클럽
경리로 일 시작

결혼
남편이 빌려준 돈으로
부친이 '개장사' 시작

첫째아이 출산
백일 후 사망

둘째 아이
유산

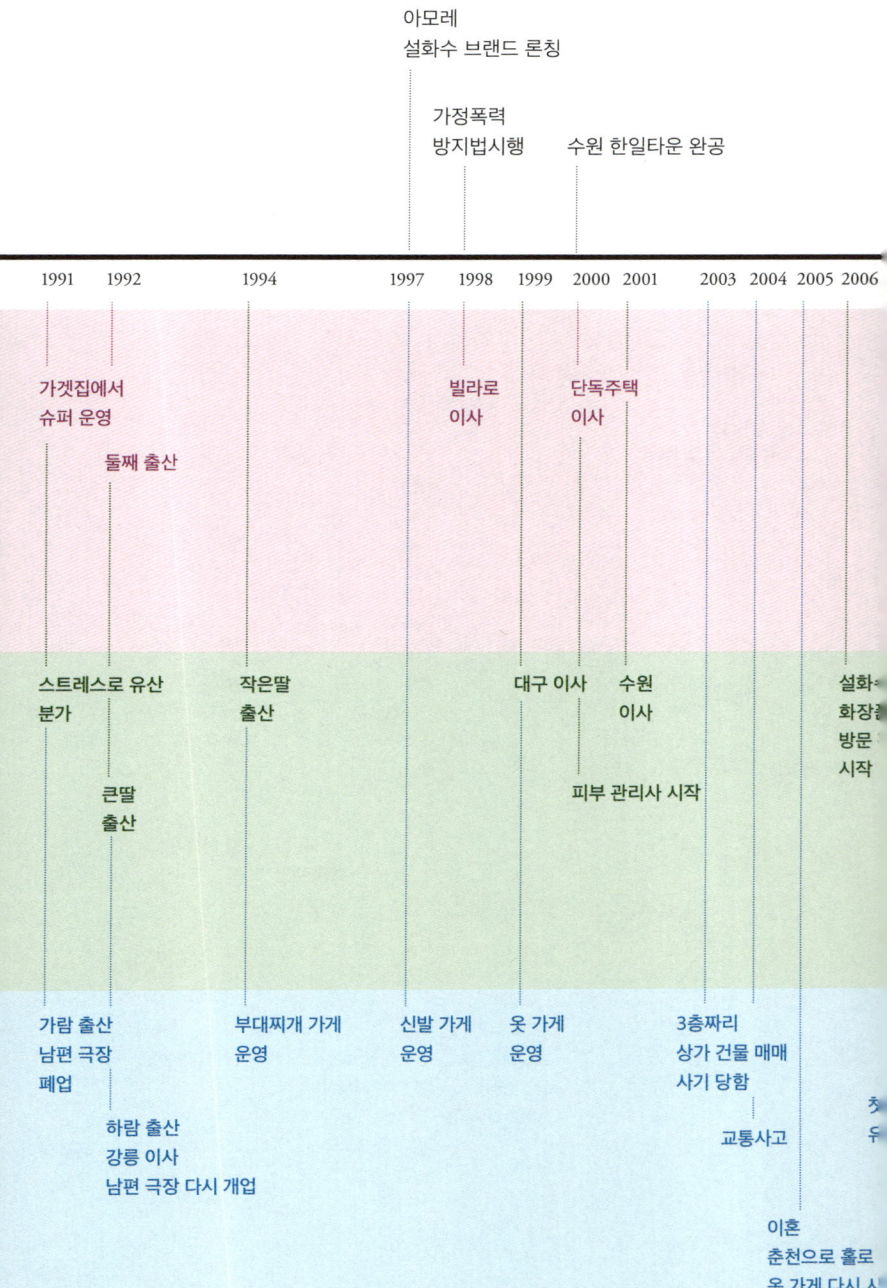

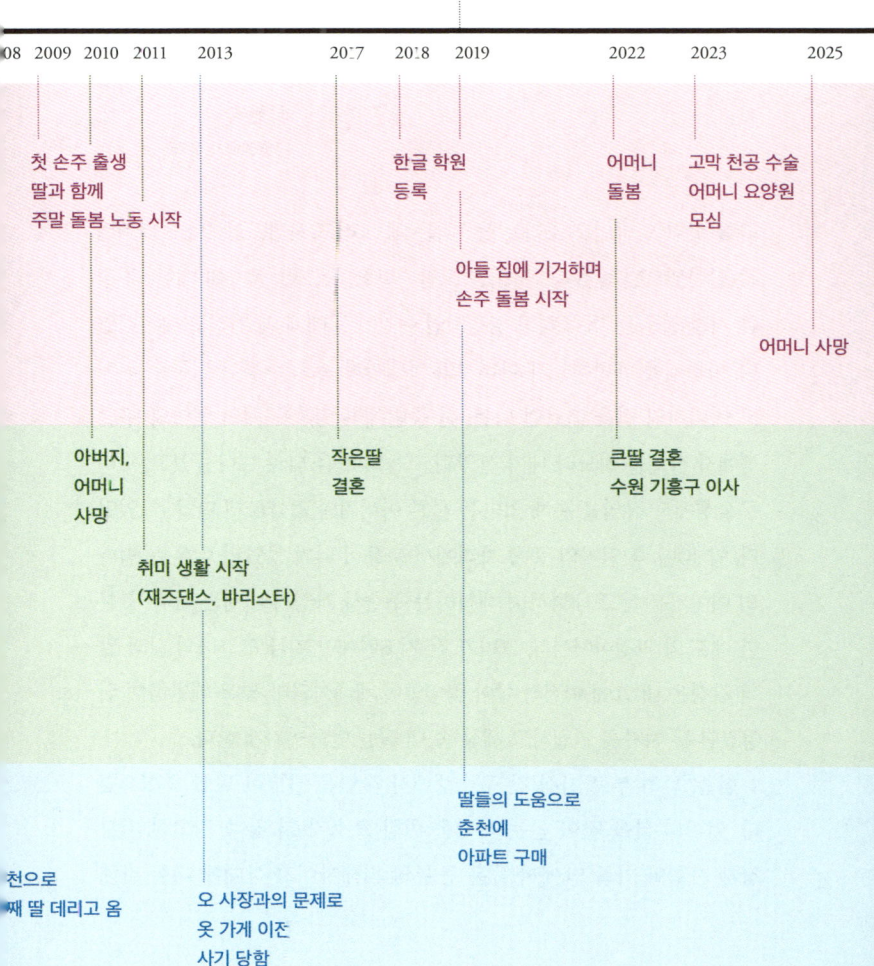

코로나 19 대유행
(~2023)

| 08 | 2009 | 2010 | 2011 | 2013 | 2017 | 2018 | 2019 | 2022 | 2023 | 2025 |

첫 손주 출생
딸과 함께
주말 돌봄 노동 시작

한글 학원
등록

어머니
돌봄

고막 천공 수술
어머니 요양원
모심

아들 집에 기거하며
손주 돌봄 시작

어머니 사망

아버지,
어머니
사망

작은딸
결혼

큰딸 결혼
수원 기흥구 이사

취미 생활 시작
(재즈댄스, 바리스타)

딸들의 도움으로
춘천에
아파트 구매

천으로
째 딸 데리고 옴

오 사장과의 문제로
옷 가게 이전
사기 당함

추천사

최현숙
구술생애사 작가

나를 향한 엄마의 잔소리는 늘 "너는 왜 그러고 사냐?"와 "나도 너처럼 좀 살아봤으면 좋겠다." 사이를 오락가락했다. 그런 엄마에 대한 내 젊은 시절 질문은 "똑똑하고 열정적인 여자가 도대체 왜 저러고 살까?"였다. 아버지를 배반하느라 아버지의 아내까지 통으로 묶어 뒤통수를 치고 아버지의 집을 떠났던 나는, 쉰 중반에야 일흔 근처의 엄마와 구술생애사 작업을 하느라 내가 살았던 그들의 집을 다시 드나들었고, 모녀 구술생애사 작업을 통해 엄마는 물론 아버지와도 다르게 만날 수 있었다. 약 10년 후 엄마의 죽음 자리에서 눈물이 나지 않았던 이유는, 엄마의 이야기를 듣고 대화하며 해석하는 구술사 과정이 내게는 이미 '충분한 애도'의 과정이어서다. 그녀가 간 지 8년째인 지금도 그녀의 삶과 말과 감정은 내 안에 여전히 살아 끊임없이 재해석되며, 닮고 배반하며 뒤엉켰던 두 여자를 연결하고 세상 속 내 길을 만들어가게 한다.

혈족, 특히 부모 자식 간 구술생애사 작업은 각별한 만큼 조심스럽다. 엄마의 삶을 딸이 묻는 작업은 위험 요소가 더 많다. 강고한 가부장제 사회와 가족 안에서 둘은 공통의 피해자이자 상대에 대한 가해자이며, 피차에 대한 피해/가해와 애증의 장면과 흔적들이 기억과 관계 속에 뒤엉켜 있어, 허다한 감정의 결은 복잡함을 너머 분열적이기까지 하다. 게다가 기억은 자기중심적이고 이기적이라 자기 좋을 대로 왜곡된 채 묻혀 있다가 자기 필요에 따라 끄집어 올려져, 일단 자기만 맞다고 우긴다. 기억을 바탕으로 대화를 이어가지만 피차 기억은 유약하고 서로의 기억은 엇갈리며, 때로는 의도적으로 왜곡된 기억임을 뒤늦게 알게 된다.

나이 들어 꺼내놓다 보니, 엄마와 나 사이 말고 다른 사이들이 많았다는 것도 그제야 깨닫는다. 내 엄마만이 아닌 다른 가족과 사회 속 그녀였고, 그녀의 소망과 사고방식과 시대가 나와 같을 리 없으며, 엄마의 보람과 실패 속 딸은 그때나 지금이나 나 아닌 가상의 딸이다. 모녀 관계의 자장은 두 여자에 의해서만 만들어지지 않으며, 그 영향력 역시 둘 사이에 그치지 않고 가족과 사회와 심지어 다음 세대까지 이어지곤 한다. 경제적 중하위 계층 모녀간 구술생애사는 위험 요소가 하나 더 붙는다. 이 둘은 가부장 사회 속 여성으로 가난과 노동을 살아내며 각자와 공통의 부대낌과 상처, 상대에 대한 고마움과 원망과 기대가 징그럽게 뒤엉켜 있는, 등 붙은 쌍생아 같은 관계이기 때문이다. 게다가 기억과 감정과 해석들은 결코 일목요연하지도 합리적이지도 않아 충분히 들여다보이지 않고, 그러니 작업을 마치고도 제대로 풀어냈다 싶지 않을 수 있다.

분명한 것은 하는 만큼 가는 것이다. 화자와 청자가 부대낄 위험과 휘말림이야말로, 구술사 작업의 가장 좋은 경로일 가능성이 크다. 위험과 휘말림을 각오하고 경계를 넘나들며 분열하지 않고는, 과거와 현재의 나 혹은 부모 자식 관계를 깨뜨려 새로운 관점과 길을 찾거나 만들어내지 못하기 때문이다. 온갖 우여곡절에도 불구하고 서로에 대한 관심과 돌봄을 놓지 않아온 모녀의 대면과 대화를 거쳐 얻어낸 깨우침은, 이전과는 다른 관점과 관계와 경로로 두 여자를 데리고 간다.

"엄마는 도대체 왜 그랬을까?"라는 질문을 묻어두고 살아온 딸들이 이젠 좀 알아야겠다며 엄마에게 대놓고 묻기로 했다. 위험을 알기에 같이 작업할 딸들과 먼저 작업한 딸들이 모여 수차례 워크숍도 했다. 자기 엄마와는 답이 없는데, 남의 엄마와 딸 이야기는 좀 알만했다. 위험과 휘말림을 대비해 준비한 딸들이 먼저 작심해서 엄마에게 제안했고, 엄마들은 수락했다. 그렇더라도 실전은 휘말릴 수밖에 없다. 워크숍까지 한 딸들도 휘말렸지만, 모르고 심지어 반가워하며 마주 앉은 엄마들 역시 어느새 휘말리기는 마찬가지다.

등이 붙은 채로는 서로 마주 볼 수 없다. 화자든 청자든 자신과 상대에 대한 거리 두기가 필요하며, 거리 두기를 하지 않고는 작업을 이어가다 말고 진창에 빠질 수 있다. 질긴 기억과 감정들이 예상대로 혹은 느닷없이 소환되어 몸을 뒤흔든다. 둘이 깔깔대며 웃다가, 누군가를 갖다 놓고 같이 욕을 퍼붓다가, 함께 울거나 돌아서 홀로 화내거나 통곡하고 나면, 그제야 좀 해석과 재해석이 가능해진다. 거리 두기와 역지사지야말로 사람을 이해하는 첫 번째 태도인데, 엄마이기 때문에 가장 힘들다는 것이 문제다. 그럼에도 불구하고 "엄마는 도대체 왜 그랬냐?"고 대놓고 물은 것은 이해하고 싶은 딸의 간절함이며, '딸년'의 속셈을 알았든 몰랐든 마주 앉은 엄마는 알려주고 싶고 이해받고 싶고 이해하고 싶어서다. 위험을 무릅쓴 대면과 대화를 거치면서 기억 속에 꽁꽁 묶어두었던 어떤 얼굴과 장면과 목소리들이 이제야 다르게 보이고 다르게 들린다. 작정하고 건드린 내 안의 상처와 흉터들이 장차를 살아갈 힘과 자긍심의 출발지가 되고, 더 밉지도 화나지도 울게 하지도 않을 디딤돌이 되어간다.

모녀간 작업은 혈연 넘어 각각의 여자를 보게 한다. 나와 다른 시절과 여건을 살아왔고 지금을 살아내고 있는 선배 여성과 후배 여성을 보는 시선을 만들어주며, 둘 사이의 긍과 부에 발목 잡히지 않고 상대를 읽고 이해하면서 그 해석과 이해를 바탕으로 결국은 각자 자신의 장차를 전망하는 것이 목적이다. 엄마의 삶을 듣고 묻고 기록하는 작업은 필자와 엄마 개인의 회고를 넘고 필자와 엄마 사이의 기억과 해석을 넘어, 선배 여성들의 삶을 시대적, 계급적, 젠더적, 문화적으로 조명하여 사회적 의미를 부여하는 중요한 연구 작업이다. 개인의 경험을 통해 한국 근현대사의 흐름을 새롭게 들여다보게 되며, 특히 여성의 몸과 집, 노동과 생존 전략과 사회적 여건이 어떻게 변화해왔는지를 보게 한다. 자신의 삶을 딸과 함께 이야기하고 그 기록을 읽고 수긍하고 수정하는 과정에서, 엄마 역시 자신의 경험과 감정을 사회적 맥락이나 타인의 시선 속에서 다르게 보고 해석할 수 있게 된다.

"엄마는 도대체 왜 그랬을까?"라는 질문을 묵혀두고 사는 딸들에게, 충심을 담아 이 책을 추천한다. 이 책에 담긴 작업 과정의 고투와 결과

물은 관찰자인 독자들에게는 흥미로운 구경거리이자 공부거리다. 책 속 화자와 청자가 휘말리면서도 견지하려 한 거리 두기는 독자에게도 중요하다. 책 속 인물들을 통과해 나가며 독자 자신과 엄마, 다른 가족들과 주변인들에 대해 떠오르는 기억과 감정들을 건져 올리면서도, 도무지 이해할 수 없었던 엄마의 선택 뒤편 그녀가 차마 혹은 미처 말하지 못한 처지들을 가늠하게 될 것이다. 그 가늠과 맥락들을 연결하다 보면, 내 엄마는 왜 그랬는지 더 궁금해지고 엄마에게 직접 묻고 싶어질 것이다. 책 속 모녀들의 장면과 흔적들에 밑줄을 긋고 읽어나가며 각자의 질문 목록을 만들어나가길 바란다. 그러다 '이제는 할 수 있겠다.' 싶은 어느 때, 당신도 당신의 엄마를 초대해 "당신은 왜 그랬는지." 친절하게 물어보기를 권한다.

추천사

이진송
작가

발신자 번호에 '엄마'가 뜨면 숨이 턱 막히던 시기가 있었다. 통화가 끝
나면 엄마가 쏟아낸 감정에 흠씬 두들겨 맞고 기진맥진했다. 아들만 있
는 숙모들이 돌연 나에게 내밀한 이야기를 털어놓으며 덧붙였다. "내가
딸만 있었어도…."

가족 구성원이 여럿이라도 엄마의 정념은 딸에게로 흐른다. '너라도
알아줘.' 가부장제와 가족주의가 결탁하여 파놓은 배수로 때문이다.
키우기 쉽고 살가우니 딸이 좋다는 설득 속에서 몰라도 되는 권력, 모
를 수 있는 천진함은 딸의 몫이 아니다. '나라도 들어줘야지.' 『니는 딸
이니까 니한테 말하지』는 엄마와 딸이 맺는 이 서사적 관계를 직면하는
용감한 책이다. 30대가 된 세 명의 딸이 각자의 엄마를 인터뷰했다. 한
국현대사의 질곡을 온몸으로 통과한 엄마들의 생애사는 시대와 지역
을 뛰어넘어 지금, 여기와 연결된다. 얼굴 한번 보지 못한 딸과 엄마를
어디서 본 것만 같은데. 이를테면 거울 속이라거나. 나탈리 골드버그는
뼛속까지 내려가서 쓰라고 했다. 인터뷰 속 엄마와 딸의 목소리는 내장
에서부터 꿈틀거리며 올라온다. 어린 시절의 엄마가 포기했던 꿈부터

333

가슴을 짓누르는 가족의 비밀까지…. 딸이니까 가닿을 수 있는 벌건 속살의 세계를 얼마나 지겨워하고 또 다행스러워했던가.

딸이 엄마의 서사를 기록한다는 것은 결국 엄마를 돌보는 일이다. 딸을 먹이고 씻겼던 존재에게 귀 기울이고, 세상이 밟고 지나간 마음을 들여다보는 행위다. 그러니 역시 딸이 있어 좋은가 하면, 세 딸은 대화를 섣불리 화해나 감동으로 봉합하지 않는다. 아물지 못한 상처를 파헤치고, 공감하는가 싶다가도 좁힐 수 없는 간극과 마주한다. 엄마를 내 방식대로 오해하는 것으로부터 딸의 이야기가, 자기 자신을 들여다보는 작업이 시작된다. 속내를 까뒤집어 보이던 엄마들 역시 딸의 욕망 앞에서 주춤거리고 망설인다. 페이지마다 출렁이는 사랑과 원망과 연대, 채워지지 않는 허기…. 이 질척하고 뜨거운 접촉에, 기꺼이 연루되기를 권한다.

니는 딸이니까 니한테만 말하지

1판 1쇄 2025년 6월 17일

글쓴이 김소영, 홍아란, 박하람
구술 최숙희, 우정아, 박경화
펴낸이 김은화
편집 김은화
디자인 김진영
조판 강준선
제작 357제작소
펴낸곳 딸세포(피치북스)

출판등록 2018.7.17 (제 25100-2018-000045호)
전자우편 orogio@naver.com
인스타그램 @daughter_cell

ISBN 979-11-992769-0-1 03300

이 책은 저작권법에 따라 보호받는 저작물이므로 무단전재와 무단복제를 금합니다.